《世界记忆遗产——台山银信档案及研究》
编委会

世界记忆遗产

台山银信档案及研究

李柏达 编著

暨南大学出版社
JINAN UNIVERSITY PRESS

中国·广州

图书在版编目（CIP）数据

世界记忆遗产：台山银信档案及研究 / 李柏达编著. —广州： 暨南大学出版社，
2017.5
ISBN 978 - 7 - 5668 - 2110 - 2

Ⅰ.①世… Ⅱ.①李… Ⅲ.①侨务—外汇—史料—台山②华侨—书信集—台山
Ⅳ.①F832.6②D634.3

中国版本图书馆 CIP 数据核字（2017）第 093525 号

世界记忆遗产——台山银信档案及研究
SHIJIE JIYI YICHAN——TAISHAN YINXIN DANGAN JI YANJIU
编著者：李柏达
···

出 版 人：徐义雄
责任编辑：冯 琳 黄圣英 郑晓玲
责任校对：周海燕 黄志波 何利红
责任印制：汤慧君 周一丹

出版发行：暨南大学出版社（510630）
电 话：总编室（8620）85221601
营销部（8620）85225284 85228291 85228292（邮购）
传 真：（8620）85221583（办公室） 85223774（营销部）
网 址：http://www.jnupress.com http://press.jnu.edu.cn
排 版：广州良弓广告有限公司
印 刷：广州天虹彩色印刷有限公司
开 本：787mm×1092mm 1/16
印 张：20.75
字 数：400 千
版 次：2017 年 5 月第 1 版
印 次：2017 年 5 月第 1 次
定 价：128.00 元

广东台山，是海上丝绸之路重要节点，是中西文化交融之地。

两百多年来，一代又一代台山人踏着先侨的足迹，远渡重洋，艰苦奋斗，用自强不息的精神书写了一段段传奇，造就了闻名遐迩的"中国第一侨乡"。如今，台山籍华侨华人分布在世界90多个国家和地区，人数达160多万。

行走在侨乡台山，我们能深深感受到华侨文化的浓郁——一座座美轮美奂的碉楼，一排排连绵数里的骑楼……宛如走进一条宏伟瑰丽的华侨文化长廊。然而更令人感动的，是珍藏在碉楼、骑楼千家万户里一封封泛黄的"银信"。

"批一封，银二元"，台山人把侨汇和书信结合的侨批通俗地称为"银信"。一封银信，就是一个动人故事，就是一颗赤子之心，封封感人，句句铭心，记录着华侨心中最重要的事——爱国、爱乡、爱家。

银信不仅是海外华侨与国内侨眷的两地家书，更反映了其时粤闽地区的社会发展状况，是一种具有鲜明特色的文化遗产。2013年6月，"侨批档案——海外华侨银信"正式被列入《世界记忆名录》。

如今，银信已退出历史舞台，但一代代华侨用银信传递着的爱国爱乡之情，值得我们传承和发扬。台山市委市政府结合南粤古驿道建设，在端芬海口埠建银信博物馆、修银信广场，将其打造成广府人出洋第一港主题文化园，讲述银信故事，展现华侨家国情怀。李柏达先生编著的《世界记忆遗产——台山银信档案及研究》，对银信故事的传承将起到十分积极的作用，值得肯定。

今天的台山，充满魅力，生机勃勃，期望本书成为传承和发扬台山银信文化的名片，走出中国，走向世界。希望社会各界继续做好保护、研究和开发工作，擦亮台山"中国第一侨乡"品牌。

中共台山市委书记
2017年5月

在南粤大地上，一位来自江门五邑侨乡的集邮者声名鹊起，他就是台山集邮协会副会长、2012年第二届东亚集邮展览镀金奖获得者李柏达。

我与李柏达相识十数年，目睹他集邮的成长过程。他从中学时开始酷爱集邮，从2003年首次组集参加江门市集邮展览，2005年首次参加广东省集邮展览，到2012年参加"第二届东亚集邮展览"并获得镀金奖，体现了侨乡集邮者的成长过程。集邮三十多年，当中酸甜苦辣，他概括为"一本邮册一箩书，封片简戳邮史痴，鸿雁为媒网结伴，天涯咫尺方寸情"。

台山是中国第一侨乡，几乎每个家庭都有亲戚朋友在海外，李柏达家也如此。他的曾祖父在清朝末年去了古巴，后来叔祖在十几岁时也去了古巴，家中保存了祖辈寄回家乡的很多书信。他最早期收藏的邮票就是从家中搜罗的。2003年，他在四川绵阳参观亚洲集邮展览时，无意中发现了一些红条信封，一看竟然是来自家乡台山的，他想起家里也有这样的信封。从那时起，他便开始痴迷于这些红条信封——银信。

集邮与现实相结合，才会生机勃勃。来自中国第一侨乡的李柏达，以侨乡为根基，以侨史为素材，以侨批为主题，打造出侨乡集邮文化的新品牌。他花了多年时间，编组《广东五邑侨批（1900—1949）》邮集。2010年，他编组的五框邮集参加"2010广东省集邮展览"，获得大镀金奖；2012年在"呼和浩特2012第15届中华全国集邮展览"中展出，并且一举获得镀金奖，成为江门地区集邮史上获奖级别最高的邮集。

李柏达对于银信的研究，不仅仅是"纸上谈兵"——整理邮集，他还考虑到这项文化遗产的推广和保护。根据他的调查，1948年台城注册的私营银信机构就有137家，公办银信机构近20家，还有无数家未经注册的私营银信机构；此外，目前台山已发现80多个侨墟，按每个侨墟最少有两家银信机构计算的话，台山当年的金融业是非常繁荣的。"银信真实地反映清末民初海内外台山人的生活状况，而银信机构见证了银信的产生和发展，不但富有文化和历史内涵，而且很多银信机构的建筑很漂亮，是中西结合的侨乡建筑文化缩影。"他觉得，如果将银信的推广和保护与侨墟、银信机构结合在一起，作为一个全面的整体来进行研究，将更有价值。于是，在过去的几年里，每逢天气好的假日，他就背着相机出门，走遍台城的大街小巷以及各墟镇，将目前已发现的字号清晰、建筑完好的几十处银信机构一一详细地做好记录。随着银信业务的消失，这些机构逐渐萧条甚至荒废，李柏达期待他的这些工作能够引起人们对银信以及银信机构的重视和保护。在2012年举办的"五邑银信研讨会"上，他提出了"将银信保护与开发和侨墟、银信机构结合在一起，将台山西宁市街区活化为银信街，作为五邑银信的地标建筑，为五邑银信的研究保护提供平台"的建议。

李柏达为人诚恳，钟爱集邮，笔耕不辍。除了编组邮集外，自从2005年《台山集邮》报复刊后，他一直担任主编。为了办好这份刊物，他也参与写稿、改稿、校对等工作。近年来他致力于侨乡邮史研究，取得了不少的研究成果，先后在《千岛日报》（印尼）、《中国档案报》《火车邮戳研究会会刊》《侨批故事》《南粤集邮》《侨乡春秋》《国邮史记》《南方都市报》和美国纽约《台山文化之友》等国内外报刊发表文章多篇。今天，李柏达将这些文章整理出版，是件可喜可贺的事情。

本书包括《广东五邑银信（1896—1949）》邮集、台山银信机构与银信、银信邮史研究、银信邮史故事四部分，既有邮集原件影印，又有银信机构原址图片和研究银信的文章。作者笔下情感流淌，思绪荡漾，结合实际，深入浅出，论述都为自己集邮实践的真实感受，也是自己集邮研究经验的总结，从而使得本书的内涵更为丰富，可读性更强，可谓是一部独具侨乡特色、丰富多彩的银信文化集邮文献。作者立足于怡然自得的集邮境界，揭示了广东五邑银信在特定时期的历史、学术、实证等方面的意义，以及集邮方面的重要价值，填补了江门五邑该类集邮文献的空白，可谓李柏达集邮三十多年的结晶。

2013年6月19日，广东、福建华侨华人留下的珍贵记忆遗产——"侨批档案——海外华侨银信"正式入选联合国《世界记忆名录》。然而，侨批文化的研究、开发和利用还处于初级阶段，任重而道远。相信《世界记忆遗产——台山银信档案及研究》的出版，能够进一步提升五邑银信在国际上的地位和影响，为推动侨乡集邮文化发展做出应有的贡献。

广东省集邮协会副会长
中华全国集邮联合会常务理事
国际集邮联合会（FIP）评审员
2017年1月

目

录

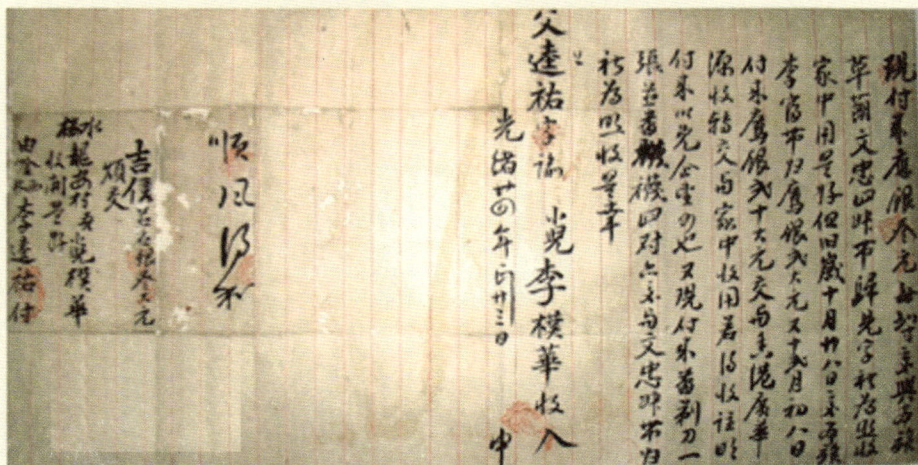

广东五邑银信 (1896—1949)

银信又称侨批，是海外华侨通过银信收寄机构汇款和寄送到中国的信件。

五邑地区即江门市及其属下台山、新会、开平、恩平、鹤山五县市、区，有"中国第一侨乡"之美誉。五邑侨民移民外洋历史悠久，华侨众多，分布在全世界五大洲107个国家和地区，是全国著名侨乡。五邑华侨辛勤俭朴，节衣缩食，将积蓄的银钱，以银信的方式寄回祖国，建设家乡。因此，银信是华侨爱国爱乡的历史见证，是侨乡文化的重要组成部分。

本展集以五邑地区1896—1949年的进、出口银信为素材，通过水客与银信机构、邮政与银信机构接驳的银信、银信的邮路、抗日战争时期的银信、回批五个方面的研究，系统地展示了晚清民国时期五邑特色的银信历史。

计划及重要展品

第一框　水客与银信机构

亮点：① 1896年水客带信纸折叠式银信（第2页）；②1906年格式化银信（第4页）；③新金山经香港传入台山银信（第8页）；④1947年《台山城金银业同业印鉴目录》（第16页）。

第二框　邮政与银信机构接驳的银信

亮点：①南洋寄香港转水客接驳的银信封包（第19页）；②菲港昌兴公司三合一银信（第20页）；③1937年古巴寄台山四合一银信（第23页）；④盖轮船邮戳银信（第32页）。

第三框　银信的邮路

亮点：①1911年江门口岸邮路（第33页）；②民国元年日本客邮路银信（第34页）；③1927年新加坡死信邮局退件特殊邮路（第38页）；④1929年新宁铁路邮路（第39页）。

第四框　抗日战争时期的银信

亮点：①1940年澳门经转邮路银信（第52页）；②水东至遂溪经广州湾出海邮路银信（第53页）；③高要经转"勿经沦陷区"银信（第55页）；④驼峰航线特殊军检戳、邮资调整首日实寄银信（第64页）。

第五框　回批

亮点：①1901年银信机构与邮政接驳的回批（第69页）；②1904年盖美国欠资邮戳回批（第70页）；③1916年开平护龙墟新广华号回批封（第71页）；④1923年印银信业务广告的回批（第75页）；⑤1949年银元时期江门中国银行回批封包（第80页）。

参考文献

1. 张永浩：《抗日战争时期之中国国际邮路》，香港：中国邮史出版社，2008年。
2. 余耀强：《烽火中的海外飞鸿：抗战期间广东的海外邮务》，广州：广州出版社，2005年。
3. 广东省集邮协会学术委员会等编著：《粤港优秀集邮论文集（2002—2005）》，香港：中国邮史出版社，2006年。
4. 许茂春：《东南亚华人与侨批》，曼谷：泰国泰华进出口商会，2008年。

1. 水客与银信机构

水客时期的银信

五邑银信诞生于 19 世纪中叶，早期银信以水客（巡城马）携带为主。

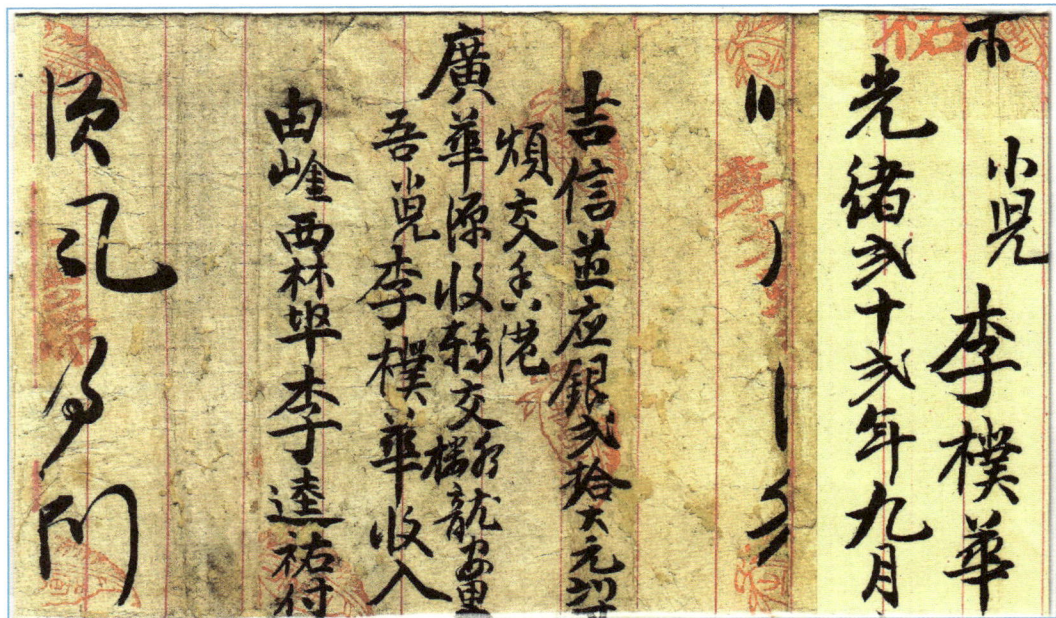

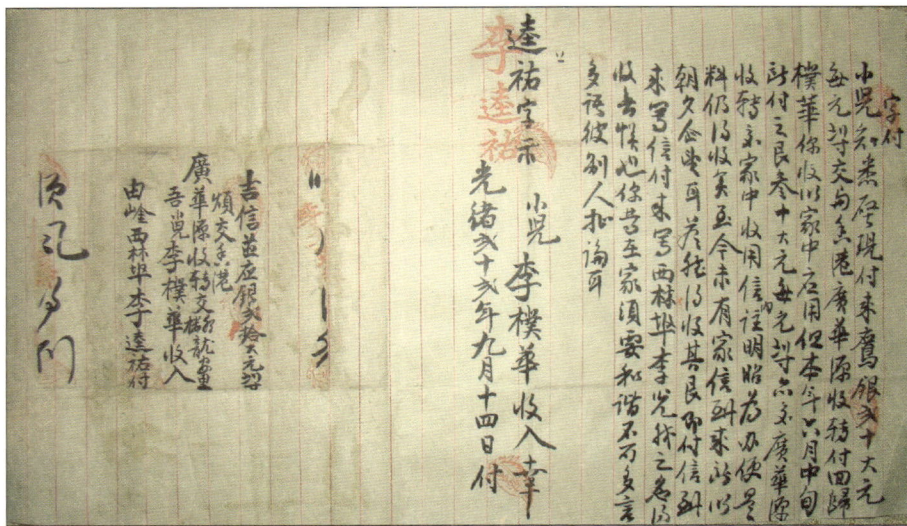

银信展开全图

这是一封由单一信纸折叠而成的银信。光绪二十二年九月十四日（1896 年 10 月 20 日）由美国旧金山托水客带→香港广华源→台山水步水楼村，信银为鹰银 20 元，信折叠封口处盖"李文应带"水客章

1. 水客与银信机构

盖水客印章的银信

水客携带银信，在银信封上盖有水客印章。

早期盖水客"李泽带"章的银信

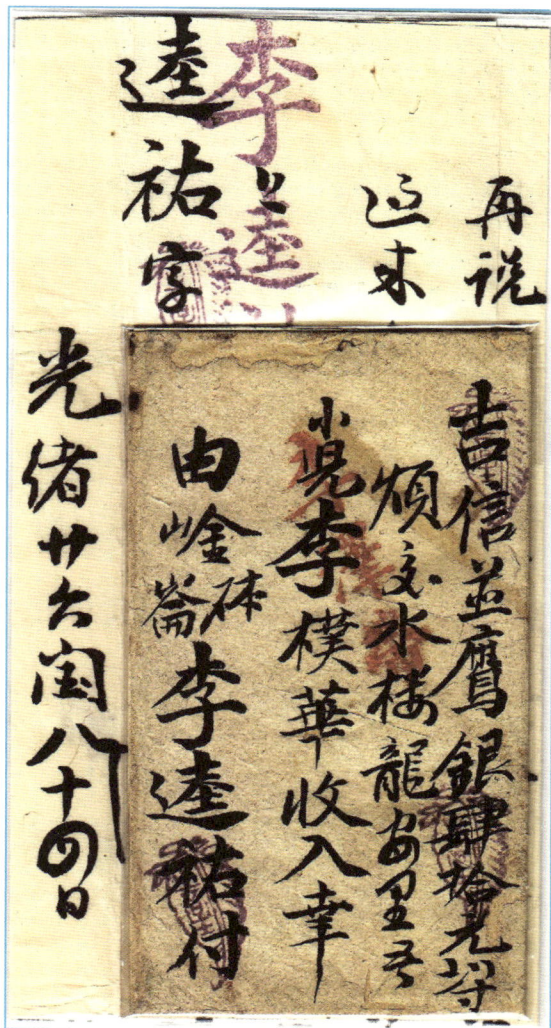

水客盖"本行公议，车脚船脚太贵，每佰带工壹圆"章的银信

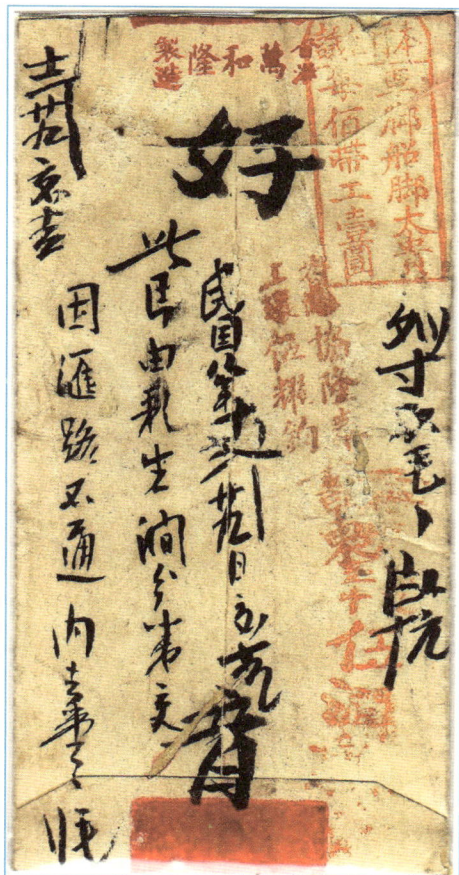

这是光绪二十六年闰八月十四日（1900年10月7日）从美国旧金山托水客李泽传递银信→香港→台山水楼龙安里交收银人，信银为鹰银40元

这是民国八年（1919）从美国托水客寄递银信→香港上环协隆泰伍耀钧→同年12月29日台山五十墟伍涧转交下坪锦平村的收银人

1. 水客与银信机构

银信机构的形成

随着业务量的不断增加，一些水客成立了专营银信业务的机构，接理侨汇。

许金德参与组建银信机构香港毕街广合源号

水客时期许金德传送的银信

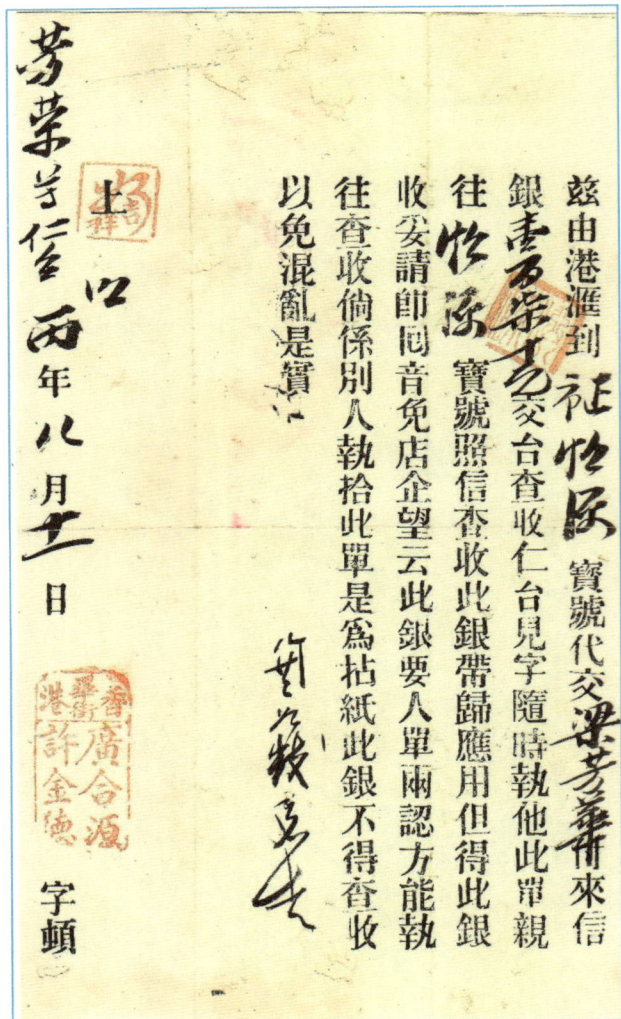

清末（约1905年前）水客许金德
传送的银信

这是清末丙午年八月十一日（1906年9月28日）从美
国旧金山托寄银信→香港毕街广合源许金德→台山正市街
怡源号交收银人

1. 水客与银信机构

海外银信机构——美洲的金山庄

邑人（指五邑人，下同）出国后，用积攒下来的资金在侨居国办起自己的企业，这些企业被称为金山办庄，俗称"金山庄"。为了方便乡民寄银回乡，金山庄开办"代理书信银两"业务，成为海外的银信机构。

美国纽约丽名谭湛文金山庄寄递的银信

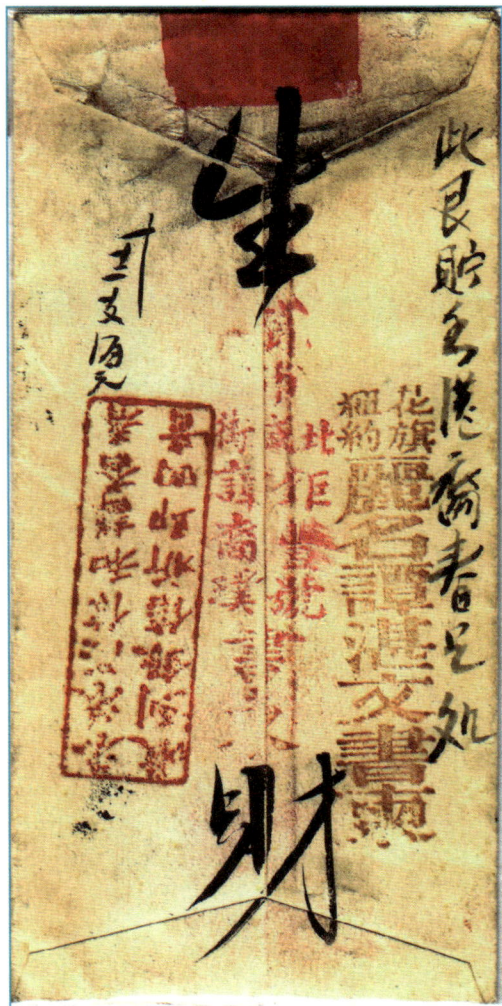

美国金山大埠永泰隆金山庄寄递的银信

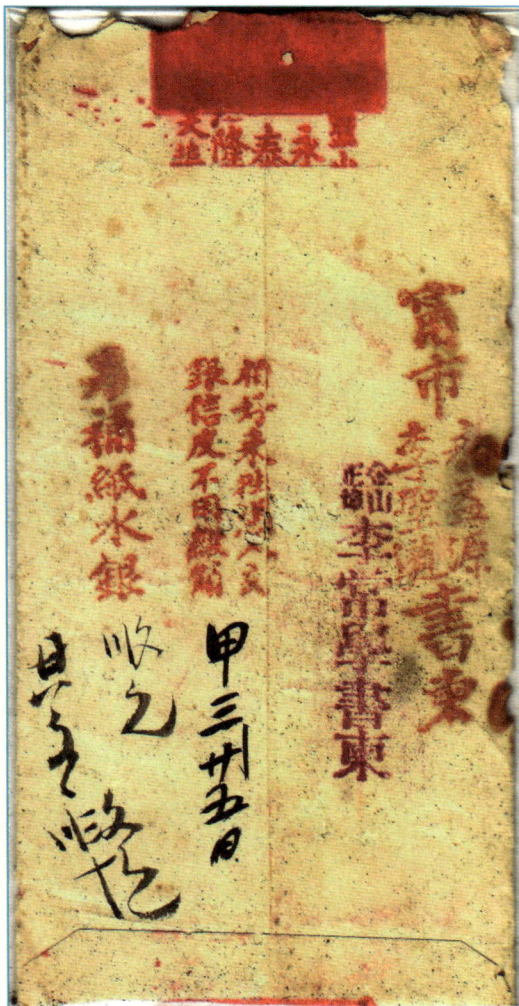

这封银信是清末辛亥年八月十二日（1911年10月3日）从美国纽约丽名谭湛文寄→香港忠信和谭裔春→12月2日台山北盛街钜丰号→大岭厚村收银人

这封银信是民国甲子年二月初十（1924年3月14日）美国金山大埠永泰隆托寄→三月廿五日（4月28日）台山西宁市永益源号李圣道→台城香头坟村李钜经收

1. 水客与银信机构

香港银信机构——香港的金山庄

香港是邑人出洋的中转站，许多邑人在香港开办了金山庄，接理外洋书信银两。

香港昌盛金铺金山庄寄递的银信

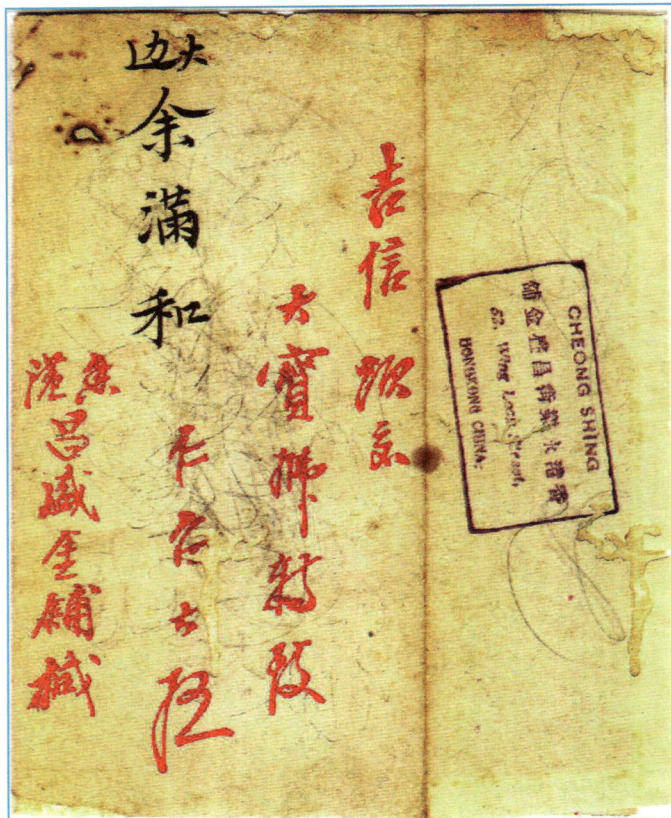

香港文咸广合源雷维垣、雷维治
金山庄寄递的银信

这是清末格式化的银信封，庚戌年四月十一日（1910年5月19日）由香港昌盛金铺寄→大边村交收银人

这是壬子年五月初十（1912年6月24日）从美国旧金山托寄银信→香港文咸广合源雷维垣、雷维治→五月廿三日台山宁城百安号转交收银人

1. 水客与银信机构

香港银信机构——五邑银信的交换中心

优越的地理位置、发达的金融系统和完善的管理，使香港成为五邑银信的交换中心，来自世界各地的书信银两一般经香港流入国内。

美国经香港上环联昌号黄文锐金山庄中转的传入五邑的银信

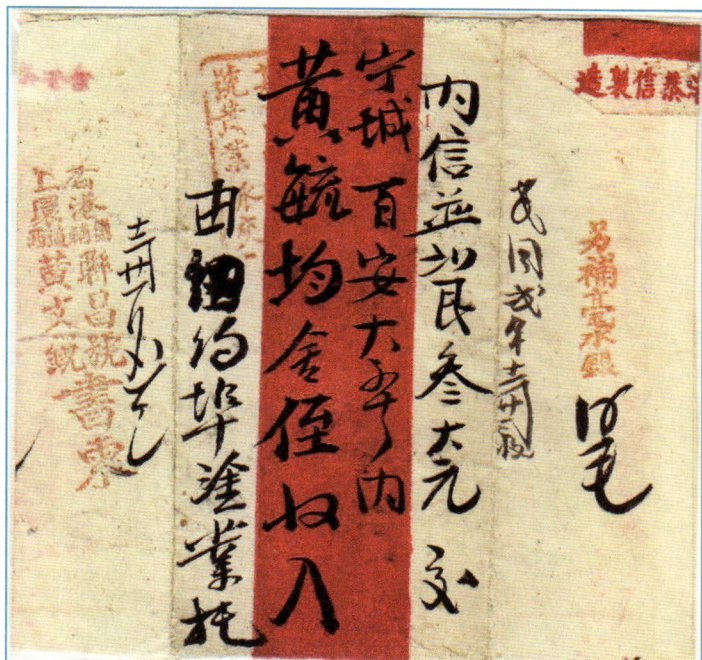

这封银信是民国二年（1913）十一月廿二日美国纽约寄→十二月廿一日香港上环联昌号黄文锐→十二月廿二日台山宁城百安大宝号，由黄业派交到收银人手中，信银为 3 大元，另补毫水银 5 毛

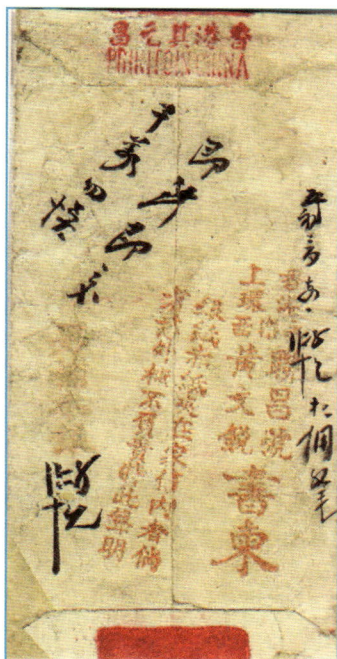

这封银信是 1937 年 11 月 18 日美国寄→香港上环联昌号黄文锐→台山南坑村收银人。封盖"银纸赤纸夹在家信内者，倘有意外概不负责，特此声明"宣传章

1. 水客与银信机构

香港银信机构接驳澳大利亚的银信

1851 年，澳大利亚新南威尔士州和维多利亚州的墨尔本相继发现金矿，大批五邑人移居澳大利亚"淘金"。为区别美国的旧金山，邑侨将墨尔本称为"新金山"。来自大洋洲的银信，也经香港中转后传入五邑。

新金山经香港西营盘海傍街华丰泰陈宗全金山庄传入台山的银信

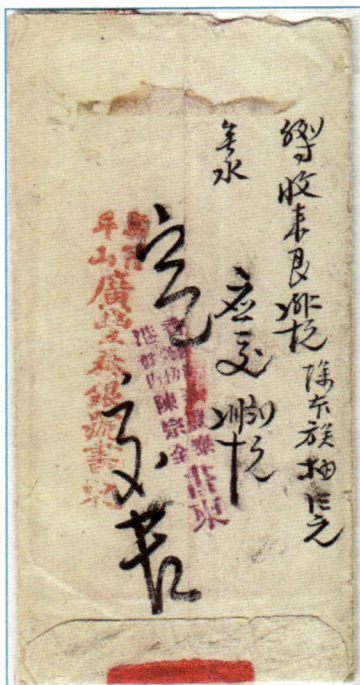

这是民国七年（1918）十月廿八日澳大利亚新金山寄银信→香港西营盘海傍街华丰泰陈宗全→台山斗山镇广丰泰银号交大湾村收银人

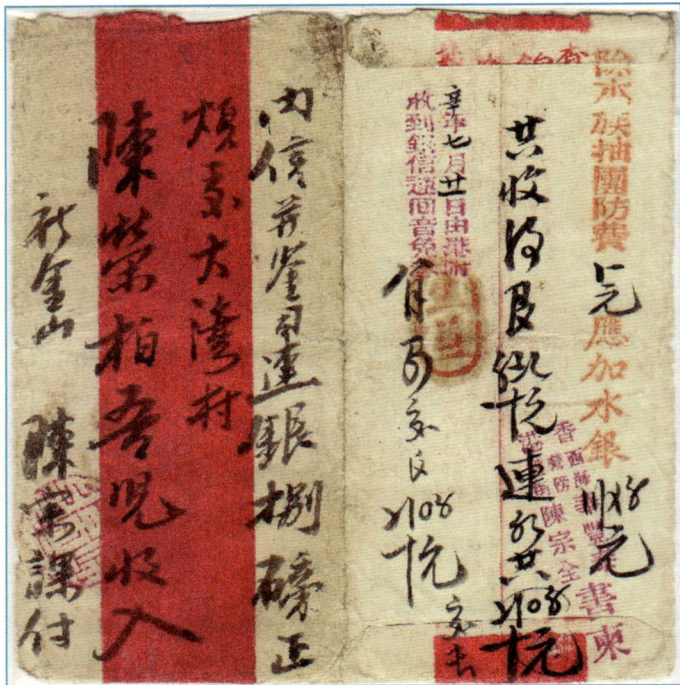

这是民国十年（1921 年，农历辛酉年）七月二十日澳大利亚新金山寄银信→七月廿一日（8 月 24 日）香港西营盘海傍街华丰泰陈宗全→八月初五（9 月 6 日）台山斗山镇大湾村收银人

1. 水客与银信机构

五邑银信机构——金银号为主力军

五邑地区华侨众多，侨汇收入巨大，银信机构遍布侨乡各地，其中以各类金银号为主力军。

江门兴华银号、金昌银号接驳的银信

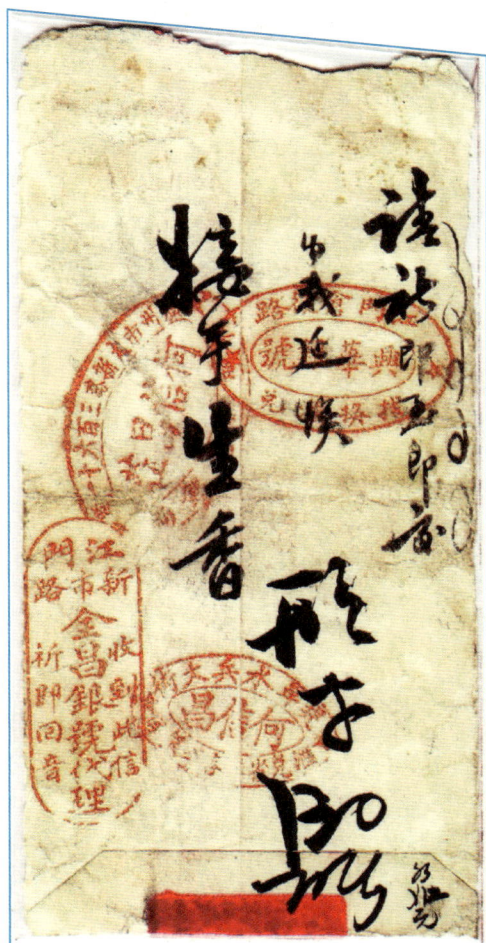

江门永兴街嘉祥银号接驳的银信

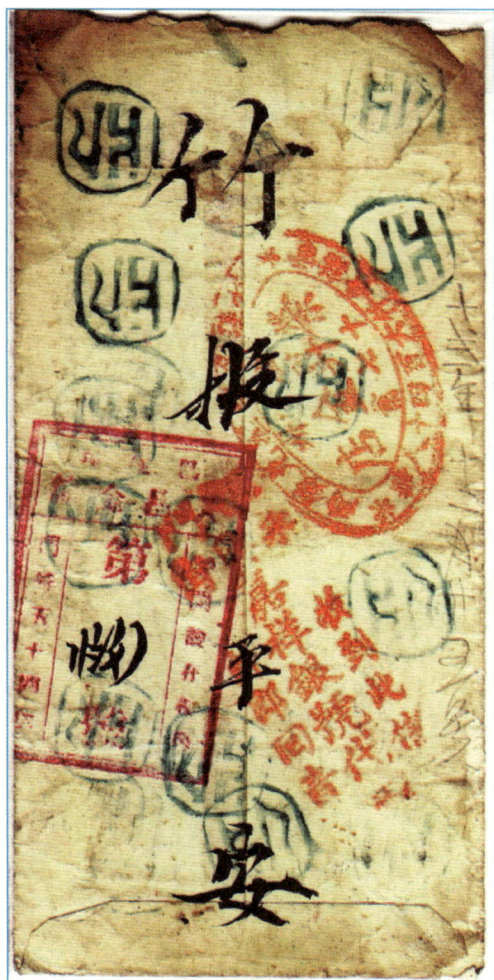

这是 1921 年 1 月 15 日从越南底岸"何信昌"水客寄银信，编号"形"字 130 号→广州"何信昌庄"→江门兴华银号→江门金昌银号→新会沙冲生盛大宝号交给收银人

这封银信于民国十二年（1923）由南洋吧生埠大昌金铺寄→广州荣昇金店→江门永兴街嘉祥银号→台山新昌均和大宝号→12 月 25 日台城北坑松桂村收银人

1. 水客与银信机构

五邑银信机构——金银号为主力军

台山西宁市宝安银号送达的银信

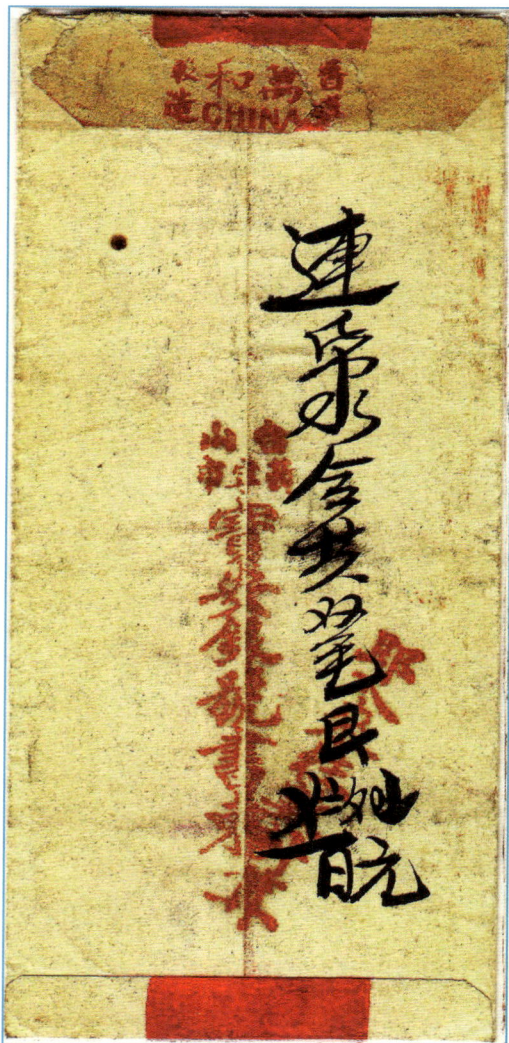

台山冲蒌广安泰银号传递的银信

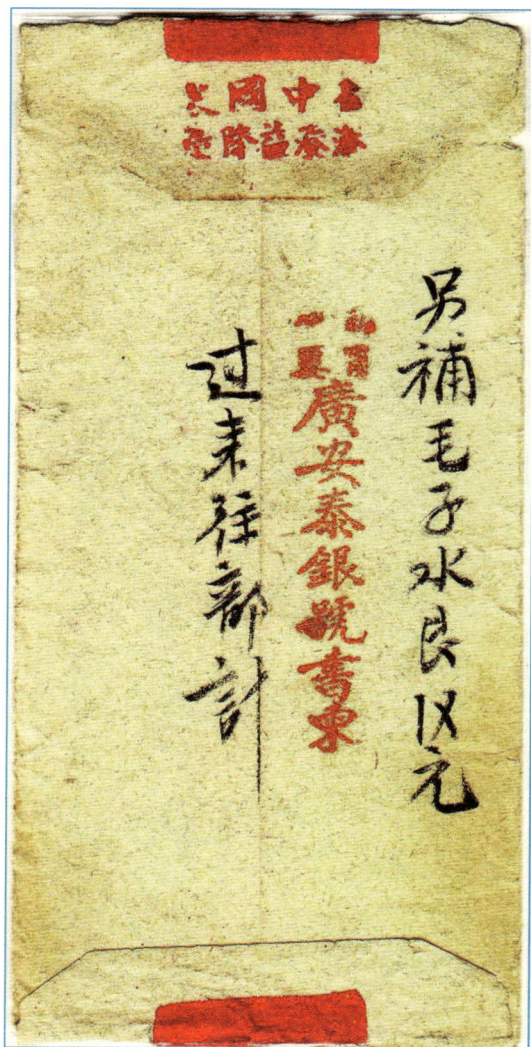

这是民国年间香港永吉祥李道源书柬寄银信→台山西宁市宝安银号，银号记账后盖上"即入来往数计算"章后再送给收银人

这是1921年2月29日美国柯美贺埠寄银信→香港→台山冲蒌广安泰银号→冲蒌逢源村收银人

1. 水客与银信机构

五邑银信机构——金银号为主力军

台山西宁市天华银号送达的银信 台山西宁市义和祥银号送达的银信

这封银信于 1934 年 1 月 10 日从美国芝加哥寄→香港大马路海生祥陈芝璇→台山西宁市天华银号→2月 25 日交收银人

这封银信于 1934 年 7 月 16 日从美国芝加哥寄→香港大马路海生祥陈芝璇→台山西宁市义和祥银号→9 月 1 日交收银人

1. 水客与银信机构

五邑银信机构——以金银号为主力军

五邑银信机构以家族式经营为主，一些实力较强的金银号分别在美国和中国香港、内地设立机构，连锁经营，接驳银信。如台山宝华行金银号，分别在满地可（蒙特利尔）、纽约、香港、台山设立分支机构，连锁接驳侨汇。

台山宝华行金银号格式化银信汇款通知书和副收条

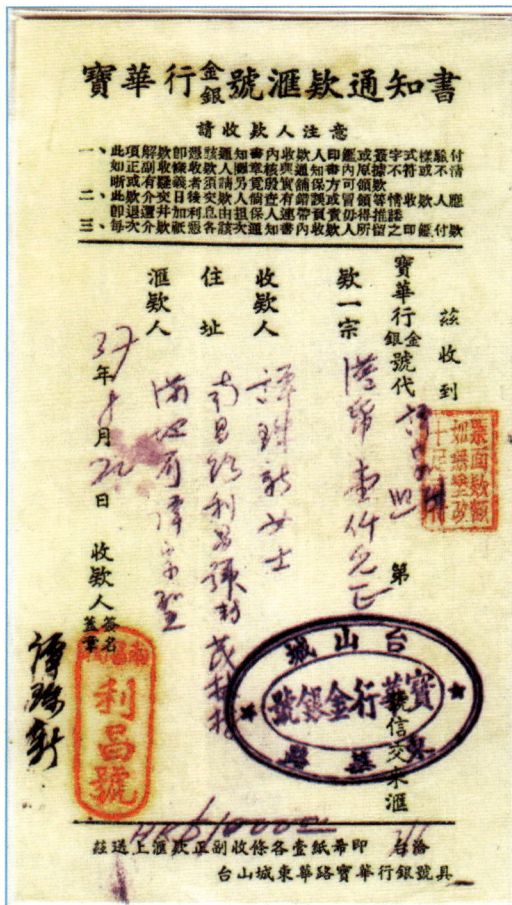

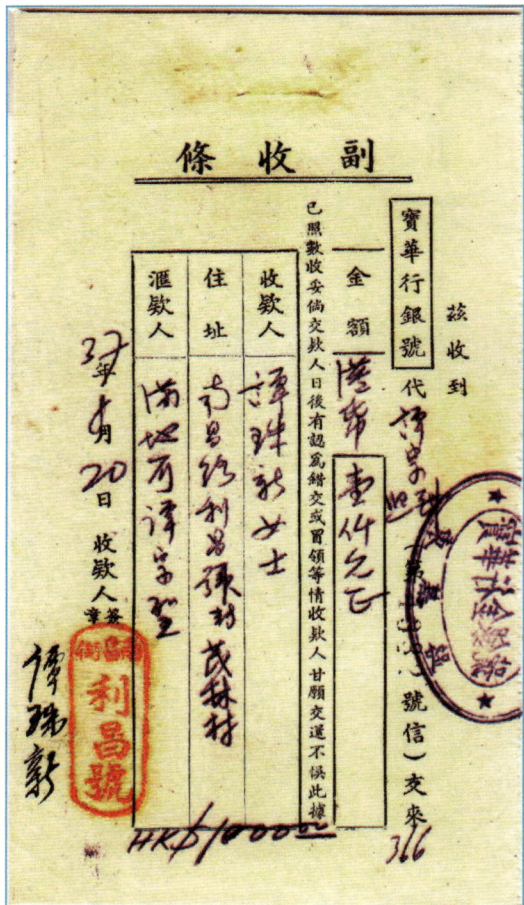

这是 1948 年 8 月 20 日台山宝华行金银号汇款通知书和银信收条，此款由加拿大满地可寄→美国纽约→台山城宝华行金银号→台山城南昌街利昌号→茂林村收银人

1. 水客与银信机构

兼营银信的各类商号、中西药行等机构五花八门

五邑地区华侨多、侨汇多，银信寄递范围广，遍布侨乡大地的每一个角落。于是，各类型的商号、中西药行、杂货店、苏杭店、油糖酒米店、书店等兼营银信业务的机构五花八门，应有尽有，成为晚清民国时期五邑侨乡的一大特色。

台山西宁市比（北）盛路（街）慎信药行银业送递的银信

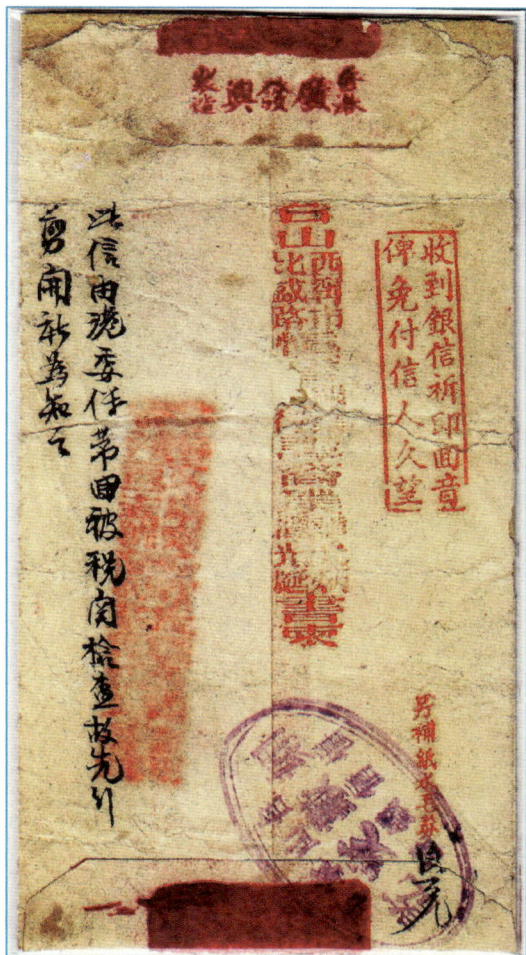

这封银信于民国 30 年代从美国寄→香港→台山西宁市比（北）盛路（街）慎信药行银业谭裔璞、谭光炳、谭光烑→台城温边村收银人

台山西宁市中和药房黄经濂送递的银信

这封银信于癸酉年十二月初一（1934 年 1 月 15 日）从香港寄→台山西宁市中和药房黄经濂→交收银人

1. 水客与银信机构

兼营银信的商号、书店

新会棠下和昌号代理接驳的银信

台城县前路明星书店代理的银信

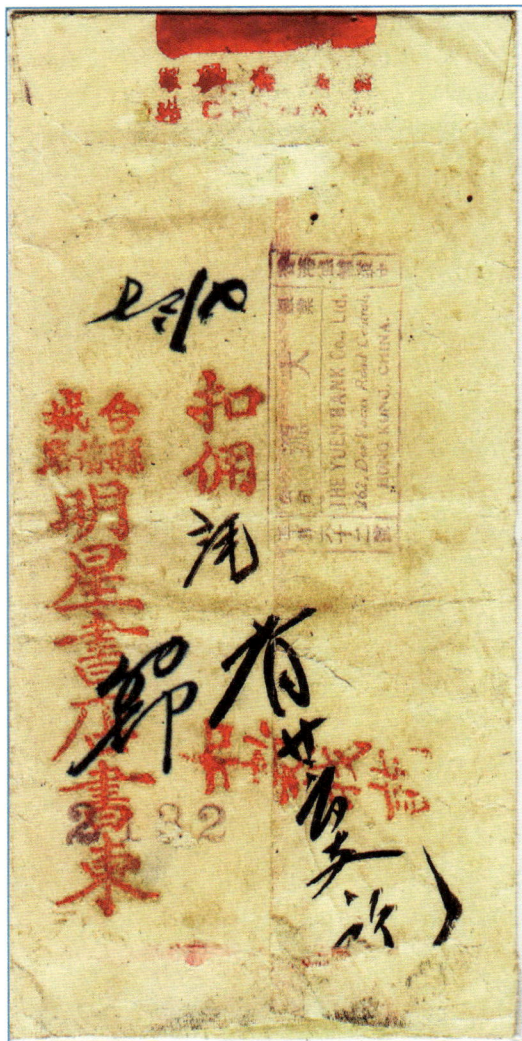

这是民国三十年（1941）从马来亚庇能埠编号为"天"字1823号首帮寄银信→庇能广源汇兑部→新会棠下和昌号→棠下良溪村交给收银人

这封银信是民国年间从菲律宾小吕宋寄→香港大源银业公司→台城县前路明星书店转交给收银人

1. 水客与银信机构

经营银信的汇兑公司以及兼营银信的杂货店、苏杭店

台山庙边市南隆号油糖酒米杂货店兼营银信业务广告

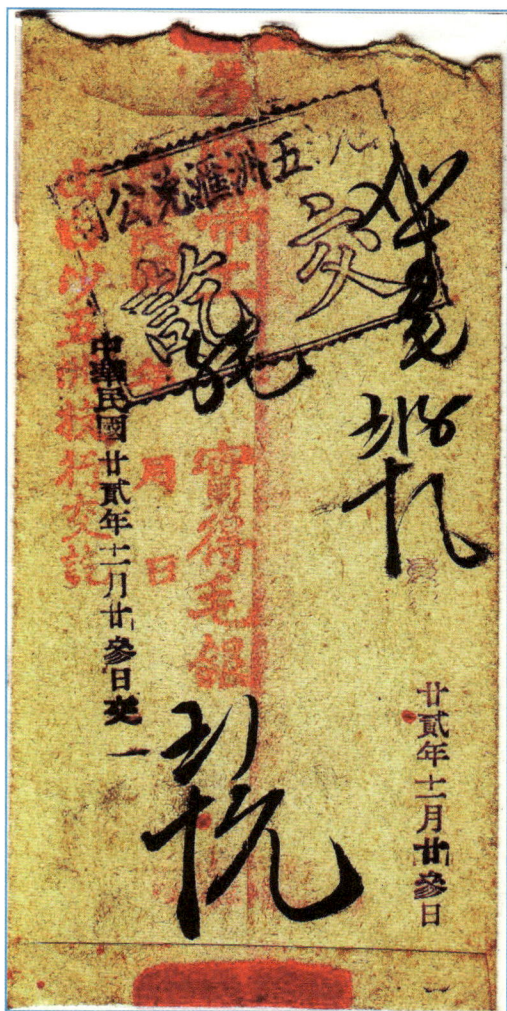

这是民国二十二年（1933）由加拿大温哥华托寄的银信→11 月 23 日台山白沙五洲枝行交给白沙北兴里的收银人。信银为港币 50 元，折双毛银 71.5 元，扣去带工 0.5 元，实得双毛银 71 元

这封银信是民国年间从台山五十墟锦兴隆染房寄→美国纽约交给收件人

1. 水客与银信机构

台山西宁市——五邑侨乡的金融中心

晚清民国时期，先后在五邑经营过银信业务的机构多达数百家，其中以台山为最多。据《台山城金银业同业印鉴目录》及有关资料考证，民国三十七年（1948），在"台山县金饰商业同业公会"注册的私营银信机构有 137 家，其中西宁市有 72 家，这当中以金银号为主力军，台山最著名的天华、大正、义丰、华丰、裕亨、宝泉、慎信、仁安、宝华行等银号都在西宁市；再加上 20 家公办、私营银行，台山共拥有银信机构 157 家。因此，西宁市被称为五邑侨乡的金融中心、"华尔街"，台西路被称为"台山银行街"。

1947 年《台山城金银业同业印鉴目录》收录的银信机构及印鉴式样

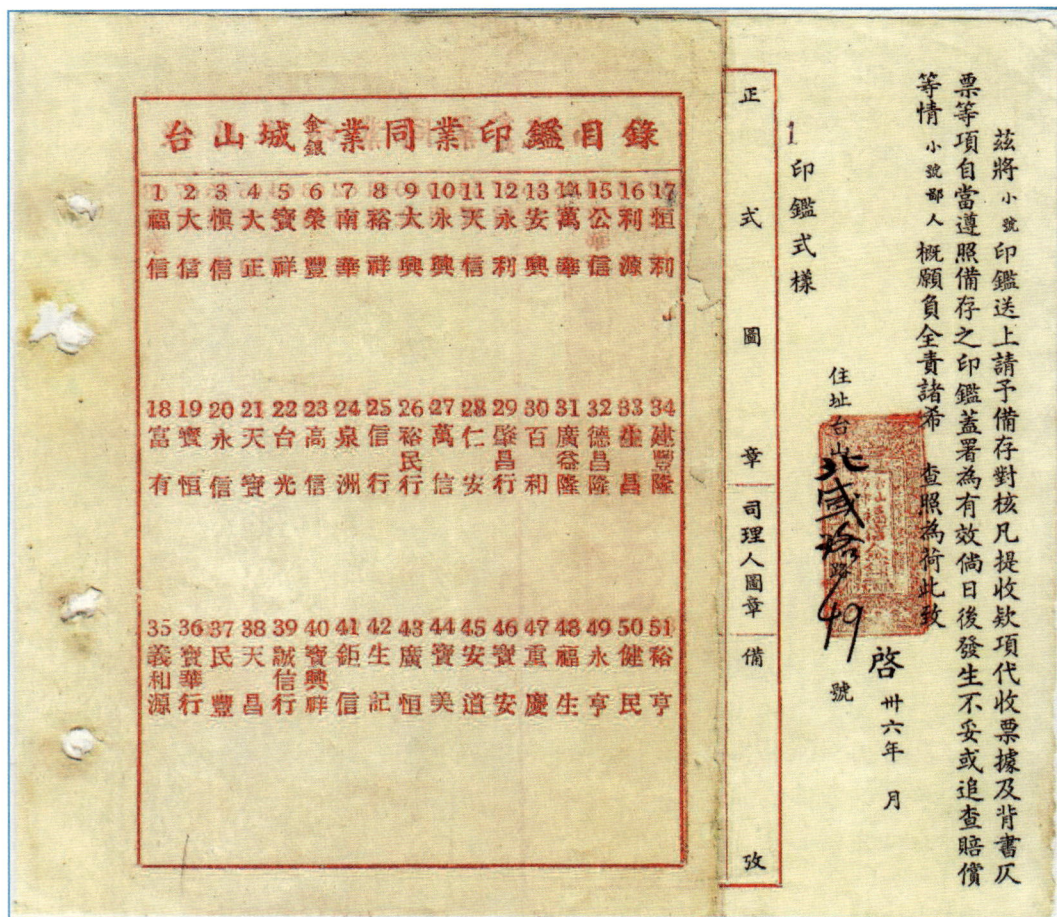

这是 1947 年《台山城金银业同业印鉴目录》，收录了 76 家私营银信机构办理银信业务的印鉴，可谓台山银信机构总账簿。现仅存 2 件

2. 邮政与银信机构接驳的银信

美国寄香港银信担保信凭证及回批

19世纪末，江门五邑未开办邮政，华侨寄银先将钱银以挂号担保信寄到香港"金山庄"后接驳回内地，香港成为五邑银信的中转接驳点。一些实力较强的"金山庄"分别在侨居国、香港、广州、五邑等地设立连锁转驳点。

这是华侨从美国寄担保信的回执，1930年3月8日华盛顿→4月9日香港→均裕源金山庄

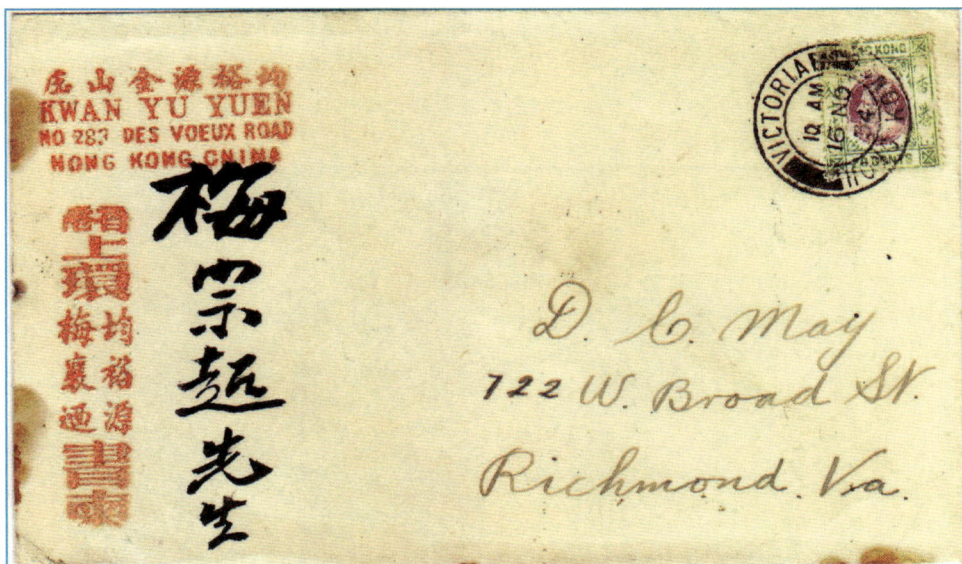

这是香港均裕源金山庄的银信，1934年11月16日香港寄美国交寄银人收

2. 邮政与银信机构接驳的银信

南洋信局互寄银信封包与回批

一些实力较强的银信机构，在海外多处设点收揽接驳侨汇。南洋荷属东印度孟加锡杏和堂浩记信局，先将收揽的侨汇由孟加锡埠寄生瓦埠（Sangasanga）太和堂宝号余杏章收后再转接。

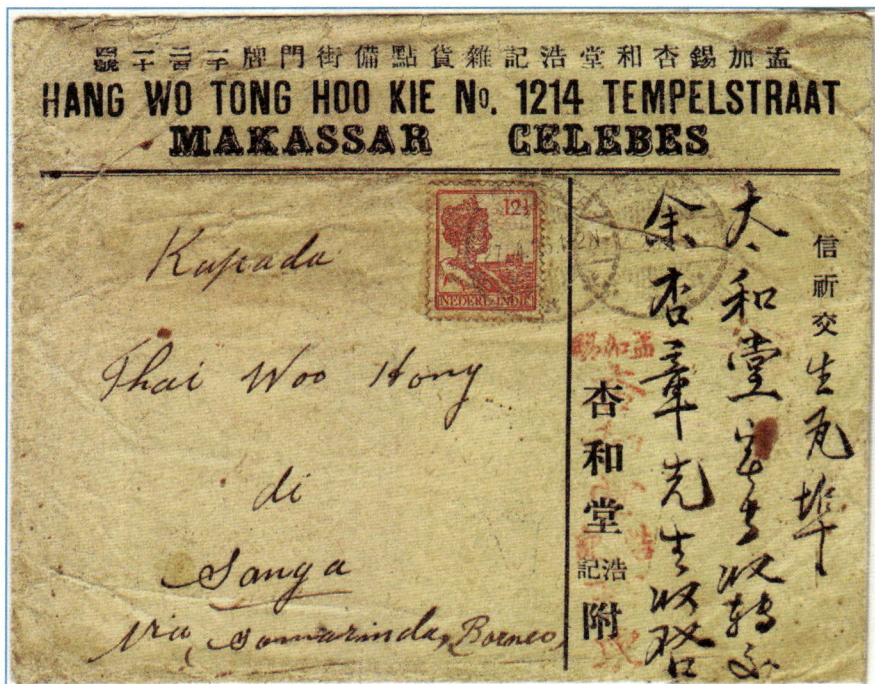

这封银信是 1926 年 4 月 27 日由孟加锡杏和堂浩记寄，贴 12.5 分荷属东印度邮票→4 月 30 日生瓦埠邮局→太和堂宝号余杏章收转

这封银信是新昌广盛隆号回批，贴民国帆船 1 角邮票 1 枚，1929 年 11 月 1 日销新昌戳平寄→11 月 1 日广州→11 月 16 日生瓦埠太和堂宝号交余杏章收转

2. 邮政与银信机构接驳的银信

南洋寄香港转水客接驳的银信封包

生瓦埠太和堂宝号余杏章以总包寄香港粤南大旅店信局转水客带回内地。

生瓦埠太和堂寄香港粤南大旅店银信封包

这封银信是 1929 年 9 月 30 日由生瓦埠余杏章寄，贴 35 分荷属东印度邮票→10 月 4 日巴厘岛（Balikpapan）→10 月 12 日香港→粤南大旅店信局→水客余亚六带交泗边收银人，批银 410 元，用于建侨乡碉楼

2. 邮政与银信机构接驳的银信

菲港昌兴公司三合一银信

一些银信机构先将信银汇到香港，然后利用香港邮政寄回国内，再由国内银信机构送给收银人。

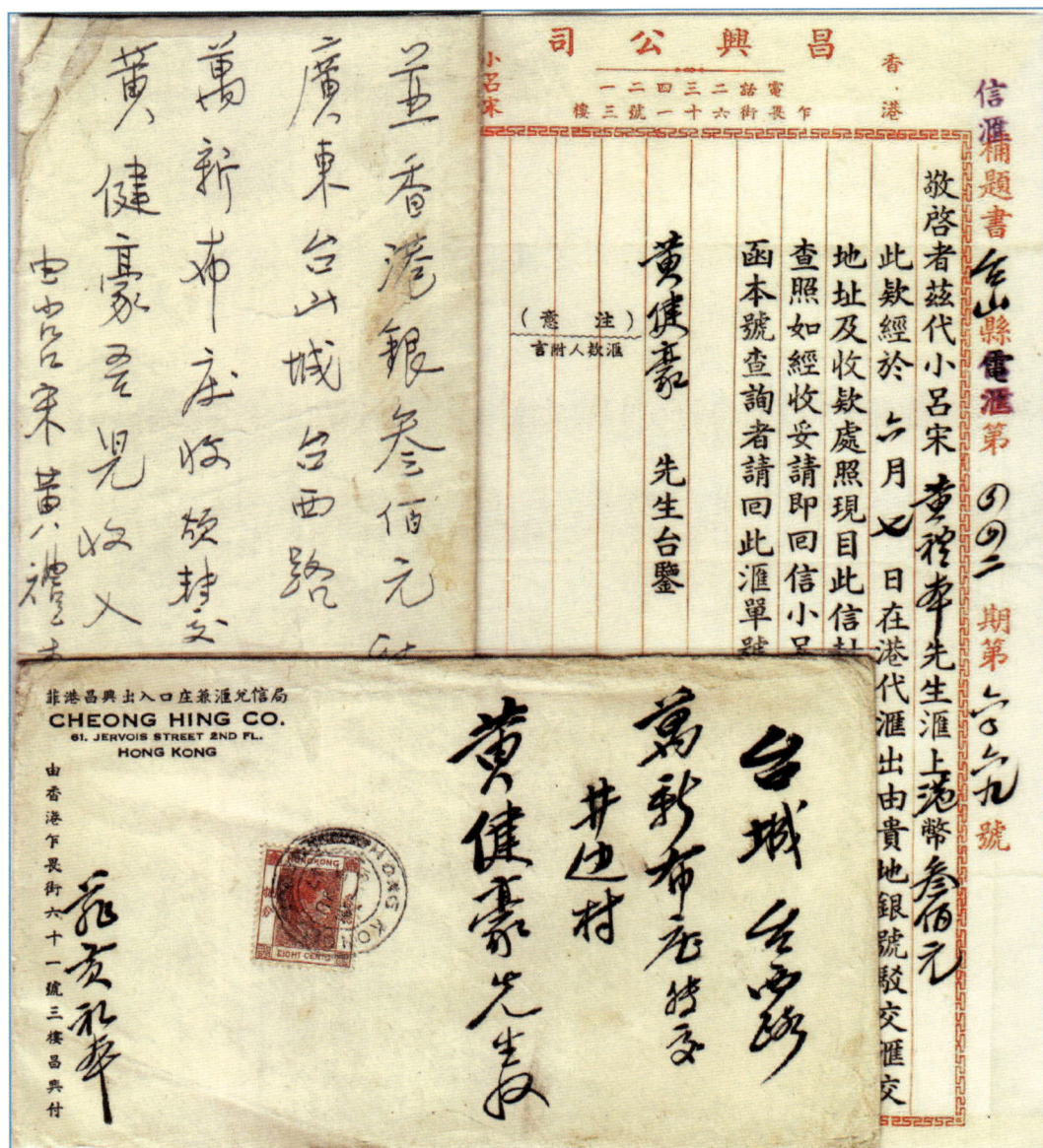

这是香港小吕宋昌兴公司的格式化银信，1947年5月31日由小吕宋汇出→6月9日香港昌兴公司，贴香港8分邮票平寄→台山城万新布庄→三社井边村交收银人，是一封完整的三合一银信

2. 邮政与银信机构接驳的银信

美国寄台山担保银信与回执

20世纪初，江门五邑相继设立邮政局，于是，海外华侨将外币或昃纸夹在信中以担保信的形式寄回台山的银信机构，再转交给收银人。

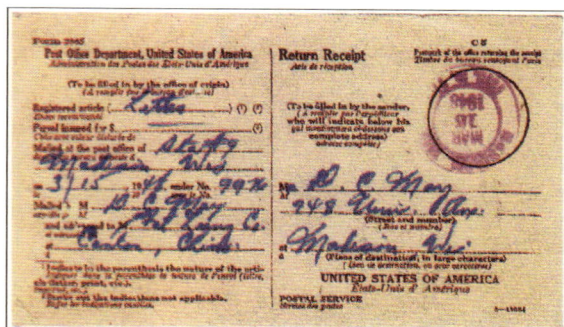

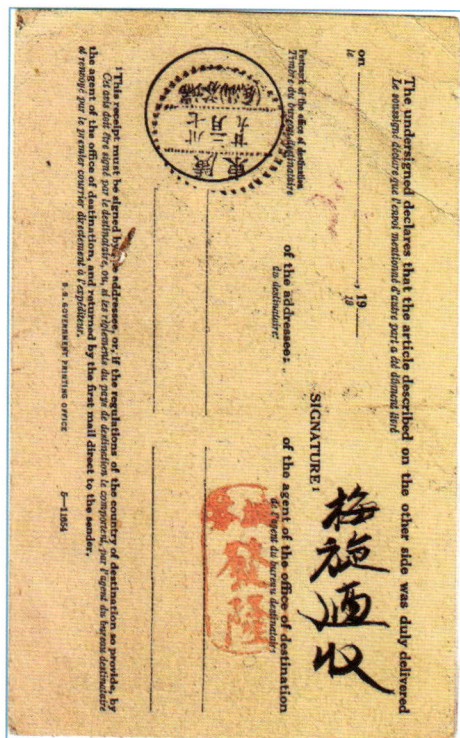

这是美国邮政局寄银信挂号担保信回执，该银信1948年3月15日美国寄→1948年3月29日到台山端芬汕底邮局交端芬发隆号收银信后转送收银人

这封银信贴20美分美国邮票，纽约WING SING CO.号金山庄1933年11月17日从纽约挂号寄→12月16日广州→12月20日台山旧四九墟→永癸隆大宝号交收银人

2. 邮政与银信机构接驳的银信

邮政寄递银信的组成

　　一套完整的五邑银信由外封（邮政封）、内封（红条封，内夹银钱）和家书组成。

邮寄银信夹寄的外汇汇票，邑人称为赤纸

　　这封银信贴加拿大 5 分、10 分邮票各 1 枚，1937 年 3 月 17 日由加拿大坎莫尔埠（Canmore）很吵埠李同记挂号寄→3 月 17 日 V.R.P.O.→3 月 18 日温哥华（Vancouver）→4 月 10 日广州→台山冲蒌圩（墟）东昌大宝号交收银人。该银信外封、内封齐全

2. 邮政与银信机构接驳的银信

一套四合一(邮政封、银信封、洋货红条封和家书)的五邑银信

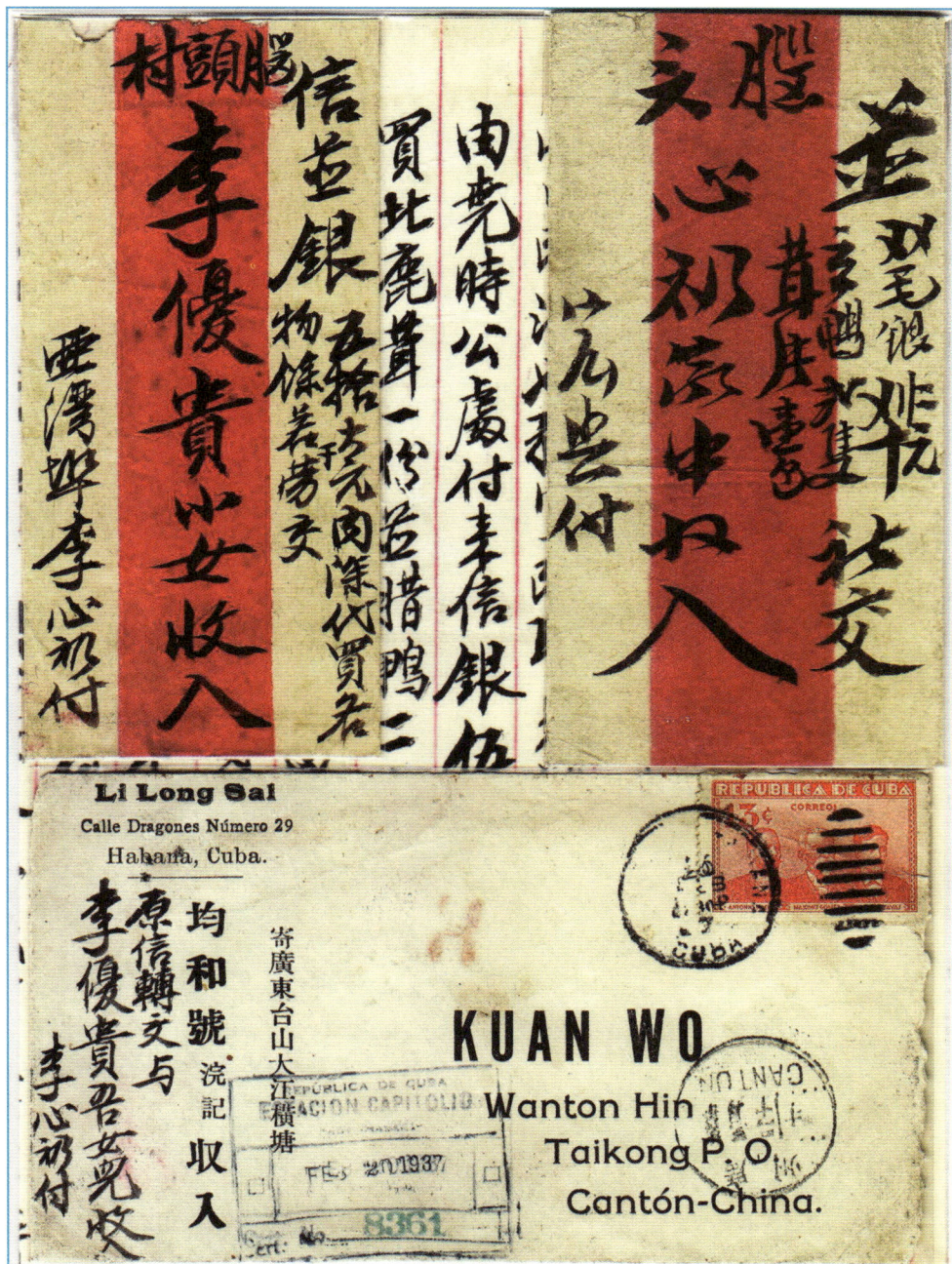

这是古巴李陇西堂银信封，贴古巴13分邮票1枚，1937年2月20日由哈瓦那挂号寄→3月20日广州→3月21日台山大江→横塘均和号浣记交收银人，信银为50大元，另代买腊鸭2只、茸片1包，极罕见

2. 邮政与银信机构接驳的银信

香港瑞芝祥号银信与回批

香港瑞芝祥号金山庄分别在美国和中国香港、台山西宁市、台山冲蒌等地设点接驳华侨银信。

这是香港瑞芝祥号银信封，贴香港乔治五世邮票1枚，1919年9月1日香港平寄→9月2日台山冲蒌→信成大宝号交收银人

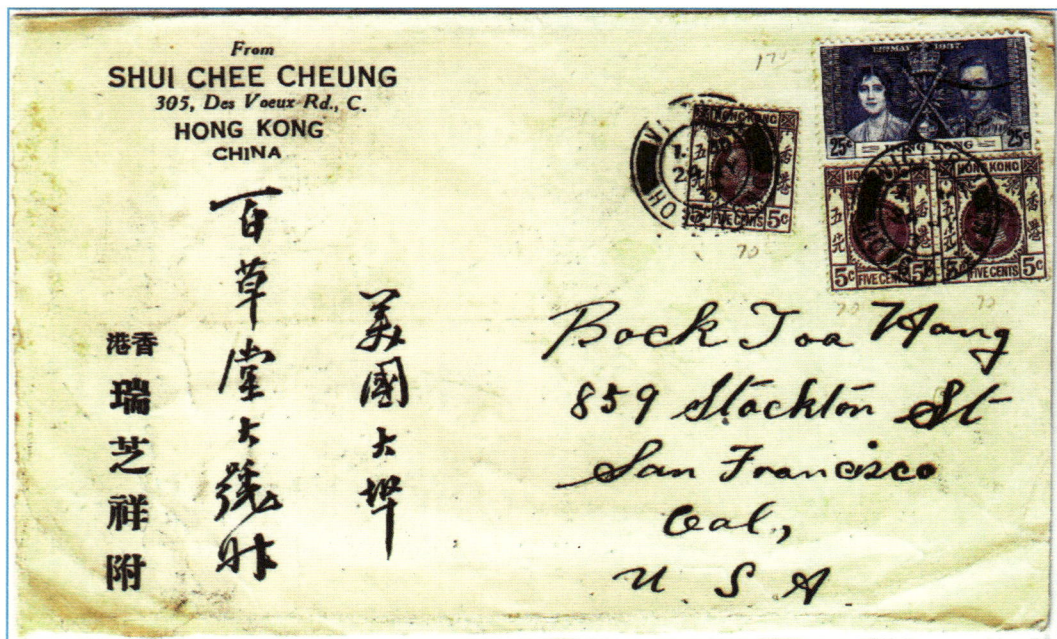

这是香港瑞芝祥号回批封，1937年7月24日香港寄→8月12日美国旧金山→百草堂

2. 邮政与银信机构接驳的银信

美洲金山庄代寄的银信

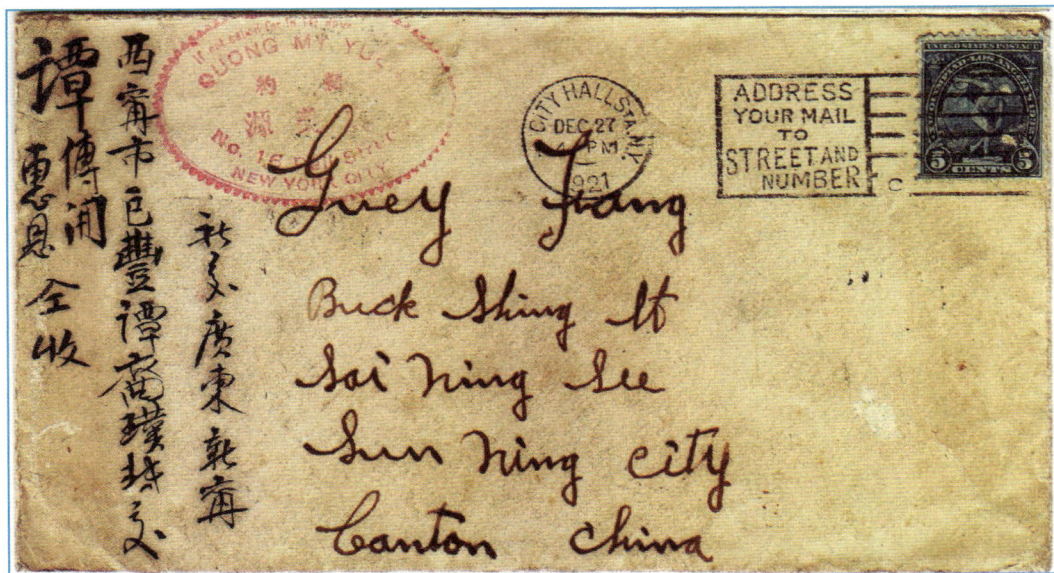

这是美国纽约昌美源号银信，贴 5 美分美国邮票，1921 年 12 月 27 日由美国纽约平寄→1922 年 1 月 22 日上海→1 月 30 日台山→西宁市巨丰号交收银人

这是美国 Yee Hung 号银信，贴 5 美分、20 美分美国邮票各 1 枚，1928 年 12 月 17 日由美国俄亥俄挂号寄→1929 年 1 月 14 日台山新昌邮局→获海埠裕民银号交收银人

2. 邮政与银信机构接驳的银信

美洲金山庄代寄的银信

　　这封银信贴 30 美分邮票，美国巴市（Pasadena）美珍园号 1927 年 7 月 6 日挂号寄→7 月 8 日美国中转→8 月 1 日三八邮局→恒丰大宝号交收件人

　　这封银信贴 50 美分邮票，美国金山正埠天生金铺 1947 年 7 月 7 日挂号寄→7 月 16 日广州→7 月 20 日台山县南昌市→和盛宝号交收银人

2. 邮政与银信机构接驳的银信
一套完整接驳的银信与回批

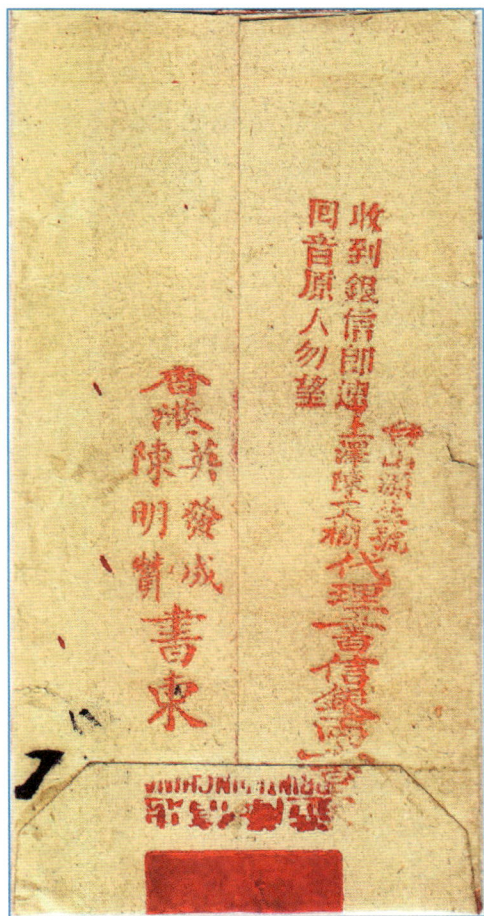

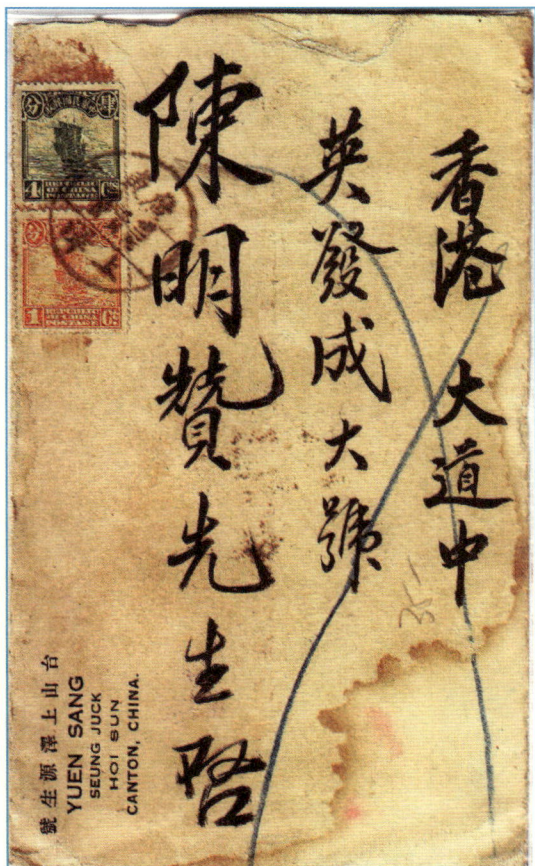

这封银信于1933年1月由美国纽约寄→香港英发成金山庄接驳→台山上泽源生号→平安村收银人

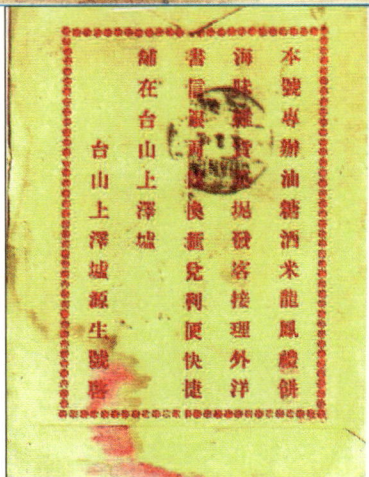

源生号收到信银后，用信局公函封（封背印有"接理外洋书信银两，找换汇兑"业务广告）贴帆船1分、4分票各1枚，1933年3月3日销上泽戳平寄回批→3月3日汕底→香港英发成大号收，完成寄银、回批全过程。完整接驳的银信与回批，很少见

2. 邮政与银信机构接驳的银信

家族式经营与邮政接驳的银信

　　家族式经营，是五邑银信机构的一大特色。如台山谭氏家族开办的宝华行金银业，分别在美国纽约（经理谭宗酬）、香港（经理谭宗正）和台山城（经理黄攀龙）开办分店连锁经营，接驳侨汇。

这封银信贴 5 美分、20 美分美国邮票各 1 枚，1947 年 10 月 14 日纽约平寄→10 月 22 日广州→10 月 24 日台山→宝华行交收件人

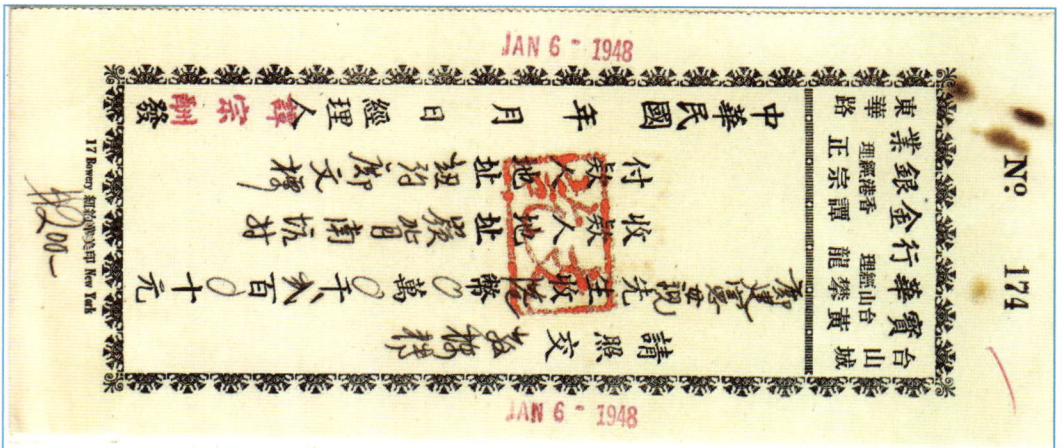

这是 1948 年 1 月宝华行金银业的格式化银信，由美国纽约寄台山

2. 邮政与银信机构接驳的银信

南洋信局与邮政接驳的银信

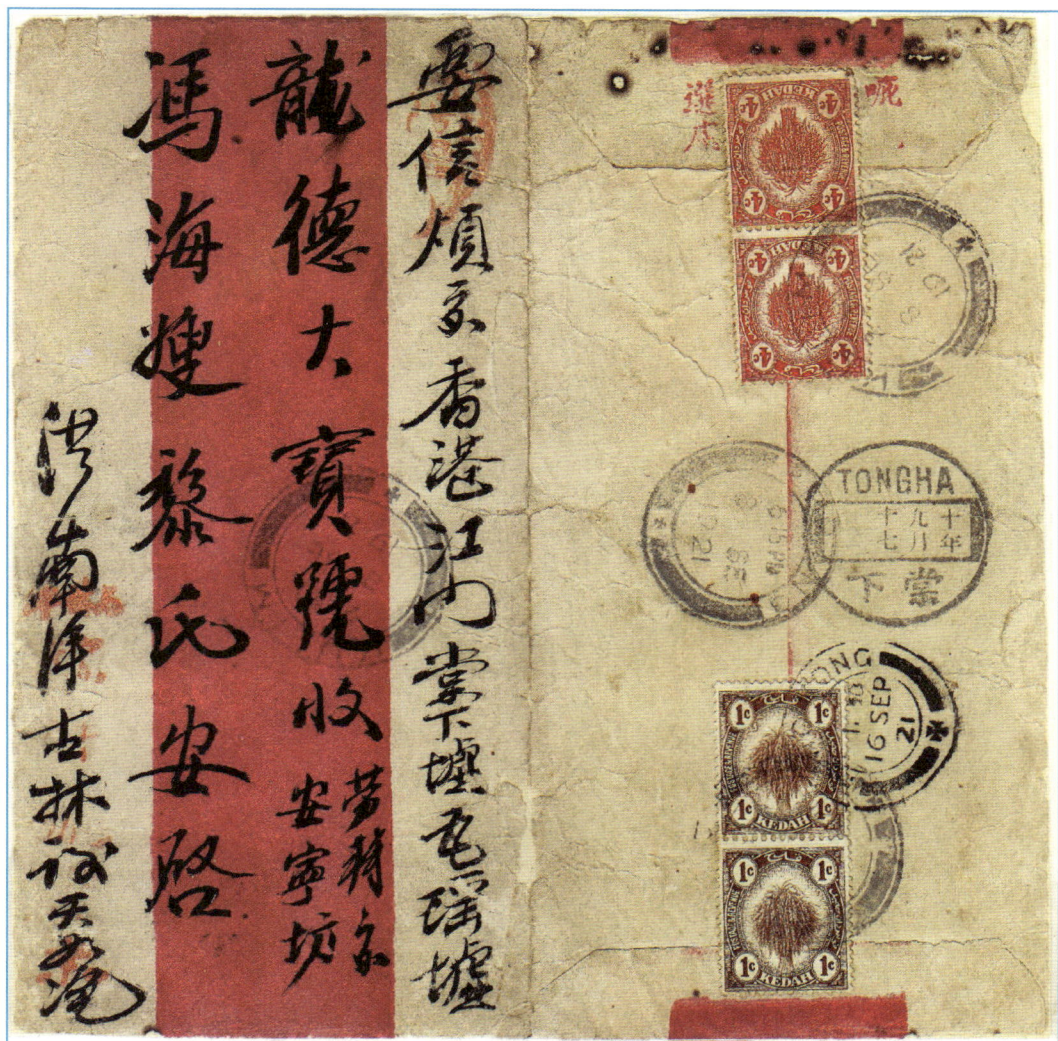

这是南洋庇能选庄信局银信封，1921年9月8日从南洋古林埠寄→9月8日庇能→9月16日香港→9月17日新会棠下邮局→龙德大宝号→安宁坊村交收银人

2. 邮政与银信机构接驳的银信

邮政与广东银行接驳的银信

二十世纪二三十年代，银行业迅速发展，各官办、私营银行相继在五邑设分支机构，接驳侨汇。广东银行台山分行于 1924 年在台城台西路开业，是较早开办的私营银行，大量接驳华侨银钱。

这封银信 1946 年 11 月 26 日美国华盛顿州西雅图寄→12 月 13 日广州→台山广东银行

贴美国旧金山广东银行专用封口纸的银信

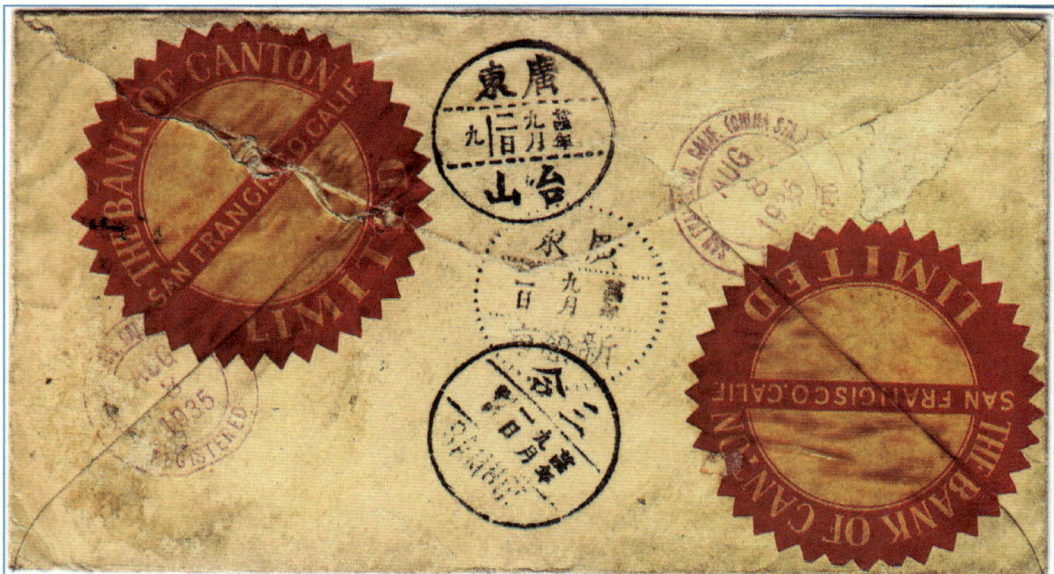

这是旧金山大生堂寄银信，经美国旧金山广东银行检查封口，贴 20 美分美国邮票，1935 年 8 月 8 日旧金山挂号寄→9 月 1 日台山三合→9 月 2 日台山→9 月 2 日新荣市→东坑车站交收银人

2. 邮政与银信机构接驳的银信

金山庄、邮政与银行接驳的银信

中国银行是最早在五邑设立分支机构的官办银行，1936 年 11 月 1 日中国银行台山办事处在台城开业，办理接驳侨汇业务。

这封银信贴 95 美分邮票，1946 年 7 月 26 日美国屋仑美英昌公司挂号寄→7 月 27 日旧金山→8 月 10 日广州→台山中国银行

这封银信贴 95 美分邮票，1946 年 8 月 20 日美国屋仑美英昌公司挂号寄→8 月 20 日旧金山→9 月 6 日广州→9 月 9 日台山→台山中国银行

2. 邮政与银信机构接驳的银信

盖轮船邮戳银信和吉隆坡中国银行信汇银信

香港陆海通有限公司盖轮船信箱邮戳银信

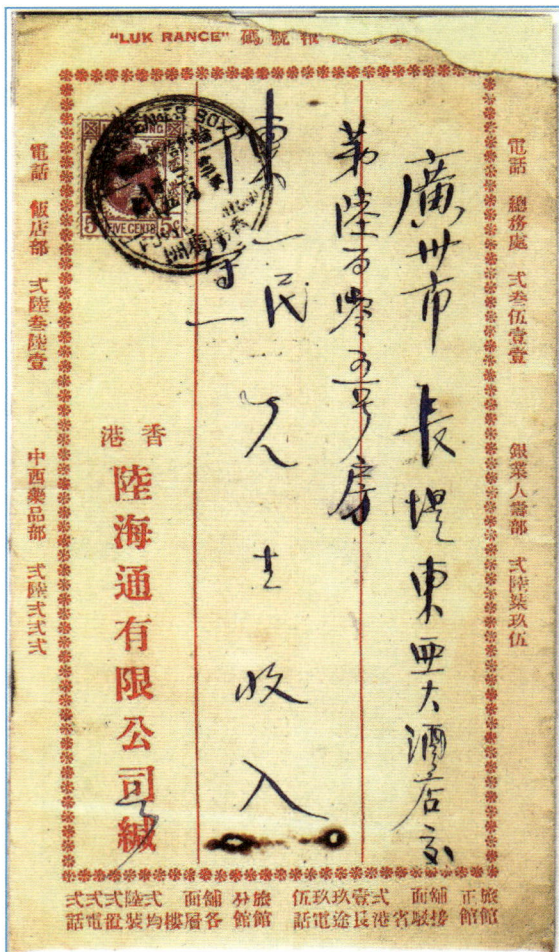

吉隆坡中国银行信汇银信

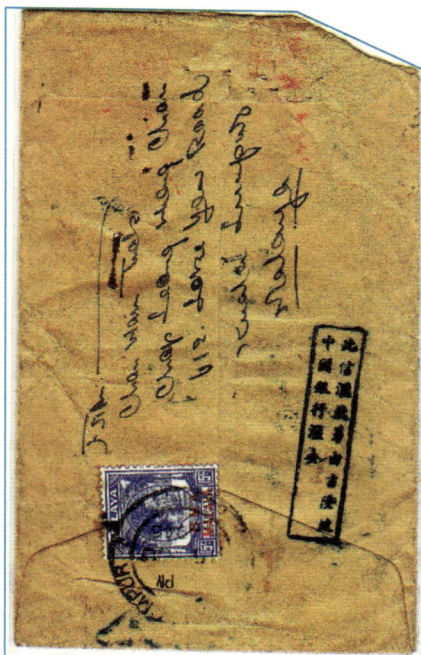

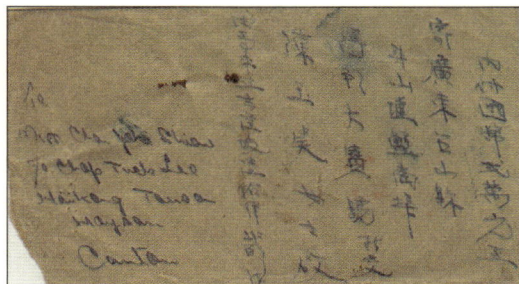

这是香港陆海通有限公司银信封，贴乔治五世像 5 仙香港邮票 1 枚，盖 1933 年 3 月 15 日"番禺（广州）轮船信箱邮件"邮戳寄→广州东亚大酒店交收件人

这封银信贴 15 分马来亚邮票，1946 年 6 月 20 日马来亚吉隆坡寄→吉隆坡中国银行→台山斗山墟→交收银人，信银为国币 2 万元

3. 银信的邮路

江门口岸邮路

1901 年 12 月 15 日，江门北街邮局成立，成为五邑地区第一家国家邮政机构。1902 年 2 月 8 日，江门埠邮局成立，此后五邑各县相继成立邮政局，江门埠成为五邑地区主要的通商口岸。早期邮寄银信，主要经江门口岸出入境。

邮资：
20 克国际信函：0.10 元
续重 40 克：0.06 × 2=0.12 元
合计：0.22 元（洋银）

这是开平赤坎东埠新广荣书柬银信，贴伦敦版蟠龙 1 角票 2 枚、2 分票 1 枚，辛亥年九月十四（1911 年 11 月 4 日）广东赤坎寄→11 月 4 日江门→11 月 5 日香港→美国旧金山交集兰堂转交收件人

3. 银信的邮路

客邮邮路——广州、上海客邮邮路

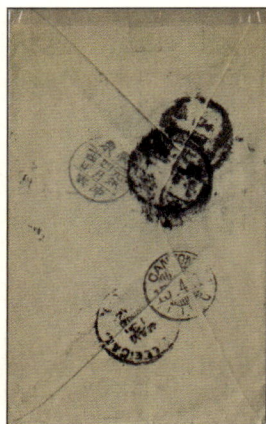

这封银信贴伦敦版蟠龙 1 角邮票，为国际平信邮资，1912 年 4 月 14 日广东冲云寄→新昌→广州→4 月 15 日 I.J.P.O 广州日本客邮→5 月 13 日美国→百加委埠万昌大宝号收

这是新宁三合安益号银信封，贴蟠龙 1 角加盖"中华民国"宋体红字邮票，为国际平信邮资，销"广东三合"三格式干支戳，1912 年 12 月 6 日寄→12 月×日公益埠→12 月 8 日广州府→12 月 13 日上海→12 月 14 日上海日本客邮→美国

3. 银信的邮路

东洋水陆邮路

　　清朝末年，五邑人去美国淘金，一般由水陆路出境，先从五邑到香港，再由香港转到上海，从上海东渡至日本横滨，又由横滨横渡太平洋至美国夏威夷，再东渡太平洋到美国旧金山。东洋出境邮路为早期五邑银信的必经之路。

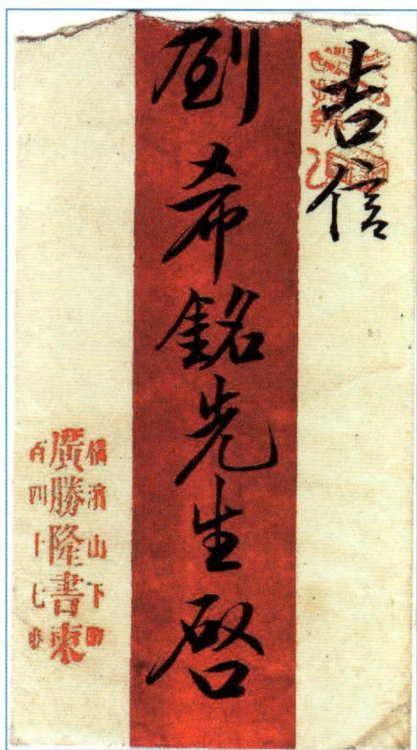

　　这是日本横滨广胜隆书柬银信，贴日本邮票3钱，1915年1月8日由日本横滨寄→上海→香港→1月19日广州→1月20新宁县→南门义和大宝号交收件人。日本银信很少见

3. 银信的邮路

香港经转南洋邮路

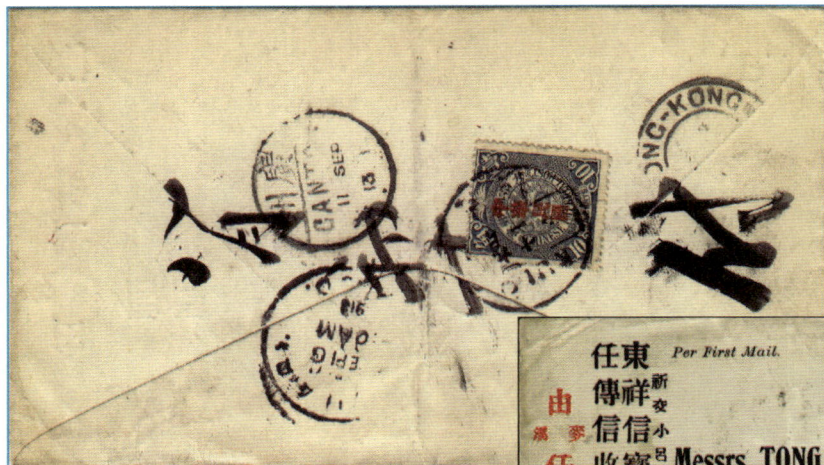

这封银信贴蟠龙 1 角加盖 "中华民国" 宋体字邮票，为国际平邮邮资，销民国二年（1913）9 月 11 日古劳戳，由鹤山麦溪任兆名号寄→9 月 11 日广州→9 月×日香港→9 月×日菲律宾小吕宋东祥信宝号→交收件人

这封银信贴英国 8 仙邮票，销新加坡 1915 年 8 月 14 日戳，由星加坡朱有兰寄→8 月 20 日香港西区邮局→8 月 20 日香港→8 月 21 日江门→8 月 21 日江门城→8 月 22 日棠下→棠下圩（墟）广育善堂→交收件人

3. 银信的邮路

新加坡中转邮路

南洋各埠寄五邑银信，一般经新加坡中转至香港后进入邑地。

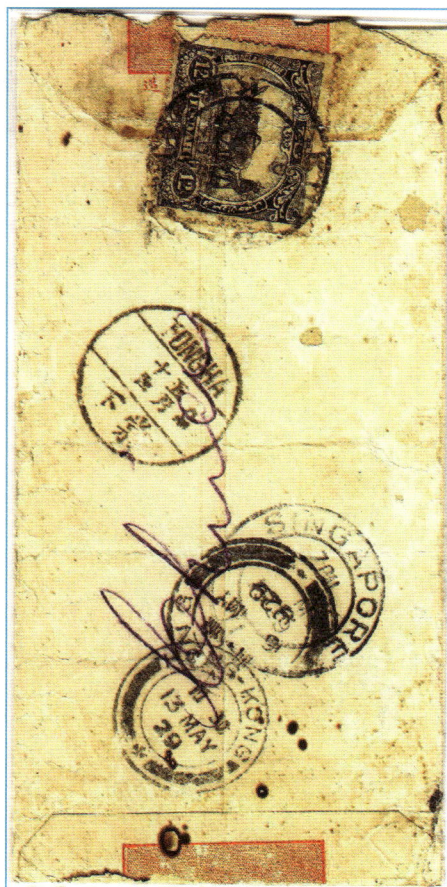

这封银信于 1929 年 11 月 6 日从南洋古林埠寄出→11 月 6 日庇能→新加坡→ 11 月 15 日香港→11 月 16 日棠下邮局→良溪村交收银人

这封银信于 1929 年 5 月 6 日从南洋古林埠寄出→5 月 6 日庇能→5 月 7 日新加坡→ 5 月 13 日香港→江门→5 月 14 日棠下邮局→良溪村交收银人

邮集

037

3. 银信的邮路

新加坡死信邮局（Dead Letter Office）退件特殊邮路

新加坡死信邮局戳

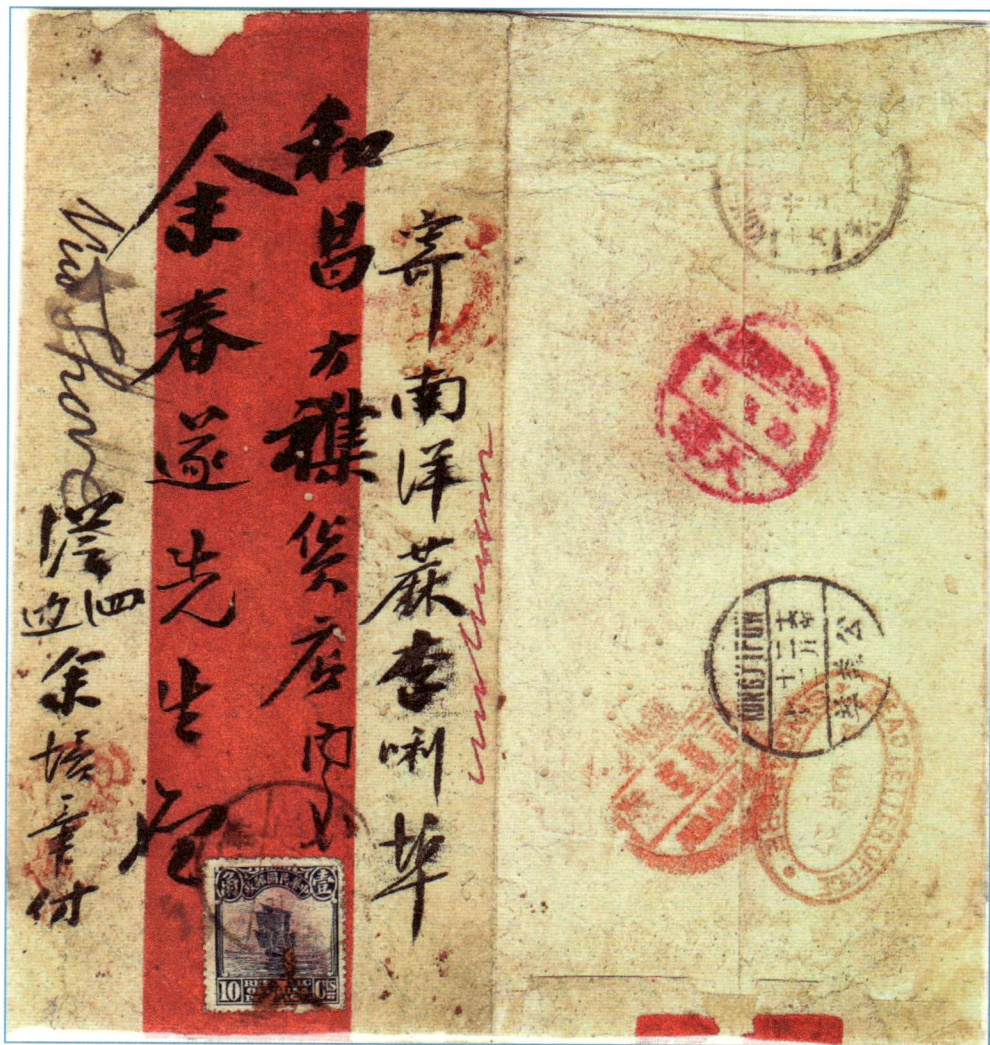

这是从台山寄南洋的回批封，贴民国帆船 1 角邮票，为国际平信邮资，销 1927 年 2 月 12 日广东陈边戳寄→2 月 12 日公益埠→3 月 3 日新加坡死信邮局→×月 1 日天津→8 月 23 日广州府 →×月 25 日公益埠→退回原寄信人。此封在退回过程中舍近求远，邮路独特，全程耗时 6 个多月，经过 3 所死信邮局，为少见的特殊邮路

3. 银信的邮路

新宁铁路邮路

　　1909 年 3 月，由台山旅美华侨陈宜禧先生创办的新宁铁路开通后，五邑地区的交通大大改善，银信也借铁路之便利进出侨乡。

　　这封银信贴民国帆船 1 角邮票 1 枚，为国际平信邮资，台山大塘墟大塘站益生堂药材邮政代办局销民国十八年（1929）9 月 20 日广东大塘墟戳寄→9 月 21 日"阳—宁"火车邮局→9 月 22 日广州→10 月 15 日墨西哥墨西卡利市邮局交收件人

3. 银信的邮路

新宁铁路火车邮局邮路

新宁铁路通车后，新宁铁路火车邮局成为寄递五邑银信的主要运输机构。

水客与火车邮局接驳的银信

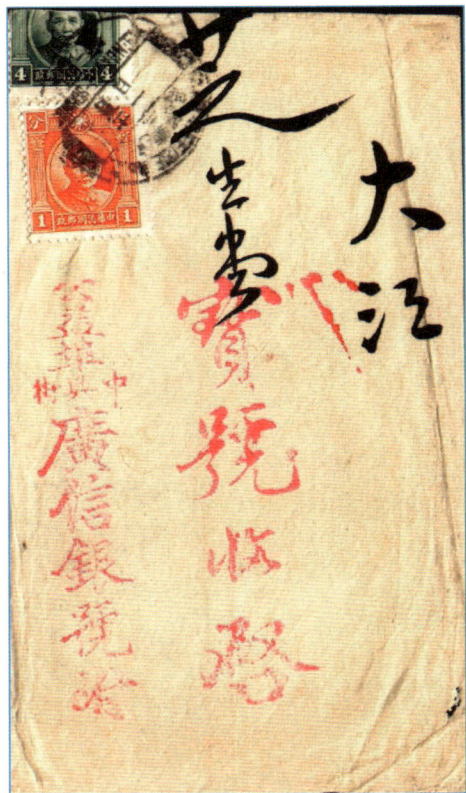

这封银信贴民国孙中山像 5 分邮票，销 193×年×月×日"宁—阳"火车邮局戳,台山宁市北盛街傅济堂平信寄→香港联益行金山庄交收件人

这封银信是 1932 年 11 月 28 日在香港新成利号托水客带→台山公益广信银号，再贴民国孙中山像 1 分、4 分邮票各 1 枚，销 12 月 1 日"阳—宁"火车邮局戳寄→12 月 1 日大江邮局→芝生堂宝号交收件人

3. 银信的邮路

新宁铁路车站邮政转递银信

新宁铁路开通后，铁路沿途各站均设立邮局或邮政代办局，寄递银信。

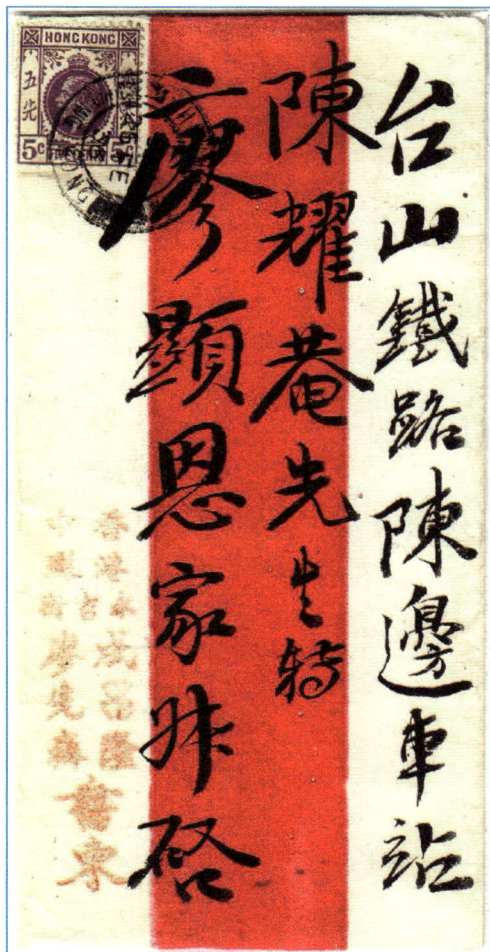

这是香港永乐街成昌隆廖先齐书柬银信，贴香港 5 仙邮票，1936 年 2 月 26 日由香港寄→新宁铁路→2 月 27 新宁铁路陈边车站邮局→交收件人

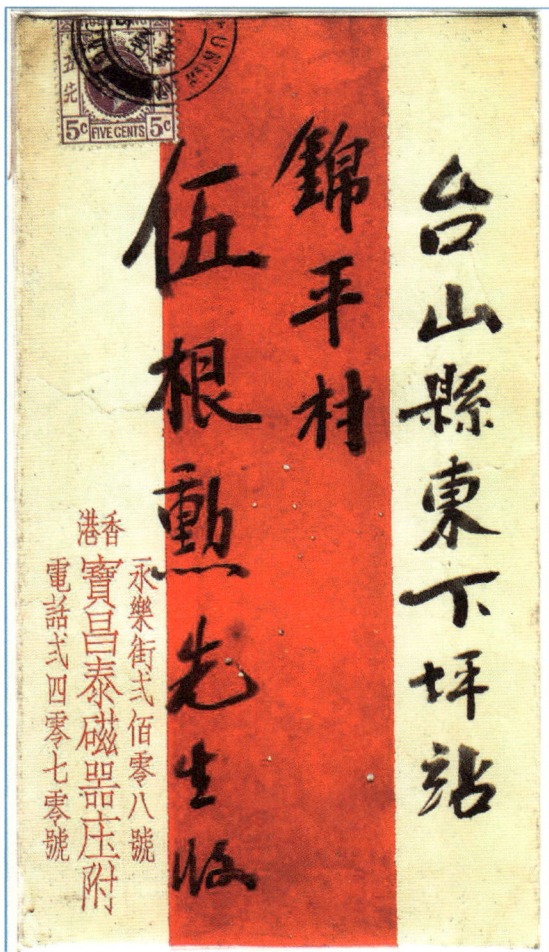

这是香港宝昌泰磁器庄金山庄银信，贴香港 5 仙邮票，1935 年 3 月 7 日香港寄→新宁铁路东下坪车站邮局→交收件人

3. 银信的邮路

台山邑内传统邮路

民国元年前，台山（新宁）县与境外邮件建立交接关系，开平单水口邮政局（后改为公益邮局）为经转局，从外进入台山的邮件一般经单水口或公益邮局至宁城县邮政局，然后转到各乡镇、墟。

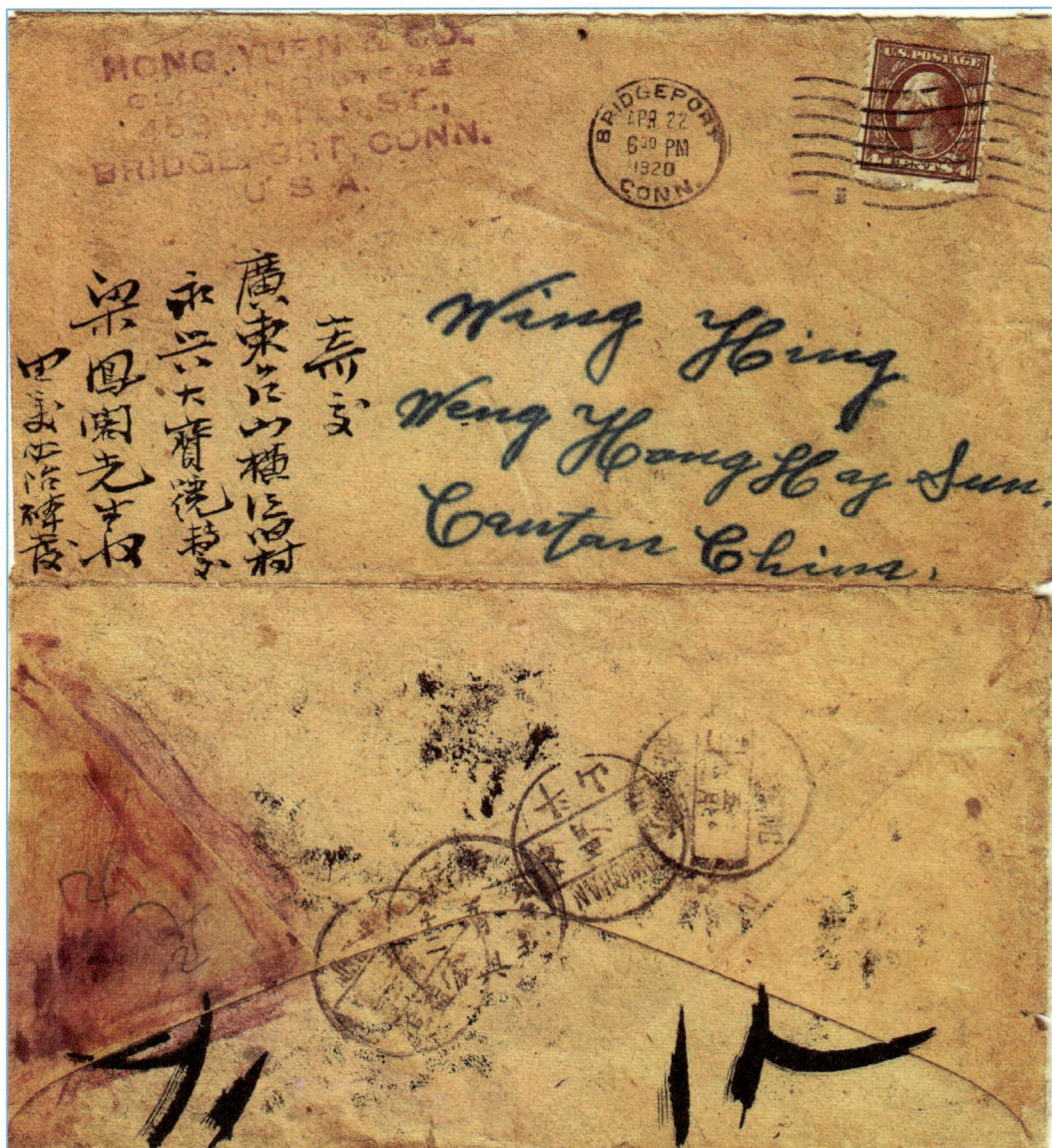

这封银信贴 4 美分美国邮票，1920 年 4 月 22 日由美国 Bridgeport 的 Hong Yuen 号寄→5 月 12 日公益埠→5 月 12 日新宁县→5 月 12 日永兴市→5 月 13 日斗山邮局→永兴大宝号交收银人

3. 银信的邮路

美洲水陆邮路

民国初期经上海通商口岸入境转回五邑侨乡的银信。

这封银信贴 5 美分美国邮票，1916 年 8 月 15 日美国纽约寄→旧金山→9 月 12 日上海→9 月 21 日新宁县邮局→9 月 21 日台山南昌市邮局→台山南昌市文雅斋交收银人

这是美国加州 "California Market" 专用 2 分邮资封，加贴 3 美分、15 美分邮票各 1 枚，1929 年 5 月 8 日美国加州挂号寄→5 月 9 日美国→6 月 7 日开平蚬岗墟邮局→蚬岗茂记→祥和大宝号交收银人

3. 银信的邮路

美洲航空邮路

邮资：

　　30 元（国际信函）+50 元（挂号）+90 元（航空费）= 170 元法币

　　这是台山白沙墟务滋堂银信，贴邮政储金图 100 元、百城一版 30 元、40 元邮票各 1 枚，1945 年 12 月 24 日销广东白沙戳挂号寄→1 月 17 日美国纽约→1 月 9 日 Wichita, Kans.→交收件人

　　这封银信贴 50 美分美国邮票，1947 年 8 月 1 日由美国芝加哥挂号寄→8 月 5 日上海→8 月 9 日广州→8 月 11 日台山端芬汕底邮局→宝通金铺交收银人收

3. 银信的邮路

加拿大航空邮路

这是加拿大域多利星聚房银信，贴加拿大5分邮票3枚，1946年9月7日挂号寄→9月8日温哥华→10月26日广州→10月28日台山→台山中国银行收

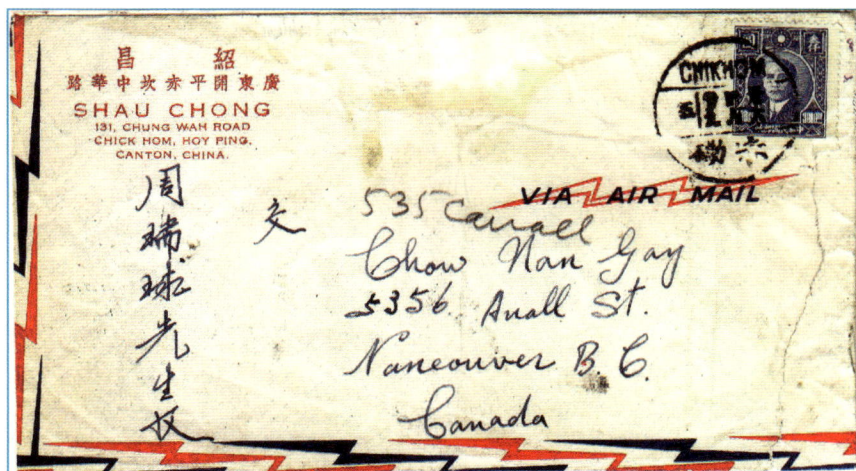

邮资：
国际信函：1 100.00 元
航空费：1 900.00 元
合计：3 000.00 元

这是开平赤坎绍昌号银信，贴上海大东一版孙中山像3 000元邮票1枚，1947年4月29日销赤坎戳寄→4月×日广州→加拿大 Naneouver B.C.交收件人

封背面印有接理银信广告

3. 银信的邮路

加拿大太平洋铁路邮路

1879 年，加拿大联邦总理麦克唐纳（John A. MacDonld）决定修建一条连接加拿大东西部的太平洋铁路。大批五邑华侨在铁路建设中担负最艰险的工作，平均每公里就埋葬着一个当年筑路华工的英魂。正是华工的汗和血，铺成了这条促进加拿大统一和推动经济繁荣的大动脉。铁路沿途的唐人寄递银信，经此铁路邮路从温哥华出境。

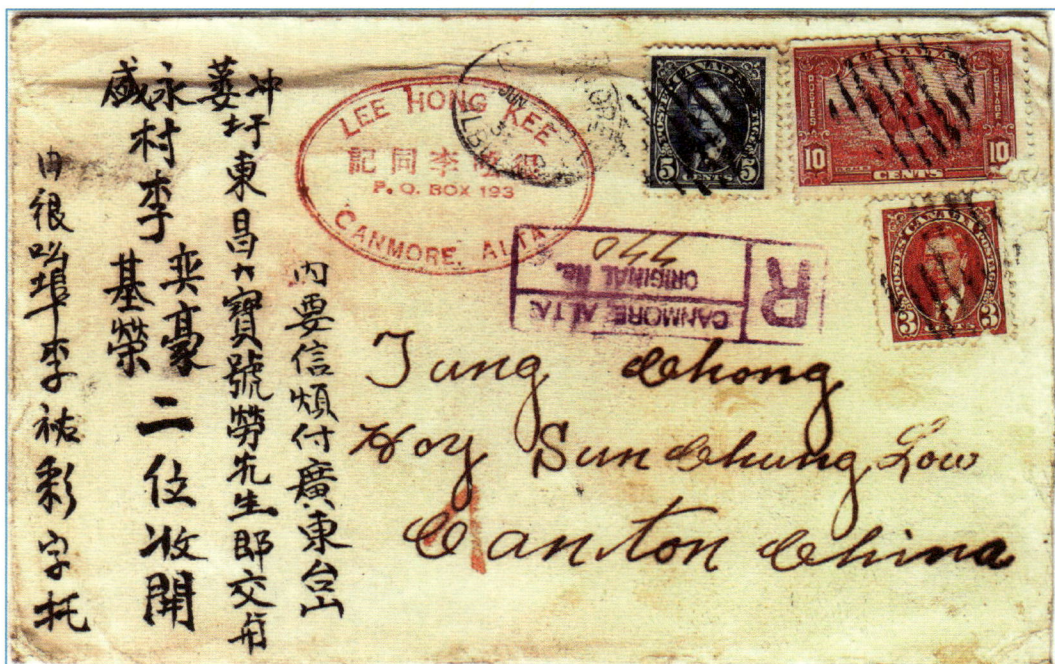

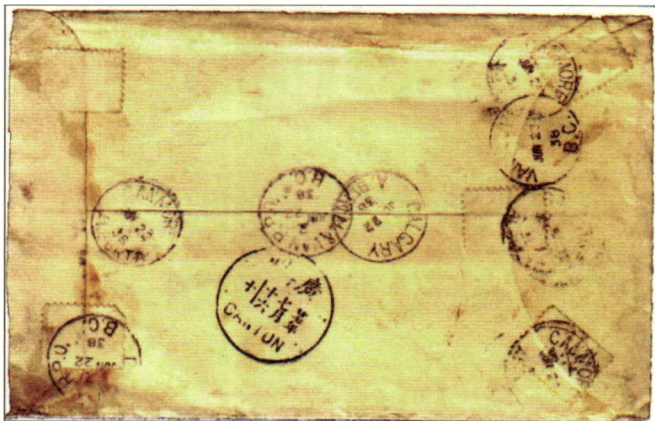

这封银信贴加拿大 3 分、5 分、10 分邮票各 1 枚，1938 年 6 月 22 日由加拿大坎莫尔埠（Canmore，是加拿大太平洋铁路卡尔加里西方的第一个据点）很吰埠李同记号寄→6 月 22 日卡尔加里（Calgary）→6 月 22 日温哥华（Vancouver）→7 月 16 日广州→台山冲蒌圩（墟）东昌大宝号交收件人

3. 银信的邮路

古巴—美国—中国航空邮路

位于拉丁美洲的古巴，寄递银信要先经美国中转后再进入中国。

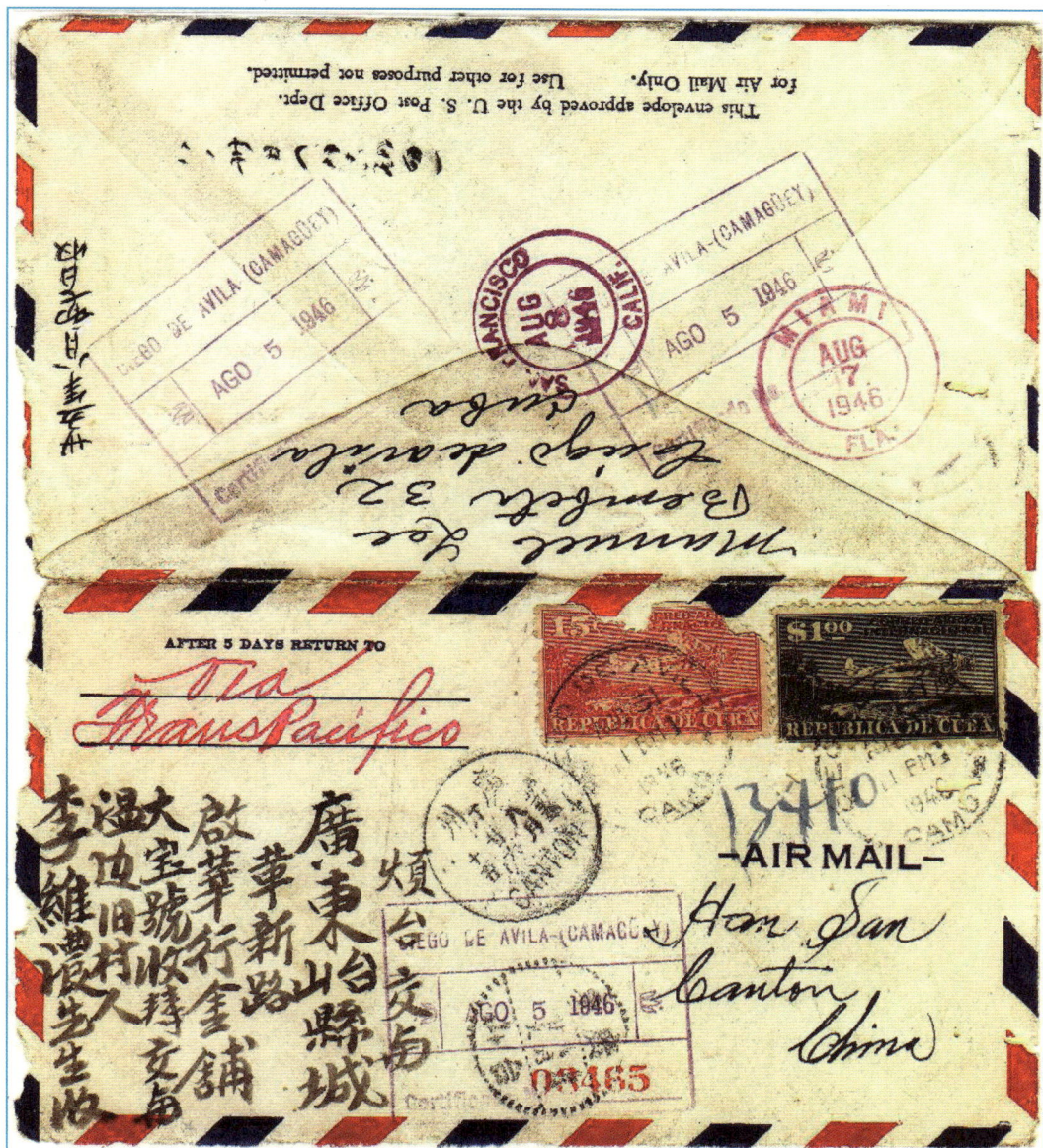

这是 1946 年航空银信，贴古巴航空邮票 2 枚，邮资合计 1.15 元，8 月 5 日古巴舍咕挂号寄→8 月 7 日美国迈阿密→8 月 8 日美国旧金山→8 月 26 日广州→8 月 29 日台山→革新路启华行金铺→8 月 30 日交收件人

3. 银信的邮路

大洋洲邮路

逄安银號
台山大江
FEONG ON BANK
TAI KONG HOY SHUN
CANTON.CHINA
中國廣東

邮资：
20 克国际信函：300.00 金元
挂号费： 400.00 金元
航空费：800 × 2＝1 600.00 金元
合计：2 300.00 金元
按 1949 年 3 月 1 日至 3 月 10 日时段计算，此邮资仅执行 10 天

这是台山大江逄安银号银信，贴包裹印纸改作金元 200 元邮票 11 枚、孙中山像 2 元加盖金元改 100 元邮票 1 枚，1949 年 3 月 5 日销大江墟戳挂号寄→3 月 8 日广州→3 月 18 日澳大利亚墨尔本（新金山）交收件人

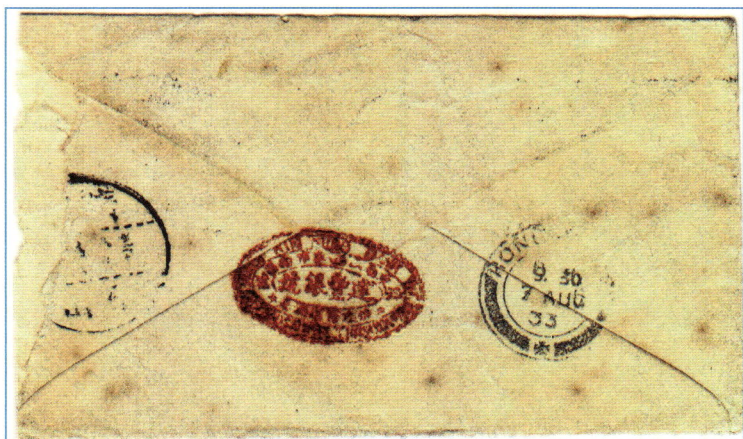

这封银信是新西兰霍克斯湾区纳皮尔市（Napier）1933 年 7 月 4 日寄→8 月 7 日香港→8 月 8 日台山→台山西宁市南昌街建丰银号交收件人

4. 抗日战争时期的银信

广州沦陷前后邮路的变化——沦陷前经广州进入五邑的银信

抗日战争全面爆发之前，广州为国际邮件交换中心，五邑银信邮件一般经广州出入境。1938 年日寇大举入侵广东，10 月 21 日广州沦陷，此后银信由香港经水陆路进入台山后转往各地。

这是新会城永昌号寄银信封，贴伦敦版孙中山像 2 角 5 分邮票一枚，为国际平信邮资，1938 年 4 月 12 日新会旧城寄→4 月 13 日广州→5 月 10 日加拿大安大略省→5 月 11 日多伦多交收件人

广州沦陷后从台山沿海进入五邑的银信邮路

这封银信由美国 1939 年 8 月 21 日挂号寄→8 月 21 日纽约→8 月 23 日旧金山→9 月 9 日斗山→9 月 10 日台山→9 月 11 日大江墟→9 月 12 日横江墟→雷恩鸿号转交收件人

4. 抗日战争时期的银信

香港分信处经转邮路

　　广州沦陷后，经中英双方邮政当局商定，1938 年 12 月 22 日在香港成立分信处，处理国际邮件。后因港英当局禁止分信处在香港封发国际邮件，国际邮联工作处于1939 年 6 月搬至深圳，1941 年初又搬回香港，直到 1941 年 12 月 8 日太平洋战争爆发后撤离。

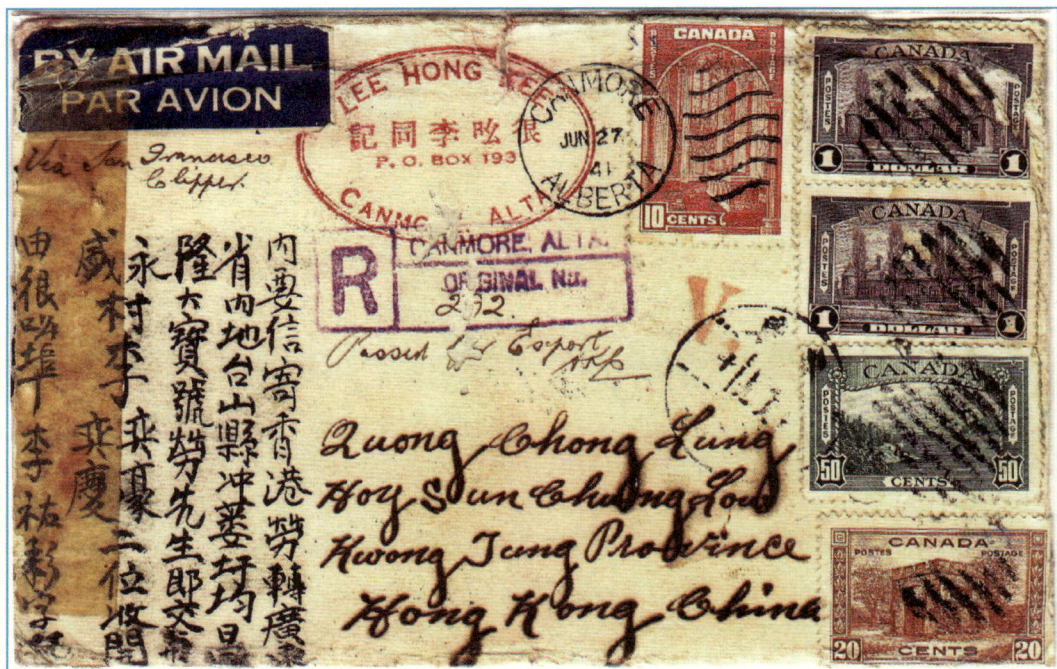

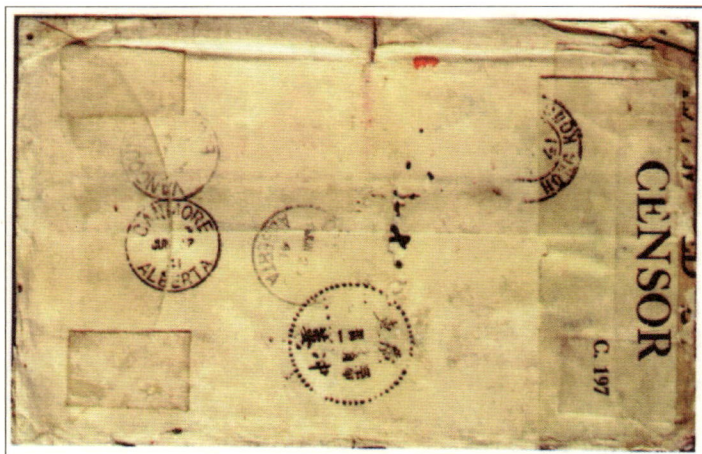

　　这封银信贴加拿大 10 分、20 分、50 分邮票各一枚、1 元邮票 2 枚，邮资合计 2.80 元，1941 年 6 月 27 日由加拿大坎莫尔埠（Canmore）很吆埠李同记信局挂号寄→加拿大检查封条→美国迈阿密→旧金山→7 月×日香港→7 月 29 日台山→7 月 21 日冲蒌圩均昌隆大宝号交收件人

4. 抗日战争时期的银信

前山经转邮路

广州沦陷后，广东邮政组织了由广州经前山出口到澳门、香港步差邮路，以维持海外邮务。1939年8—10月间，前山正式成为国际邮件互换局。1940年3月6日前山沦陷，此邮路中断。

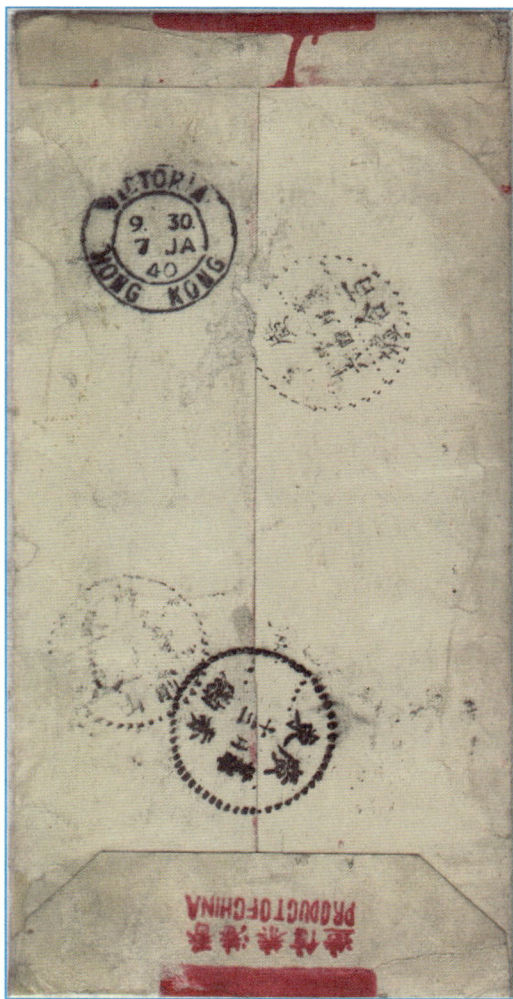

这封银信于1940年1月7日由香港寄→1月×日前山→1月13日开平赤坎（亦作"赤磡""赤墈"，此书中统一用今名"赤坎"）→1月14日百合墟邮局交永和昌号转卢星传收

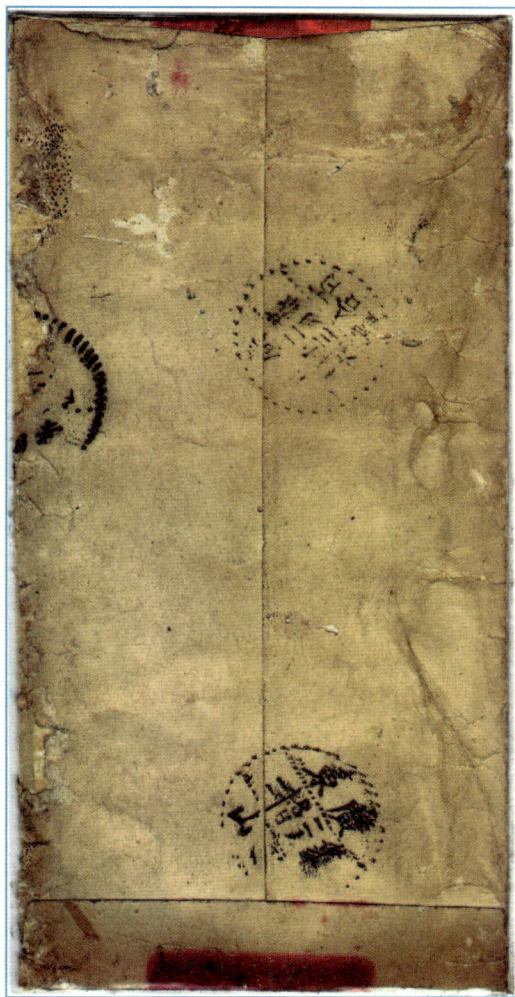

这封银信于1940年2月×日由香港寄→2月7日前山→赤坎→2月13日百合墟邮局交永和昌号转卢星传收

4. 抗日战争时期的银信

香港、澳门经转邮路

广州沦陷后，前山、沙鱼涌相继成为国际邮件互换局，澳门在这期间也成为国际邮件互换局。

这封银信贴加拿大 6 分、10 分邮票各 1 枚，邮资合计 0.16 元，1939 年 12 月 6 日由加拿大坎莫尔埠（Canmore）很吰埠李同记信局挂号寄→加拿大检查封条→12 月 9 日温哥华→香港→1940 年 1 月 5 日澳门→台山→1 月 9 日冲蒌→东昌大宝号交收件人。澳门经转销澳门戳邮件较少见

香港经转盖"不开封检查戳"的银信

这封银信贴香港大东版孙中山像 5 角邮票 1 枚，为国际平信邮资，1941 年 8 月 11 日由台山冲蒌天生堂寄→9 月 8 日广州→9 月 11 日香港→盖香港"NOT OPENED BY CENSOR"戳→美国夏威夷→交收件人

4. 抗日战争时期的银信

秘密邮路——水东至遂溪经广州湾出海邮路银信

日军在 1940 年 3 月间攻陷了前山，1941 年 2 月间攻陷了沙鱼涌，此后广东只剩下遂溪一处为国际邮件互换局。五邑银信从新昌经秘密邮路至电白水东，转遂溪经广州湾出海。1941 年 12 月 8 日太平洋战争爆发，此邮路中断。

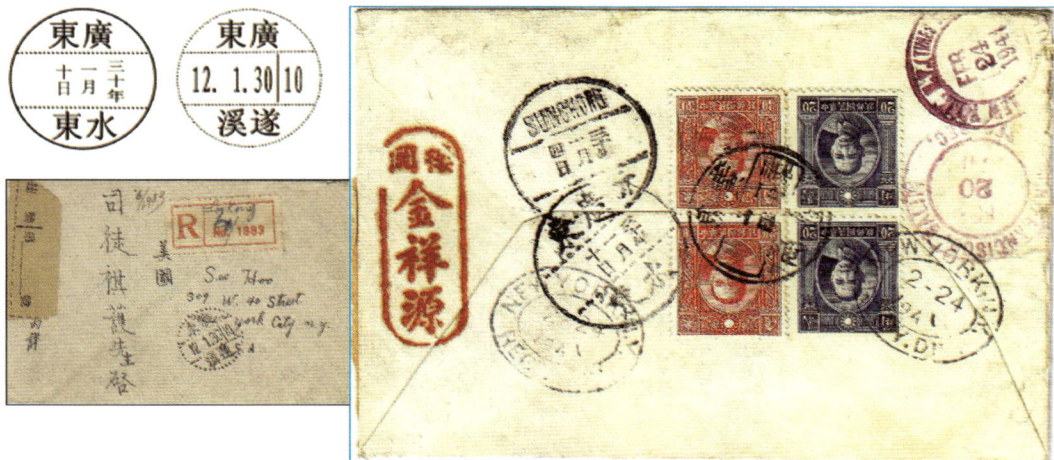

这封银信贴伦敦一版孙中山像 2 角票 2 枚、香港大东版 3 角票 2 枚，邮资合计 1 元（国际信函 0.50 元+挂号费 0.50 元）由开平楼冈金祥源号销 1941 年 1 月 1 日楼冈戳挂号寄→1 月 4 日新昌→1 月 10 日水东→1 月 12 日遂溪→广州湾→2 月 20 日美国旧金山→2 月 22 日纽约。抗战期间销水东戳邮件很少见

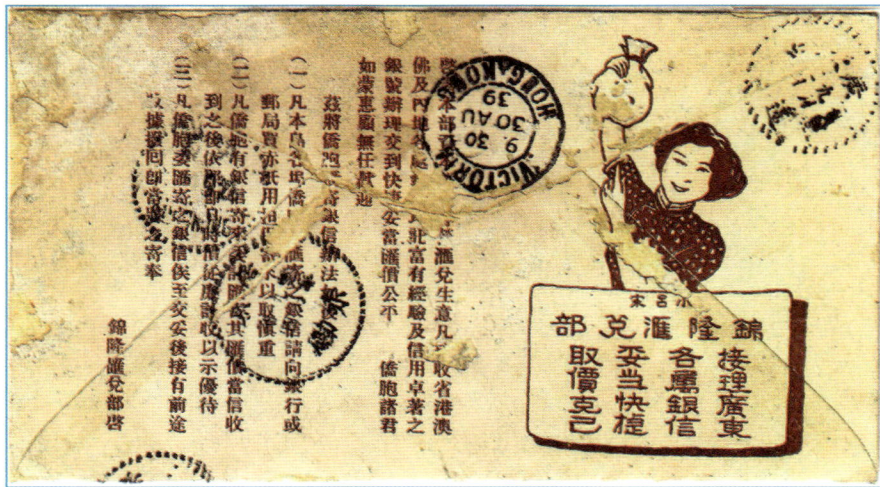

这封银信于 1939 年 8 月 × 日由菲律宾小吕宋锦隆汇兑部寄→8 月 30 日香港→9 月 2 日遂溪→9 月 × 日新昌→9 月 14 日赤坎→杜岗墟回春阁宝号交收银人。封印有锦隆汇兑部信局广告

4. 抗日战争时期的银信

五邑银信中转邮局——台山邮局

1938 年 10 月广州沦陷后，华侨银行与国民政府邮政部门联手，开创了华侨邮政汇款业务。该业务由华侨银行在南洋的各分行，设立"民信局"专职收揽银信，再划转至中国各地邮局，由邮政局上面投送批款。由于台山银信多、批款数量巨大、战略地位重要，因此，抗战时期台山邮局成为五邑地区指定的中转邮局。五邑及邻近各地的回批可先盖当地邮戳，待送到台山中转局后，由台山邮局贴上邮票后销戳出境。

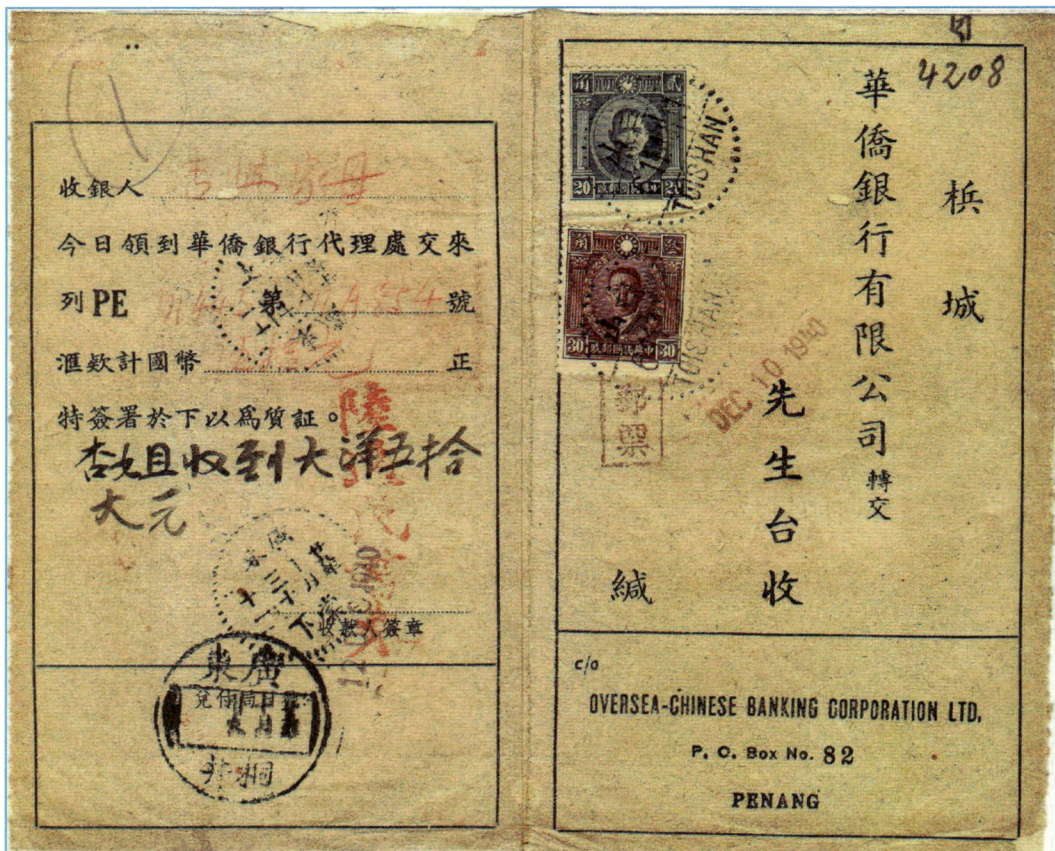

　　这是马来亚槟（槟）城华侨银行的格式化回批，1940 年 10 月 29 日由广东新会桐井邮局寄→10 月 30 日棠下→11 月 6 日台山邮局中转，贴上伦敦一版孙中山像 2 角邮票 1 枚、北平版烈士像 3 角邮票 1 枚（邮资合计 0.50 元，国际平信邮资），销当日台山中英文三格式点线戳→12 月 10 日槟城→12 月 12 日交到寄银人

4. 抗日战争时期的银信

经高要秘密邮路转滇缅公路出境银信

这封银信是台山南昌市青年药行带到开平寄出，贴香港大东版孙中山像50分邮票1枚，盖"勿经沦陷区"副戳，1941年5月10日长沙平信寄→5月18日高要→6月1日昆明→滇缅公路→仰光检查戳、检查封条→6月24日缅甸瓦城公益当

经滇缅公路盖仰光检查戳银信

不经沦陷区的水陆路国际邮件经滇缅公路出境至缅甸腊戍，由仰光出海。1942年3月，仰光沦陷，此邮路中断。

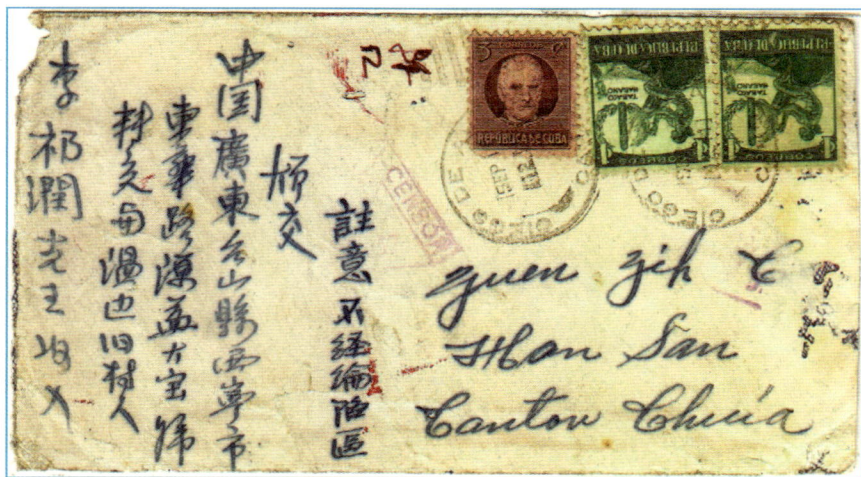

这封银信于1941年9月1日古巴舍咕寄→缅甸仰光第57号检查员检查→腊戍→滇缅公路→昆明→10月19日台山→台山西宁市源益大宝号交收银人。此封上写明"注意不经沦陷区"

4. 抗日战争时期的银信

桂林经转航空至香港出海邮路

这是台山天信金铺银信，贴北京三版航空 25 分 3 枚，1940 年 10 月 21 日台山寄→10 月 28 日梧州→桂林航空→11 月 4 日香港→香港 6 号检查戳，转水路→美国

邮资计算：
20 克国际信函：0.50 元
桂林至香港航空：0.25 元
合计：0.75 元

梧州、桂林经转至驼峰航线邮路封

邮资计算：
20 克国际信函：1.50 元
航空费每 5 克：9.50 元
合计：11.00 元
（执行 1942 年 6 月 20 日至 1942 年 10 月 22 日时段航空费）

这封银信贴中信版孙中山像 1 元票、百城一版孙中山像 10 元票各 1 枚，1943 年 3 月 9 日由台山端芬（汕底）寄→3 月 15 日苍梧（梧州）→3 月 19 日桂林→驼峰航线→加尔各答，英军第 7 号检查员检查，加检查封条→美国纽约交收件人

4. 抗日战争时期的银信

邮路全部中断时电汇的银信

　　第二次世界大战期间，中美间邮路断断续续，常因战火阻塞。为接通侨汇，美国纽约中国银行开办电汇业务，在邮路全部中断后，采用电汇接驳侨汇，这是海外银信进入五邑的最后一条汇路。

　　这是 1943 年 3 月 3 日美国纽约中国银行电汇银信回批，销纽约邮资机戳寄→3 月 8 日交汇银人，信银国币 3 000 元，上面写明 "赈济用"

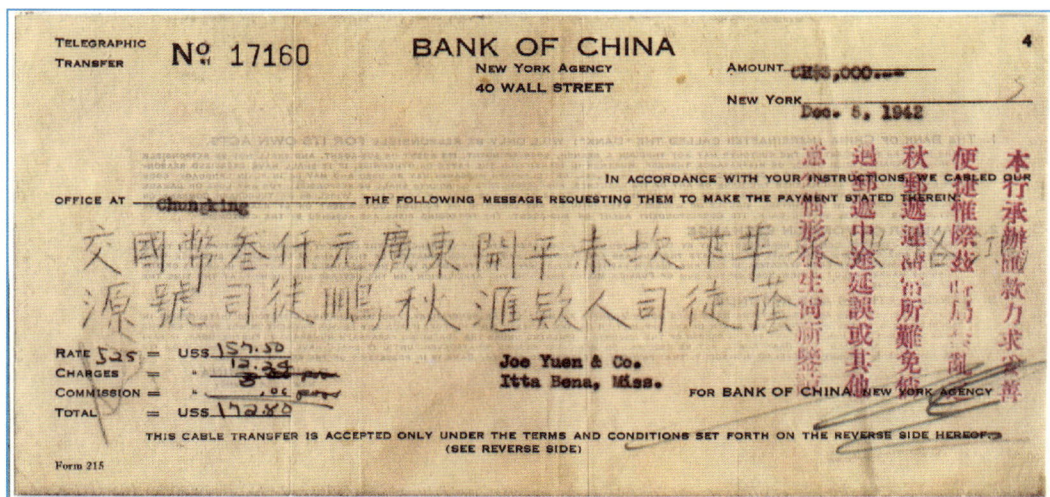

　　这是 1942 年 12 月 5 日美国纽约中国银行电汇银信→开平县赤坎下埠鸿源号转交收银人，上盖纽约中国银行宣传戳

4. 抗日战争时期的银信

曲江经转邮路寄递的银信

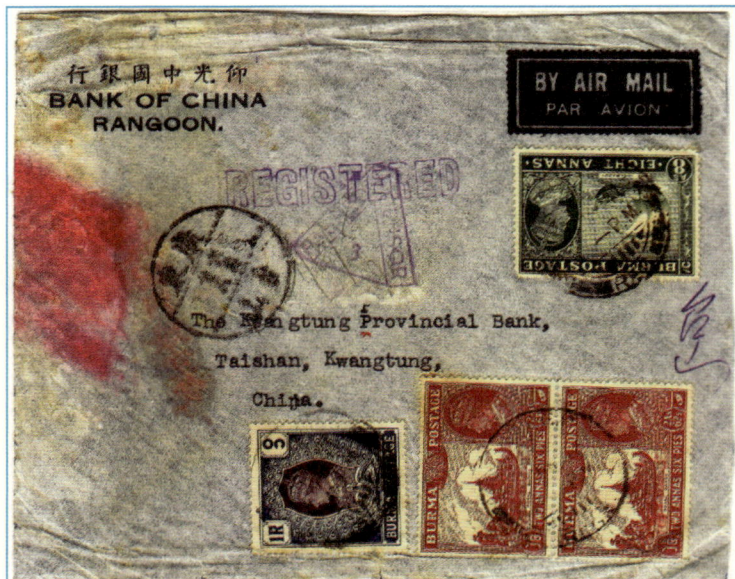

这是缅甸仰光中国银行银信总包，1941 年 6 月×日缅甸仰光挂号寄→仰光第 3 号检查员检查→6 月 18 日曲江→6 月 28 日台山→台山广东省银行收

邮资计算：
20 克国际信函：1.50 元
航空费每 5 克：9.50 元
合计：11.00 元
（执行 1942 年 6 月 20 日至 1942 年 10 月 22 日时段航空费）

这是开平赤坎荣丰号银信，贴中信版孙中山像 1 元、百城版孙中山像 10 元邮票各 1 枚，1943 年 2 月×日开平赤坎寄→2 月 12 日曲江→重庆→驼峰航线→加尔各答→英军 11 号检查员检查→P.C.90 检查封条→美国波士顿交收件人

4. 抗日战争时期的银信

南洋邮路检查银信

抗战初期，南洋银信经新加坡由水路进入香港，转到国内。太平洋战争爆发后此邮路中断。

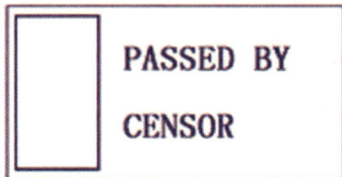

PASSED BY CENSOR

香港检查戳

这封银信于 1941 年 2 月 19 日由新加坡华侨银行汇出→香港检查戳→台山端芬镇庙边乡达德银号交收银人。非邮政寄递银信在香港接受检查，很少见

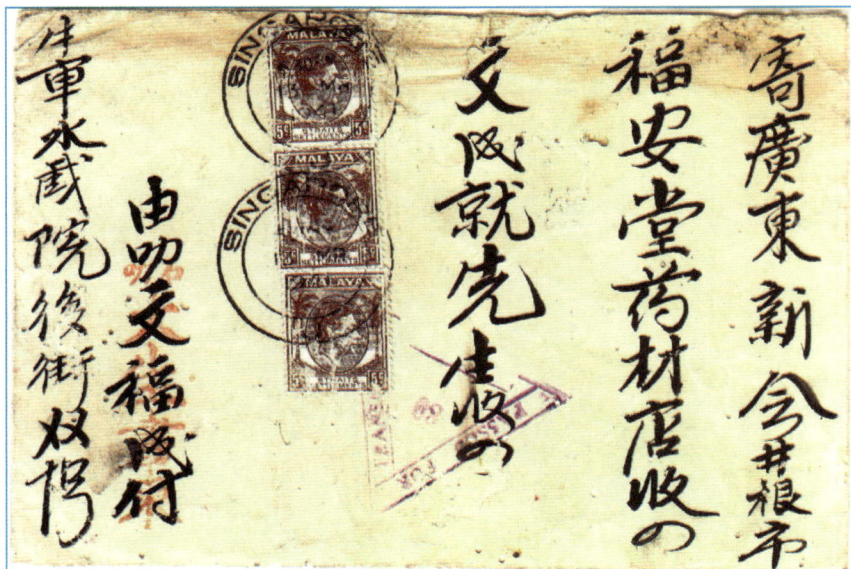

PASSED FOR TRANSMISSION 80 SINGAPORE

这封银信于 1941 年 3 月 12 日由新加坡石叻大生号寄→新加坡当局第 80 号检查员检查，加盖检查戳→香港→新会井根市福安堂药材店交收件人

4. 抗日战争时期的银信

香港至仰光航空邮路寄递的银信

仰光 26 号检查戳

这是缅甸仰光中国银行侨批封包，1941 年 2 月 20 日缅甸仰光挂号寄→仰光第 26 号检查员检查→香港→3 月 26 日台山→台山广东省银行收

封背封口加盖
广州湾法军检查戳

法属印支单线
楷形军方检查戳

这是美国加州自由民旅馆封，火漆封口，贴 5 美分、20 美分邮票各 1 枚，1941 年 1 月 6 日加州挂寄→1 月 6 日旧金山→广州湾→F2 检查戳、封条、法印支检查戳→2 月 22 日新昌→2 月 23 日荻海→2 月 24 日护龙墟→永隆米铺交收件人

4. 抗日战争时期的银信

驼峰航线特殊军检戳银信

1942 年 4 月 28 日，日军攻占缅甸腊戍，中国航空公司开辟了重庆直航印度加尔各答的驼峰航线，这是抗战期间五邑银信出入境的最后一条邮路。

加尔各答八角形检查戳

邮资：国际信函：2.00 元
　　　挂号费：2.60 元
　　　回执费：2.00 元
　　　航空费：10.00 元
　　　合计：16.60 元

这是台山西门墟台海旅店回批，贴中信版 3 角邮票 2 枚、2 元邮票 3 枚，百城版 10 元邮票 1 枚，邮资 16.60 元，1944 年 2 月 11 日台山挂号寄→2 月 28 日桂林→驼峰航线→加尔各答 F2 检查戳→4 月 25 日纽约→4 月 26 日美国 Montclair N.J. 交收件人

这是台山荻海大光展皮庄回信，贴百城版 10 元和 5 元票各 1 枚，合计 15 元，1944 年 2 月 1 日荻海挂号寄→2 月 14 日桂林→重庆→加尔各答→英军 DHF/9 检查戳→检查封条→3 月 31 日迈阿密→4 月 3 日圣克里门托（Sacramento）交收件人

邮资：国际信函：2.00 元
　　　挂号费：2.60 元
　　　航空费：10.00 元
　　　合计：14.60 元
　　　超贴：0.40 元

4. 抗日战争时期的银信

驼峰航线寄递，经历台山沦陷到抗战胜利的银信

　　这封银信由美国纽约美丽号于 1944 年 6 月 9 日挂号寄→6 月 10 日纽约→检查封条→驼峰航线→重庆→1945 年 4 月 5 日台山→台山沦陷退回，直到 1946 年 11 月 9 日广州邮局写上批条"再送台山"交中国银行台山分行。历时 2 年 5 个月，邮路曲折漫长，经历了台山从沦陷到抗战胜利，实属罕见

驼峰邮路盖特殊军检戳银信

　　这是台山台海旅店回批，贴中信版 2 元、百城版 30 元邮票各 1 枚，1944 年×月×日台山挂号寄→6 月×日桂林→重庆→驼峰航线→开件检查封口条→加尔各答 DHF/10 检查戳→DHF/3 皇冠标志检查戳→火漆封口→7 月×日美国迈阿密→7 月 21 日纽约→7 月 22 日美国 Montclair N.J.→交收件人

邮资：
国际信函：4.00 元
挂号费：6.00 元
回执费：4.00 元
航空费每 5 克：18.00 元
合计：32.00 元
（执行 1944 年 5 月 1 日至 1945 年 9 月 30 日时段邮资）

4. 抗日战争时期的银信

五邑银信史上最漫长的邮路——横越四大洲两大洋的中加航线邮路

此邮路从国内经驼峰航线直飞印度加尔各答，交英航飞抵尼日利亚的拉各斯，再交泛美航空公司飞机运到美国迈阿密，然后再投送到各地，史称"中印尼美航空邮路"。

邮资：
国际信函：2.00 元
挂号费：2.60 元
航空费：10.00 元
合计：14.60 元
超贴：0.4 元
（航空费按 1944 年 3 月 14 日前标准计算）

这是开平赤坎三兴号回批，贴百城版 5 元、10 元邮票各 1 枚，1944 年 4 月 5 日开平赤坎挂号寄→4 月 16 日桂林→重庆→驼峰航线→加尔各答→5 月 17 日温哥华→检查封条→6 月 6 日→6 月 7 日加拿大的 Regina,Sask 交收件人。全程历时 64 天，飞越亚洲、非洲、南美洲、北美洲，跨越印度洋和大西洋

驼峰邮路航空附加费调资尾日封

邮资：
国际信函：1.50 元
挂号费：1.50 元
航空费：8.70 元
合计：11.70 元
（执行 1942 年 10 月 23 日至 1943 年 5 月 28 日时段邮资）

这是台山大江宝信金铺寄银信，贴百城版孙中山像 10 元票 1 枚、中信版孙中山像 2 角、5 角、1 元票各 1 枚，1943 年 5 月 28 日大江挂号寄→驼峰航线→加尔各答，英军第 15 号检查员检查→7 月 19 日美国迈阿密→7 月 22 日美国砵仑交收件人，全程历时 56 天

4. 抗日战争时期的银信

盖驼峰航线特殊军检戳、邮资调整首日实寄银信

SUPPOSED TO CONTAIN MATTER
SUBJECT TO PROVISIONS OF
EXECUTIVE ORDER 8389 AS AMENDED

封面美军紫色英文检查戳：可能夹带了"行政规章 8389 号（修正）"限制的物品

PASSED
DHF/3

加尔各答检查戳

邮资：

国际信函：4.00 元

挂号费：6.00 元

航空费（10 克）：21.00 元

（10.50×2）

合计：31.00 元

（信函资费按 1944 年 5 月 1 日至 1945 年 9 月 30 日计算，航空费按 1944 年 3 月 15 日至 1944 年 4 月 30 日计算）

这是台山新昌中国银行银信封，贴中信版孙中山像 1 元票 1 枚、百城版孙中山像 5 元票 6 枚，邮资合计 31.00 元，1944 年 5 月 1 日销新昌戳挂号寄→5 月 15 日桂林→重庆→昆明→驼峰航线→加尔各答，开封检查封口条、DHF/3 皇冠标志检查戳→DHA/180 检查戳、火漆封口→6 月 19 日美国迈阿密，美军紫色英文检查戳→6 月 19 日纽约→6 月 21 日纽约投递局→纽约中国银行，邮路全程历时 52 天

5. 回批

水客传递的回批

　　邑人收到外洋来银后，即写回信给寄银人，报银收妥，顺报乡情，问候平安，完成银信传递的全过程。清末和民国初期回批，以水客携带居多。

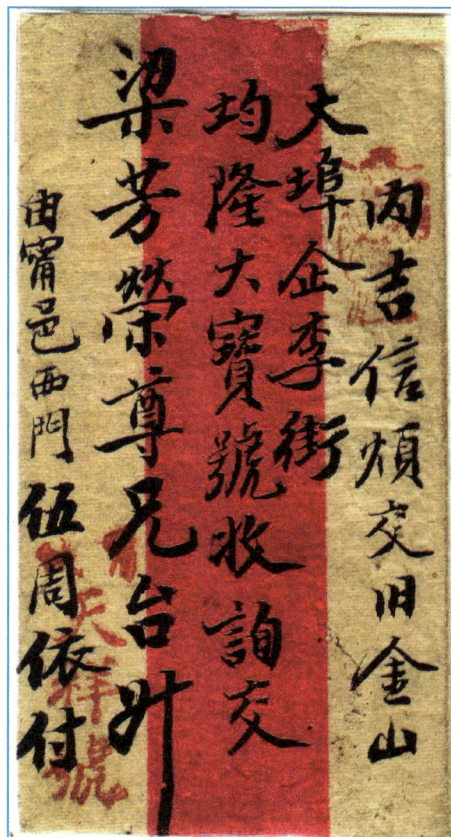

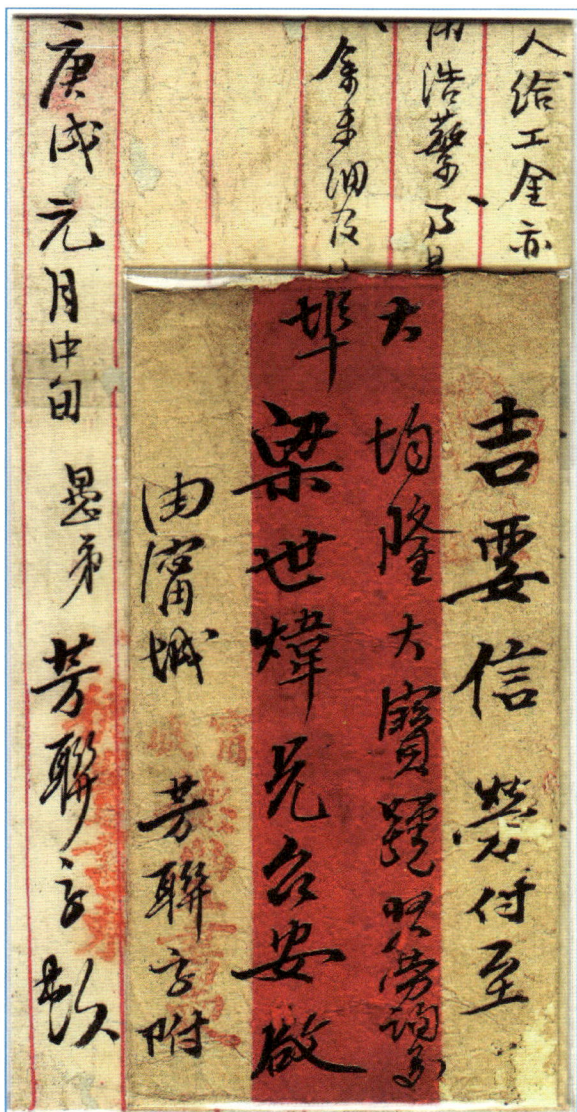

　　这封回批是己酉年正月廿九日（1909年2月19日）新宁（今台山）县城宁城天祥号交水客带→美国旧金山均隆大宝号交寄银人

　　这封回批是庚戌年元月中旬（1910年2月）新宁县城宁城德丰号交水客带→香港→美国旧金山均隆大宝号交寄银人

5. 回批

香港金山庄传递的回批

一些香港金山庄将批银转回五邑后，直接寄回批给寄银人，言述信银已经交妥，以免寄银人挂念。

这封回批是丁未年九月念（廿）六日（1907 年 11 月 1 日）香港广同栈李长贵寄→咸水埠（加拿大温哥华）交寄银人

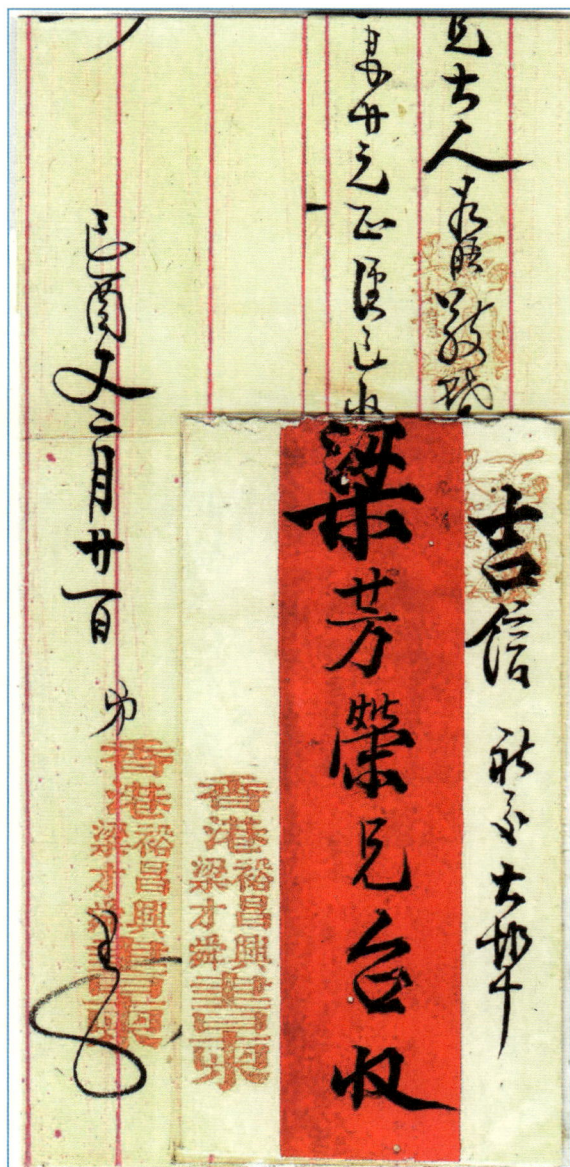

这封回批是己酉年二月廿一日（1909 年 4 月 11 日）香港裕昌兴梁才舜寄→美国金山大埠（旧金山）交寄银人

5. 回批

香港金山庄格式化回批

为了便于作业，一些金山庄印制固定格式的回批信寄给寄银人。

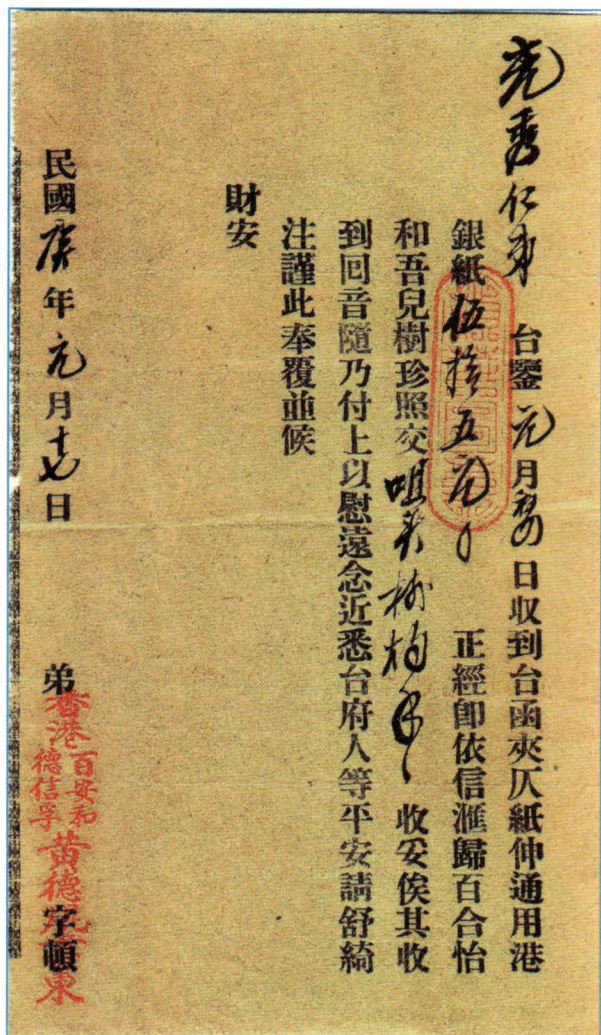

这封回批是民国庚年元月十七日香港百安和德信孚黄德焜寄→美国金山大埠（旧金山）美安公司交寄银人

5. 回批

水客与邮政接驳的回批

　　1901 年以前，五邑各县未设立邮政局，要先将回批交水客送到香港后，由香港金山庄通过当地邮政寄往金山，这样，银信寄递的速度加快了。

这封回批是 1900 年台山桂水堡余中浚托水客带交香港同德盛金山庄，贴香港 10 仙邮票后 12 月 28 日寄→美国金山大埠（旧金山）汇安宝号交寄银人

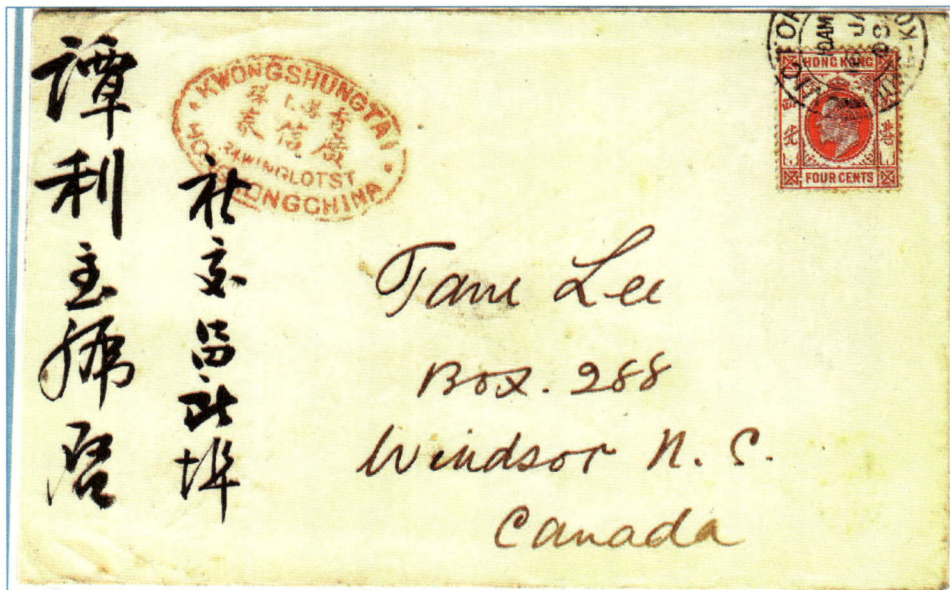

这封回批盖香港上环广信泰金山庄戳，贴香港 4 仙邮票 1 枚，1908 年 1 月 16 日寄→2 月 11 日加拿大温莎堡埠（Windsor）谭利宝号收

5. 回批

银信机构与邮政接驳的回批

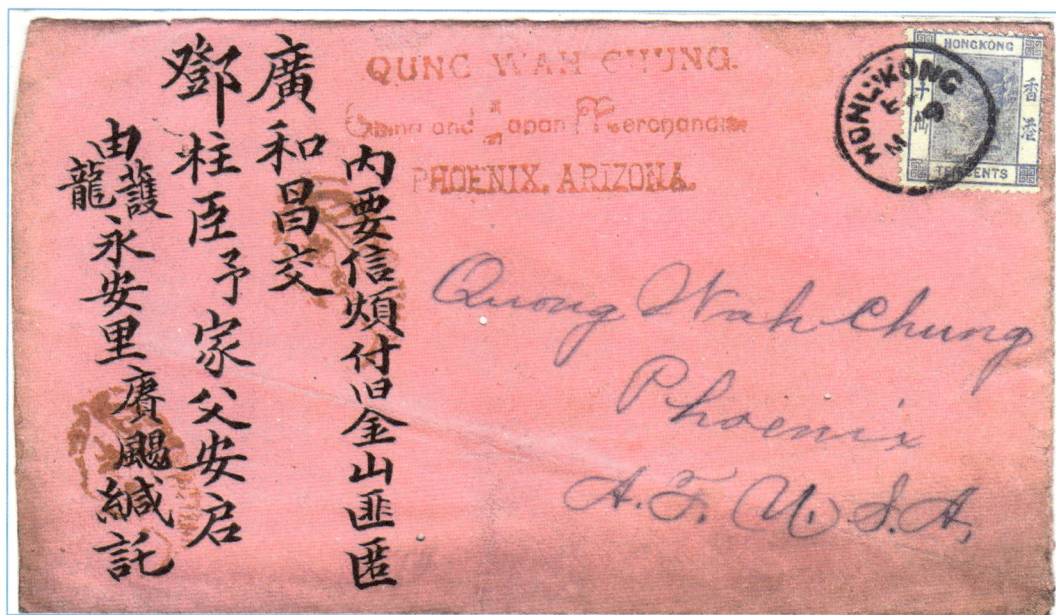

这封回批是清末辛丑年三月十三日（1901年5月1日）由开平护龙墟托赤坎美章号关崇安水客带出→5月9日交香港上环大马路信安荣金山庄，再贴英国女王维多利亚像10仙香港邮票1枚，销香港戳，香港邮政平信寄出→6月5日美国旧金山→6月7日美国凤凰城邮局→广和昌号交到寄银人

5. 回批

盖美国欠资邮戳回批

清朝末年，邑人在美国开办的金山庄较多，管理较完善，美洲地区其他国家的银信也通过美国金山庄接驳，将信银寄回国内，然后将汇款凭证寄给原汇款人。

兆 CHEW YING LUNG & CO
英 738 Sacramento St.
隆 SAN FRANGCISCO, CAL.
附 P. O. Box2015 TEL CHINA14

Due 2 cts   应补资 2 美分

1904 年 1 月 11 日汇款的收据

这是美国金山正埠兆英隆号金山庄寄加拿大邮资回批封，1904 年 1 月 28 日旧金山寄→2 月 2 日加拿大温尼伯交原托驳汇人，封面盖"Due 2 cts"应补资戳，里面夹寄原汇款收据

5. 回批

邮政寄递的回批封

这是开平护龙墟护龙新广华号回批封包，贴帆船1角邮票1枚，为国际平信邮资，1916年5月2日销广东护龙墟戳寄→5月2日新昌县→5月3日江门→5月5日广州→美国旧金山集兰堂金山庄

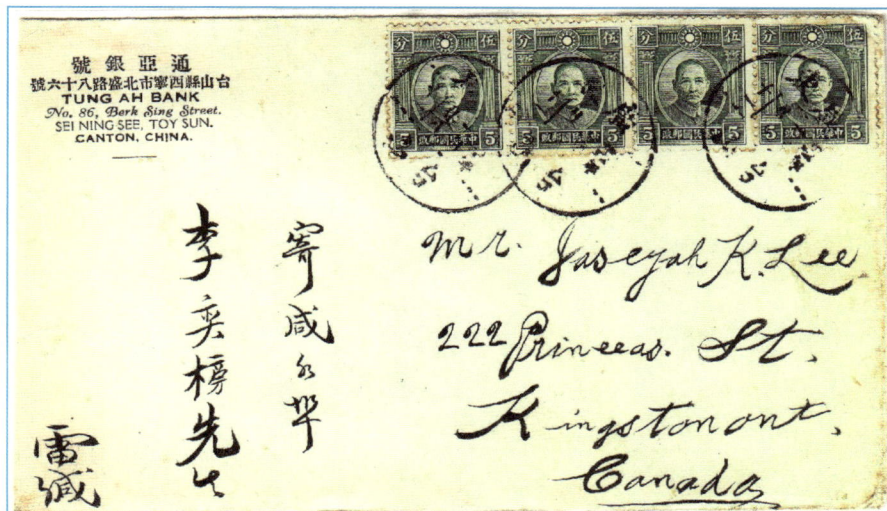

这是台山通亚银号银信封，贴伦敦二版孙中山像5分邮票4枚，邮资20分，为国际平信邮资，1936年1月28日销台山戳寄→1月28日广州→加拿大咸水埠（温哥华）交收件人

5. 回批

未及时调整邮资的回批　　　　　　**寄香港金山庄的回批**

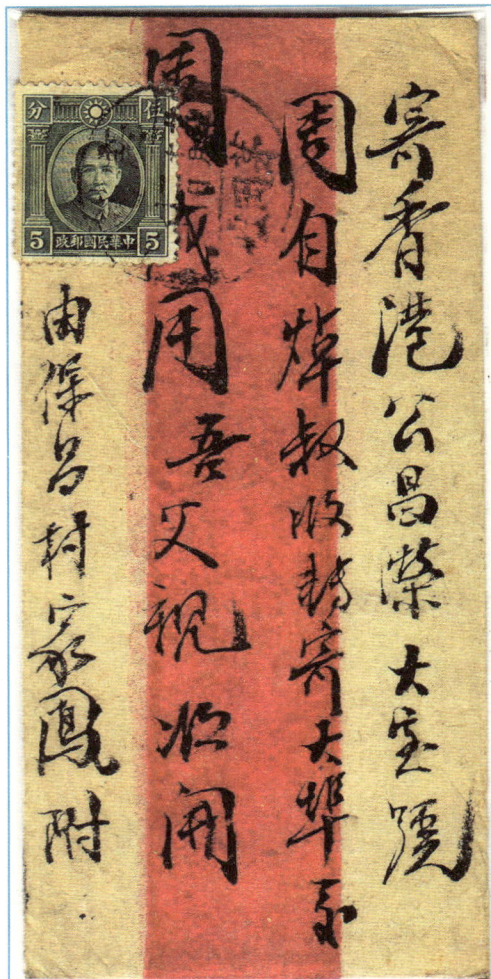

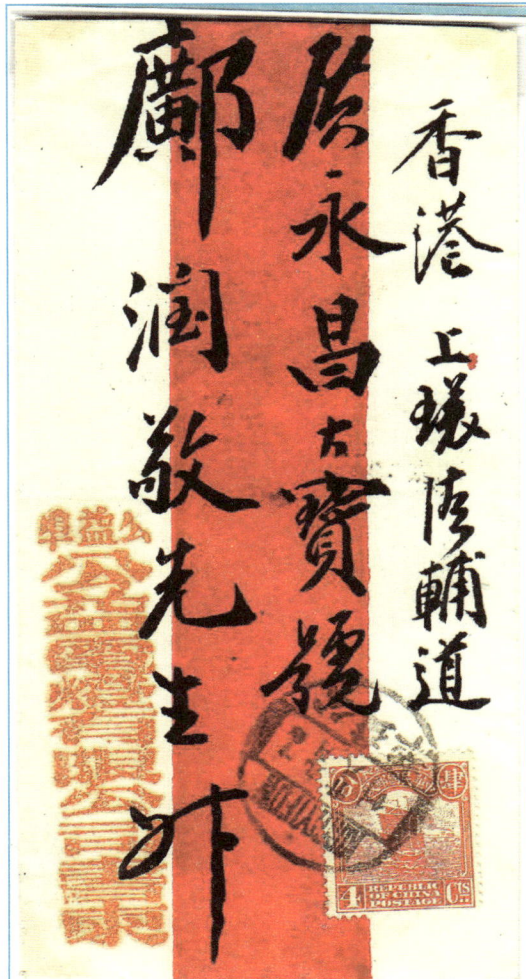

　　这封回批封贴伦敦版孙中山像5分票1枚（邮资按照1940年9月19日前标准计，1940年9月20日起港澳信函邮资为0.08元），1940年10月2日销广东茅冈墟戳寄→10月2日赤坎→香港公昌荣大宝号周自焯→美国旧金山收件人

　　这是公益电灯有限公司回批封，贴帆船4分票1枚，为港澳平信邮资，1924年9月28日销公益埠戳寄→9月28日江门→9月29日香港→广永昌大宝号交收件人

5. 回批

火车站邮局寄递的回批

新宁铁路通车后，铁路沿途各站都成了墟集，设立邮政局（所），为侨眷寄银信带来便利。

这封回批贴民国帆船 1 角邮票 1 枚，为国际平信邮资，1921 年 10 月 5 日从台山陈边站邮局寄→美国市哂咧埠（Salinas）京隆号金山庄

这封回批贴民国帆船 1 角邮票 1 枚，为国际平信邮资，新宁铁路万福站洪恩雷号于1927 年 8 月 27 日万福寺邮局→公益埠→美国纽约交收件人

5. 回批

银信机构代寄的回批

　　晚清民国时期，五邑百业兴旺，墟集遍布各地，均设邮政网点。为便于操作，一些收银人委托银信机构代寄回批。

这是台山四九圩（墟）裕栈号回批，贴帆船 3 分暂作 1 分、帆船 4 分、农获 1 角 5 分邮票各 1 枚，为国际平信邮资，1931 年 4 月 18 日台山四九寄→4 月 19 日广州→美国纽约交收件人

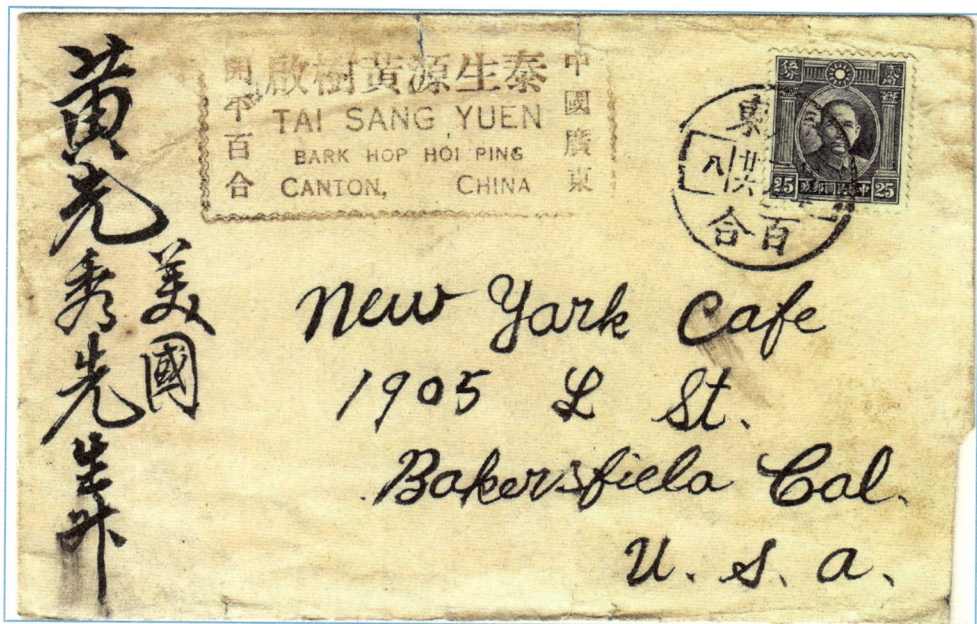

这是开平百合墟泰生源号黄树启寄回批，贴伦敦版孙中山像 2 角 5 分邮票 1 枚，为国际平信邮资，1937 年 1 月 26 日开平百合寄→1 月 27 日广州→美国纽约交收件人

5. 回批

印有银信业务广告的回批封

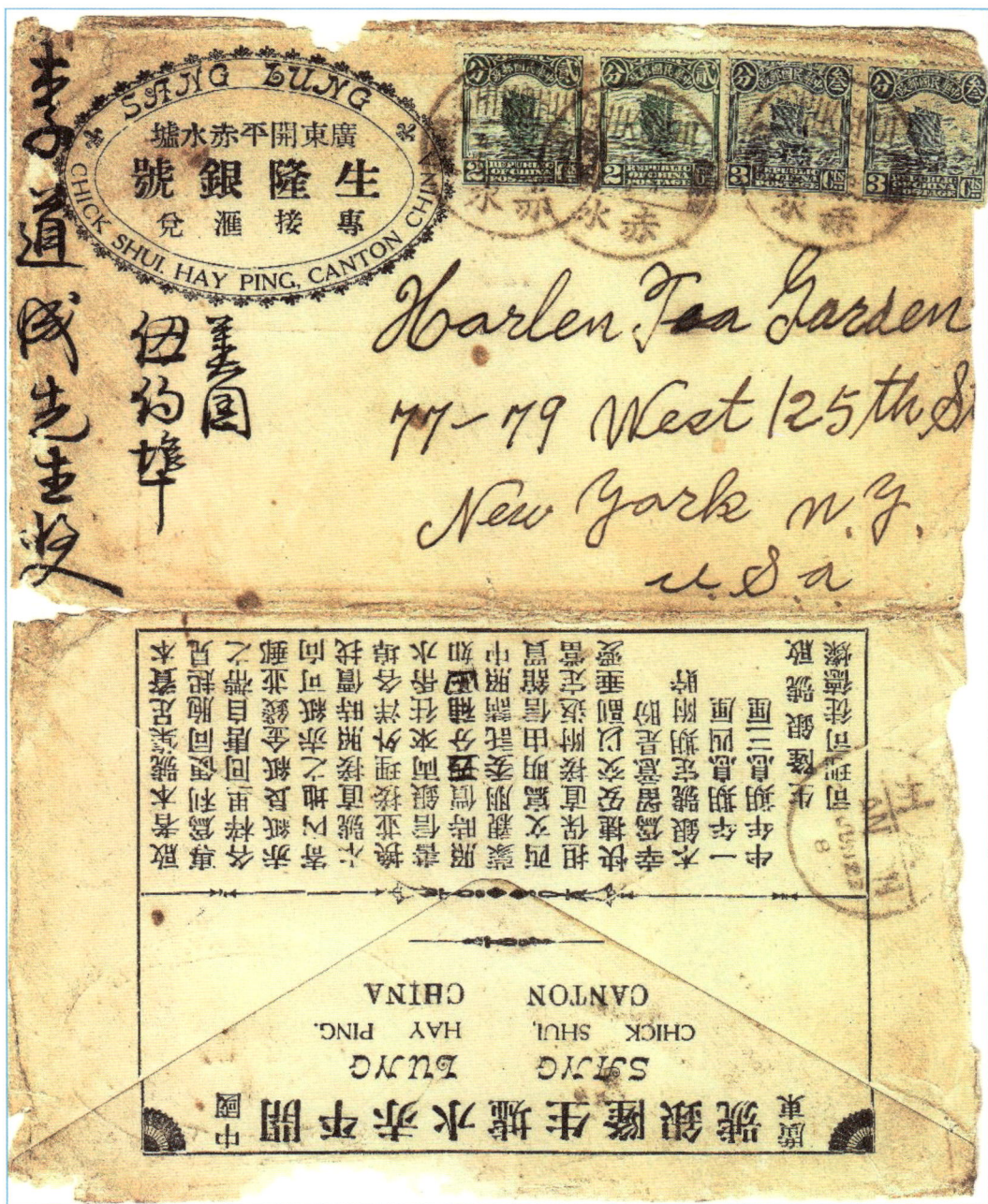

这封银信贴民国帆船 2 分邮票 2 枚、3 分邮票 2 枚，合 0.10 元，为国际平信邮资，1923 年 6 月 27 日由开平赤水生隆银号寄→6 月 29 日广州→美国纽约交收件人，封背面印有该银号经营银信业务广告

5. 回批

银信机构代寄的回批

这是台山冲蒌仁安西药房回批封，贴伦敦版帆船 4 分、6 分邮票各 1 枚，为国际平信邮资，1921 年 3 月 30 日冲蒌寄→4 月 3 日广州→美国交收件人

台山荻海宝新公司代理的回批

这封回批盖"台山荻海宝新公司接理外埠银信"章，贴伦敦二版孙中山像 2 角 5 分邮票 1 枚，为国际平信邮资，1938 年 9 月 27 日荻海寄→9 月 28 日广州→美国罗省交收件人

5. 回批

舍近求远特殊邮路的回批

新加坡死信邮局戳

天津红色死信戳

这是台山寄南洋回批信，贴民国帆船 1 角邮票，为国际平邮邮资，1924 年 4 月 16 日水步寄→4 月 18 日广州→4 月 × 日新加坡死信邮局→5 月 19 日天津（舍近求远、邮路特别，此时正是第一次国内革命战争时期，广州邮路受阻）→6 月 20 日公益埠→退回寄信人，历时 66 天

5. 回批

官办银信机构专用回批封包

官办银行等机构寄递银信一般采用专用公函封，以封包形式寄给海外的银信机构。

邮资：15 克国际信函：1 100.00 元
航空费：1 700×3=5 100.00 元
合计：6 200.00 元

这是恩平广东省银行专用回批封包，贴上海大东一版孙中山像邮票 1 000 元 6 枚、香港中华版孙中山像邮票 10 分、上海永宁二次加盖改值"国币贰佰元"邮票 1 枚，1947 年 4 月 19 日销广东恩平戳航空寄→4 月 22 日广州→新加坡广东省银行收

5. 回批

私营银信机构专用回批封

一些私营银信机构印制了专用回批封，并在封上印有相关的广告招揽侨汇。

邮资：15克国际信函：190.00元

航空费：90×3=270.00元

合计：460.00元

（航空费仍按照1945年11月6日至1946年5月20日资费段减费标准计算）

这是台山三合杏林堂专用回批封，贴百城二版孙中山像20元邮票3枚、重庆中央版孙中山像200元票2枚，1946年6月3日销三合戳航空寄→6月8日广州→美国舍路埠交收件人

这是恩平均安市体一信处专用回批封，贴上海大东二版5万元孙中山像票2枚、孙中山像永宁一次改值5 000元邮票14枚，1948年6月18日销开平赤坎戳航空寄→加拿大云高华（温哥华）埠体一信处号收

邮资：10克国际信函：
　　50 000.00元

航空费：120 000.00元

合计：170 000.00元

5. 回批

金元时期的回批

邮资：国际信函：80.00 元
　　　挂号费：100.00 元
　　　回执费：90.00 元
　　　航空费：250.00 元
　　　合计：520.00 元

　　这封回批贴上海三一加盖金元 50 元票 2 枚、上海永宁加盖金元 2 元孙中山像票 10 枚、普 49 包裹印纸改作金元 200 元 2 枚，销 1949 年 2 月 27 日新会沙堆戳，同兴号代理邮政局寄→2 月 27 日古井→3 月 1 日广州→3 月 7 日加拿大温哥华交收件人

银元时期回批封包

　　这是江门中国银行回批封包，贴大东版 500 元印花税票改单位国内信函邮资邮票 3 枚，合计银元 0.15 元，为国际平邮邮资，销 1949 年 9 月 5 日江门埠点线三格戳寄→英国伦敦中国银行收

台山银信机构与银信

慎信药行银业

北盛街慎信药行银业旧址

谭裔璞

慎信药行银业，原址在台山市台城西宁市北盛街85号（照片中间的铺位），楼高三层。

创办人谭裔璞，字锡镒，别名碧庵。他是台城城北乔林村人，早岁侨居美国，回国后在台城西宁市自创钜丰油糖庄、慎信西药行，自任总经理，并创办《南华日报》，为邑人喉舌，辅导县政，贡献殊多。1949年移居香港后，设有明通贸易公司于乍畏街，自任总理。历任台城永明电灯公司司库，台城同声电话公司董事长，台山商会副会长，台城西宁市商务议事所正所长，市务公所所员，白水团防局财政员，香港谭氏宗亲会永远会员、历届名誉顾问等职。谭裔璞家族世代书香，乃邑中望族。谭裔璞雅好吟咏，曾为香港南方文坛及健社等书社社员，常有诗稿在《中华艺苑》发表。

慎信药行银业开办于清朝末年，是台山十五家实力最强的金银庄之一。全盛时期在台城拥有15间分店，资本雄厚，经营银业、西药两行生意，专做找换汇兑，接理外洋书信银两，分别在美国和中国香港、台山设点连锁接汇，送银上门，由收信人签字为据。收费低廉，信银速达，信用昭著，久为邑人亲友所称道。民国三十六年（1947）收转华侨银钱达460万港元，仅手续费收入就有4.5万港元。

1936 年至 1945 年，中央储蓄会也设在北盛街慎信银业内。

新中国成立后，1950 年 6 月成立侨益侨批局。1952 年，侨益、侨通、振侨、恒利、协诚这 5 家侨批局在广州设立办事处，以其吸收的侨汇在香港组织战备物资，交售给国家。1964 年 7 月 1 日，台山县人民银行成立侨汇派送处。1967 年 7 月 1 日，台山全县私营侨批业与侨汇派送处合并为"台山侨汇服务社"。

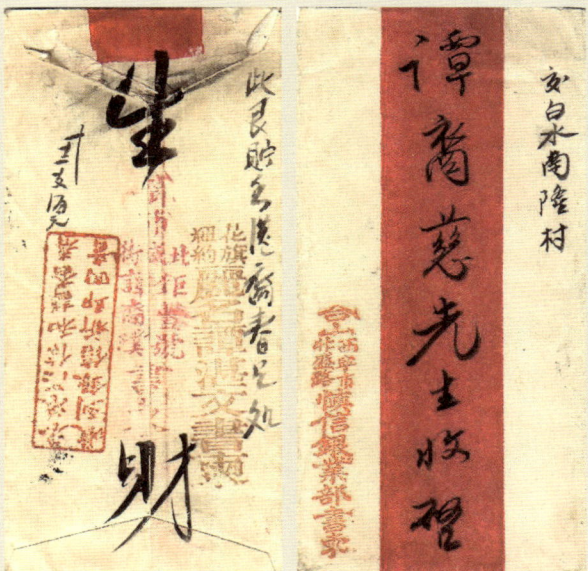

1967 年 11 月台山侨汇服务社业务单

大正银号

北盛街大正银号旧址

大正银号办理银信业务印鉴

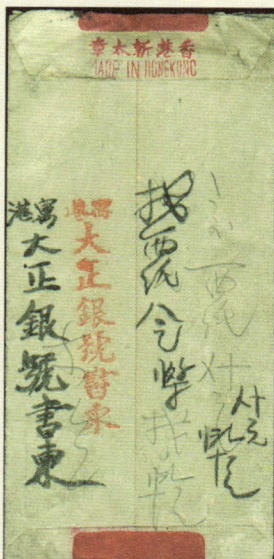

香港大正银号接驳的银信

大正银号，原址在台山市台城西宁市北盛街 93 号（左上图中间铺位），开办于清朝末期，楼高二层，是台山 15 间大型的银信机构之一。其在香港设置大正银号金山庄，为邑人接驳银信。1947 年，大正银号司理人为李道濂。

福信金铺

北盛街福信金铺旧址

福信金铺银信业务印章

福信金铺，原址在台山市台城西宁市北盛街
49号，由台山台城圆山谭氏族人创办，开办于民
国初年。该金铺"聘名师巧造中西各种时髦首饰，
拣选名贵玉器钻石，如有低伪，永远包换，货真价
实，童叟无欺"，兼营接理外洋书信银两、汇兑找
换等业务。1947年，福信金铺司理人是谭裔兰。

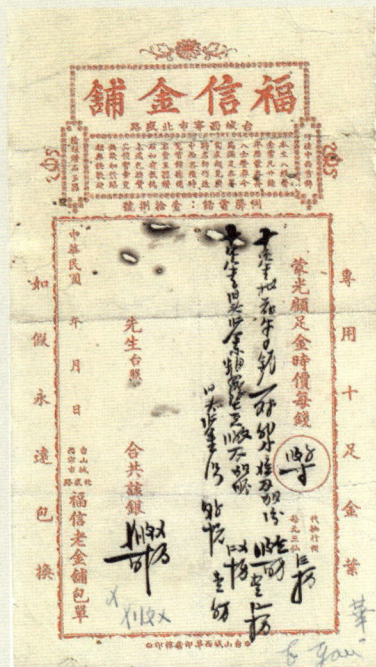

1949年1月10日美国纽约寄台山福信金铺交白水湖边村银信

民国时期福信金铺业务单

鸿源号

鸿源号，又称洪源号，原址在台山西宁市北盛街77—79号，由台山李氏族人创办于清朝末年。其专营油糖酒米杂货，兼营接驳银信，在三八墟设有分店，为邑侨接驳侨汇。1935年，鸿源号司理人是李尹圣。

北盛街鸿源号旧址

1935 年 5 月鸿源号寄下坪车站转接银信

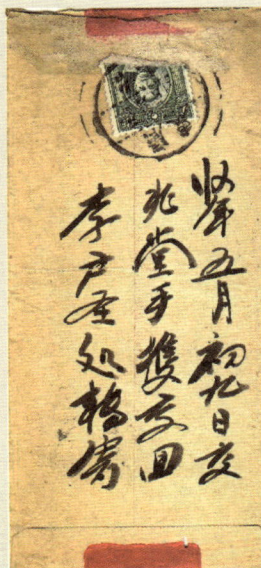

1935 年 8 月香港寄鸿源号银信

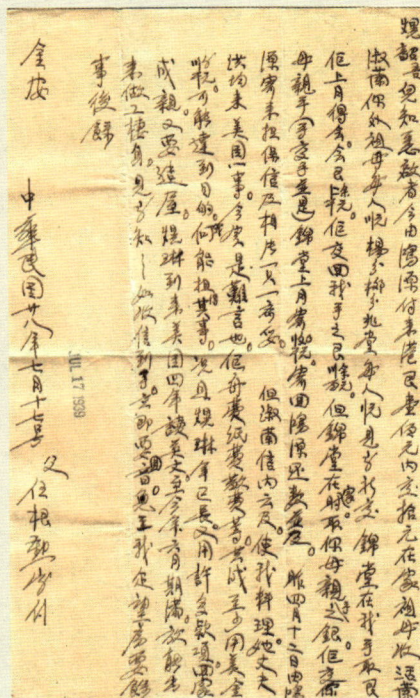

1939 年 7 月美国寄鸿源号银信

通亚银号

通亚银号，又名通亚银业公司，原址在台山市台城西宁市北盛街86号，专营银行一切业务，接理华侨书信银两。1933年该公司司理人是陈天真、朱彰锡。在香港永乐街145号设立分行，司理人是朱彰宁、陈文溢。通亚银号经营业务包括储蓄存款、活期存款、定期存款、来往存款、按揭放款、找换金钱银纸、代理买卖产业、代管物业租项、接理华侨书信、国内各属汇兑等。据三合松咀村李焕钦介绍，他的祖父李树圣当年投资通亚银号4 000毫银，为该银号的大股东之一，到新中国成立前通亚银号倒闭清盘时，只分回一个大挂钟和一面照身镜。

北盛街通亚银号旧址

通亚银号开张纪念照身镜
（李焕钦藏）

1936年1月通亚银号寄加拿大咸水埠银信封

钜安祥铜铁号

    钜安祥铜铁号，原址在台山市台城西宁市北盛街 97 号，开办于清朝末年。专营铜铁器具，兼营接驳银信。

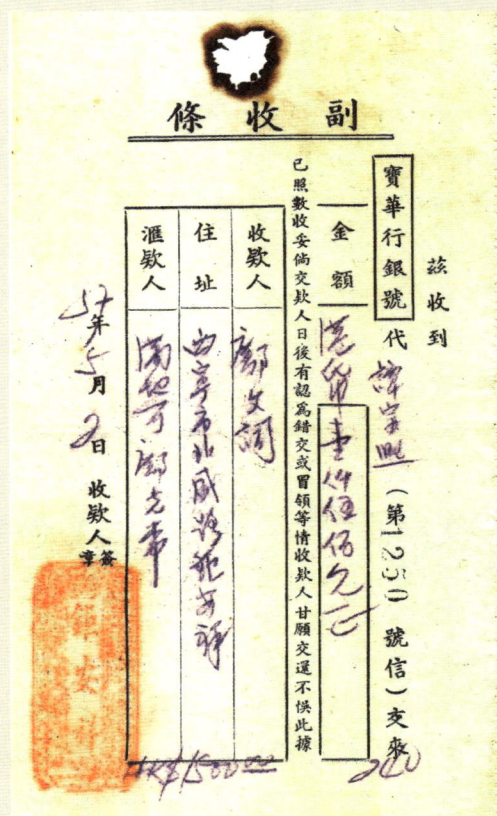

1948年7月台山宝华行银号与钜安祥铜铁号接驳的银信

北盛街钜安祥铜铁号旧址

裕丰号

裕丰号，原址在台山市台城西宁市东华路40号（现78号），是一间兼营银信业务的商号。虽然经历朝代的交替和数十年的风风雨雨，该号依然保存完好，商号也是数十年不变，实属难得。

东华路裕丰号旧址

民国年间裕丰号寄美国回批封

源益号

源益号，又称源益大宝号，原址位于台山市台城西宁市东华路 59—60 号双铺面，正门口面对南昌路，由东坑李氏族人开办于清朝末年。1909 年，源益号司理人是李和记。专营油糖杂货，兼营接理外洋书信银两。

民国时期源益号寄美国回批封

东华路源益号旧址（中间双铺面铺位）

宝华行金银号

　　宝华行金银号，又称宝华行金铺，原址在台山市台城西宁市东华路24号，由台城圆山谭氏族人创办于清朝末年。经营金银首饰、珠石玉器，兼营金银找换、汇兑、接驳外洋书信银两。1947年，分别在蒙特利尔（司理谭宗圣）、纽约（经理谭宗酬）、香港（经理谭宗正）、台山（经理黄攀龙）设立分支机构，连锁接驳侨汇。

　　宝华行金银号还在广州生元银号设点，联合接驳侨汇。宝华行接驳的侨汇量巨大，据笔者所收集的该银号资料，1947年6月24日，香港宝华行汇入台山的一个银信总包有9笔侨汇，合计港币5 400元、美金500元。1948年3月22日，香港宝华行汇入西宁市中和路台光合记号转陈泗业收的一笔侨汇达港币1万元，为目前所见五邑银信中最大的一笔侨汇。数千元一笔的侨汇也屡见不鲜，由此可以推算，宝华行金银号当年接驳的信银有百万乃至数百万港币。

东华路宝华行金银号旧址

宝华行金银号办理银信业务广告

1948 年宝华行金银号的格式化银信

1948 年宝华行金银号与台光合记号接驳银信副收条

天华银号

中和路天华银号旧址

天华银号，原址在台山市台城西宁市中和路33号，由台城谭氏族人创办。1932年1月，集资广东通用双毫银23.5万元，分作4 700股，每股50元，组建台山天华银号，司理人是谭光蓁。天华银号专营金银找换、储蓄汇兑、接驳外洋书信银两业务，并与广州天华银号联合接驳侨汇。

天华银号保存非常完整，气势雄伟，建筑很有特色，是现存台山银信机构建筑的典范。

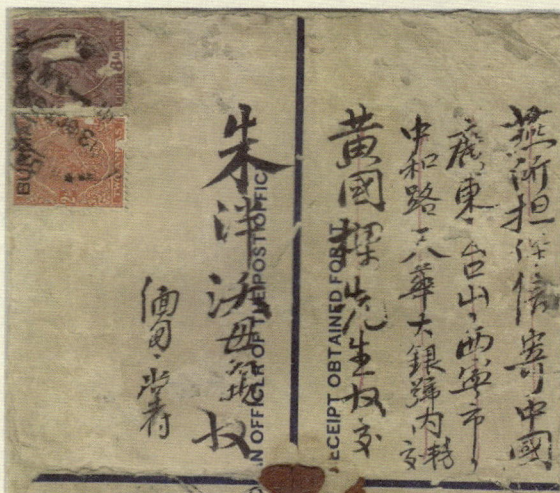

1939年缅甸寄台山天华银号银信

泉洲金铺

　　泉洲金铺，又称泉洲老金铺，原址在台山市台城西宁市中和路 13 号（现为 15 号），与天信金铺相邻，由福建泉州人创办。经营金银首饰、钻石玉器珍珠，兼营银业、汇兑、信托业务。1947 年，泉洲金铺司理人为余柏庆。

　　泉洲金铺在台山开办银信业务，是闽南银信与五邑银信互相接驳的很好例证。

中和路泉洲金铺旧址

民国时期泉洲金铺办理银信业务的广告

天信金铺

天信金铺，原址在台山市台城西宁市中和路 15 号（现为 17 号），与泉洲金铺相邻。专营中西时款金器首饰、珍珠钻石、玉器宝石业务，兼办接理外洋银信。

1948 年 12 月 23 日美国屋仑（奥克兰）寄台山天信金铺接驳的银信

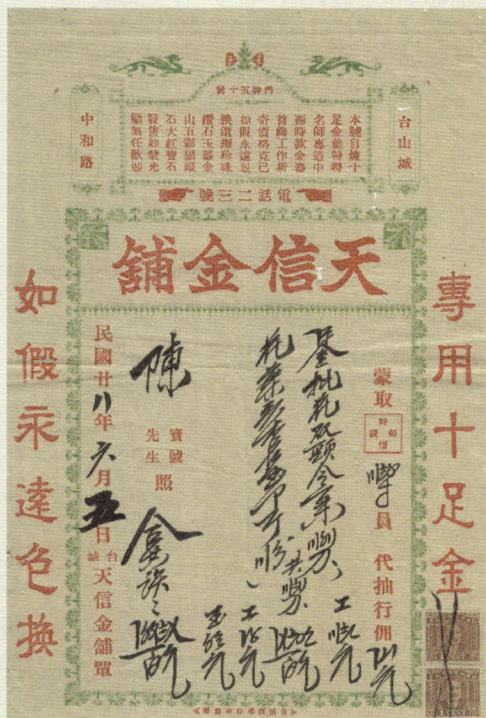

1939 年天信金铺业务凭单

台山县金饰商业同业公会

台山县金饰商业同业公会，原址设在台山市西宁市中和路天信金铺，于抗战胜利后成立，由台山各经营金银业的私营银信机构组成，李召生任理事长，余卓庆、叶群、余遂生、谭裔兰、雷家泮、黄述彝、陈奕明、胡冠鲤、余芳礼、江兆全、雷立登、伍伟才任理监事。1948年11月，台山县金饰商业同业公会会员共137家，全部由台山的私营银信机构组成。

台光合记号

台光合记号，又称台光公司，原址设在台山市西宁市中和路天信金铺内，专营接理外洋书信银两。1947年，台光合记号司理人是余跃云。

中和路台山县金饰商业同业公会旧址（右边）

台光合记号银信业务章

宝信银号

中和路宝信银号旧址

宝信银号，原址在台山市台城西宁市中和路18号，是美洲殷实华侨联袂归国组织而成。其厚集资本，专营各种实业汇兑、按揭、储蓄、信托、代理子弟交学费，兼接理外洋书信。每一挂号信无论银两多少，均派人送钱上门。

1937年11月日军空袭台城，宝信银号发布关于部分文件丢失的声明

仁安药房

南昌路台城仁安药房旧址

仁安药房开办于清朝末年，由李氏族人创办。光绪十六年（1890）开始兼营银信业务，历史悠久，规模较大，是台山十五家规模最大的银号之一。它拥有资本 100 多万元，总行设在香港，分别在广州、台城、公益、冲蒌、大江等地设立分行联合接驳五邑华侨银信。新中国成立后，1950 年 6 月，成立仁安侨批局。1964 年 7 月 1 日，台山县人民银行成立侨汇派送处。1967 年 7 月 1 日，台山全县私营侨批业与侨汇派送处合并为"台山侨汇服务社"。

台城仁安药房旧址位于台山市台城西宁市南昌路 28 号，主营中西医药，兼营银信接驳。

公益埠仁安药房办理邮政、银信业务印章

冲蒌仁安药房旧址

冲蒌仁安药房，原址在台山冲蒌墟大同路 98—100 号，楼高四层，是冲蒌墟最高的建筑，也是台山仅存几座带有碉楼的大型商号兼办银信机构建筑之一。

冲蒌仁安药房寄美国银信封

大江仁安药房，原
址在大江墟。外墙经过
装修，有所改变。

大江仁安药房代理银信业务章

大江仁安药房旧址

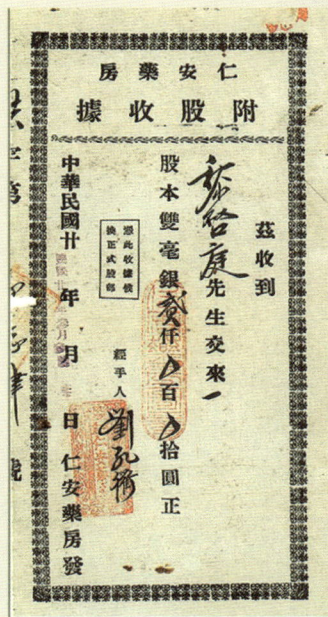

大江仁安药房附股收据

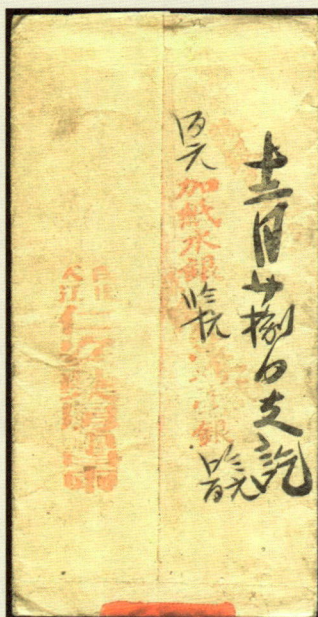

大江仁安药房代理银信封

大江仁安药房寄美国回批封

百和号

百和号，原址在台山市台城西宁市南昌路，专营各种中西医药、海味，兼营接理书信银两、各江汇兑业务。1947 年，百和号司理人是谭裔钊。

南昌路百和号旧址

百和号银信业务章

瑞昌银号

新河路瑞昌银号旧址

瑞昌银号，原名瑞昌米行，由台山谭婉文家族开办，创办于清朝末年。民国年间增设银号，原址在台山市台城西宁市新河路 6 号（现为台城街道新河路 17—21 号）和北塘路 77—83 号相连的八个铺面，是一家著名的银信机构。20 世纪 20 年代，瑞昌银号在侨刊上发布代办银信业务广告，接驳银信业务，广告词如下：

启者，本号积厚资本，建筑新铺坚固银仓，历向经营银业，专接理外洋各样里书信，汇兑银两，快捷妥当，办事通融。现加扩张营业，为利便侨胞起见，兼做附贮按揭，找换各国金钱银纸赤纸，交易公平。本号汇通省港各埠，四邑各乡墟市汇归银两，照中西文门牌写昊寄来交比前更快，汇费从廉。如有亲朋汇归银两，离市稍远者，本号派伴送到，务祈迅速。如蒙惠顾，极表欢迎。

瑞昌银号地理位置优越，所处的新河路前方原来有一条小河，从外洋来的商船可以进入新河路旁的码头，河对岸是新宁铁路总站。由于铁路、水路、陆路交通便利，新河路一带成为台山的交通运输中心。当时，瑞昌银号借着交通便利这一优越条件，银信的收寄十分方便，为当年身处异国他乡的华侨给台山亲人寄递银信提供极大便利。瑞昌银号全盛时期在台山曾有 12 间铺面，还在广州拥有 45 间铺面，曾享誉一时。1933 年，因世界经济不景气，瑞昌银号被迫关闭。

民国时期（20世纪20年代）瑞昌银号发布的代办银信业务广告

民国廿贰（二）年（1933）瑞昌银号存款簿

美国旧金山瑞昌办庄金山庄办理银信业务封

中国银行台山办事处

台西路中国银行旧址，左边铺面是中国信托有限公司台山分公司旧址（2013 年）

台西路中国银行旧址，左边铺面是中国信托有限公司台山分公司旧址（1937 年）

中国银行由中华民国临时大总统孙中山先生批准，成立于 1912 年 2 月 5 日，是中国最早建立的银行之一。中国银行成立后，走上国际化道路。1928 年，南京国民政府特许中国银行为国际汇兑唯一国家银行，先后在伦敦、大阪、新加坡、吉隆坡、纽约等地设立其海外分支机构。抗战时期中国银行裁撤其大阪分支，另增设仰光、泗水、棉兰、巴达维亚、槟榔屿及腊戍等经理行，接驳海外银信。

中国银行是最早在五邑设立分支机构的官办银行。中国银行台山办事处，原址

台
山
银
信
档
案
及
研
究

位于台山市台城台西路 6 号（现台城街道台西路 48 号），1936 年 11 月 1 日开业。它当时由香港中国银行管辖，主要业务是办理接驳侨汇汇款、存款、托收、储蓄、信托、保险等，是台山最早的官办银信机构。

1938 年 10 月，日军入侵广东，中国银行台山办事处撤往香港干诺道中 62 号三楼办公。1942 年 9 月 17 日由香港迁回台城旧址复业。1944 年 6 月 24 日，台山第三次沦陷，中国银行台山办事处被迫歇业，其后迁往重庆办公，造成大量海外银信积压或无法投递。此后经历台山第四、五次沦陷。1945 年 8 月，日军投降，中国人民取得抗日战争的胜利。同年 12 月 17 日，中国银行台山办事处复业，重新接驳海外银信。

位于纽约的中国银行美国总部办公大楼

1946 年美国华盛顿寄台山中国银行银信封

1949 年 10 月，台山解放，中国银行台山办事处由台山军委会接管。1950 年，中国银行台山办事处负责办理侨汇解付、外币收兑、票据买入托收、储蓄存款、侨眷低利小额贷款等业务。1952 年 9 月 1 日办事处归并县人民银行，设分理处，办理侨汇业务。1979 年 10 月 3 日，复设中国银行佛山支行台山办事处，兼负责外汇管理工作。1981 年 7 月 1 日，中国银行台山办事处升格为台山县支行。

★ 台山中國銀行 ★

竭誠為僑胞僑眷服務

專營僑滙●　快捷簡便●
安全保值●　辦理週詳●

（每日派專人按址送解僑滙不收分文手續費）

| 南洋商業銀行 | Nanyang Commercial BANK LTD., 香港 167 Des Vouex Rd., C. HONG KONG | 南通銀行 | Nan Tung Commercial BANK LTD., 新澳馬門路 MACAU, CHINA. |

寄欵方法：請將通天單寄上列地址轉交收欵人

本行為顧及僑眷利益，最近查獲端芬銀號剝削僑眷，拖欠僑欵，本行已向該號追償清理積欠僑欵全部計港幣拾餘萬元，悉數發與僑眷，都斛祐記葉桐私駁滙欵積欠甚鉅，亦經查獲，海晏水客也多未將款交與僑眷，本行均在追究清理中，僑胞們對今後滙款請由本行滙回，不但手續費分文不收，並且絕對安全保值，凡我僑胞，幸留意焉。

台山中國銀行啟

1950 年台山中国银行办理侨汇业务的宣传单

中国信托有限公司台山分公司

中国信托有限公司成立于1930年，由台山华侨李勉辰、麦英初、朱俊裘等人倡办，在上海、广州、香港、台城等地先后设立分公司，主要业务之一就是递送银信。

中国信托有限公司台山分公司，原址在台山市台城台西路8号（现50号），与中国银行台山办事处相邻。抗日战争时期，中国信托有限公司想方设法为生活陷入困境的侨眷递送银信，公告最快捷安全的汇款办法，作出安全、廉价递送汇款的承诺。1937年第1卷第6期《台山工商杂志》就刊登有该公告。公告表示，当年春间，该公司特在台城添设分公司，并在四邑各墟市设置汇兑代理。1939年，江门五邑地区沦陷，该公司仍努力维持受敌人威胁区域的通汇与通信，其在刊载的广告词中写道："如属游击区域，当设法探交，讨回收据奉还，以完任务。"从刊载广告持续时间之长可以看出，中国信托有限公司在台山侨胞及侨眷中声誉较著。只可惜，其于1946年停业。

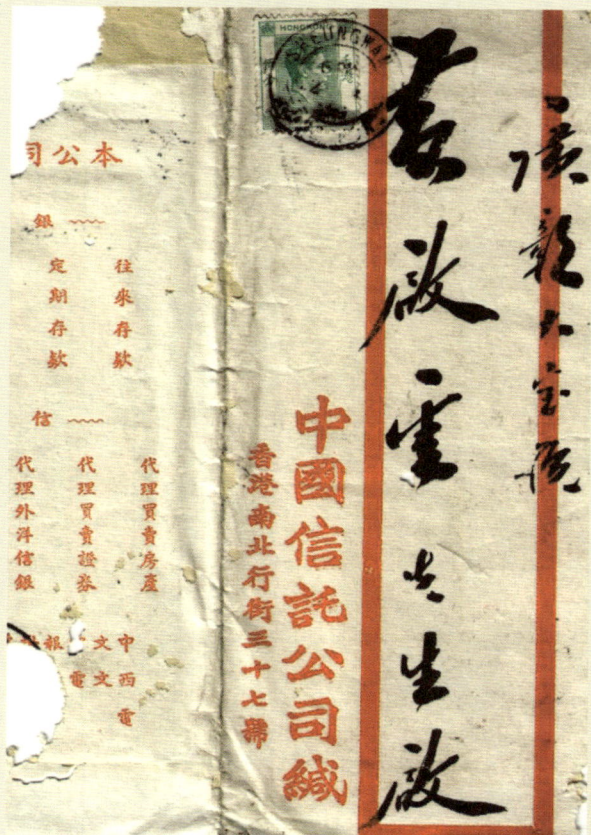

中国信托有限公司办理银信业务的公函封

五华实业信托银行有限公司台山分行

台西路五华实业信托银行有限公司旧址

　　五华实业信托银行有限公司于民国十二年（1923）由旅外华侨黄礼诗、黄会民、张新基、梁廷益等人集资创办，额定资本 400 万港元，实收 150 万港元，总行设在广州市一德西路 370 号。举梁廷益为董事主席，黄会民为总经理，黄礼诗为经理，叶米治为司库，并在香港、台山、新昌及上海等地开设分行，其营业一直较为发达。1932年该公司存款共有 446.4 万港元，总股本有 500 万港元，年溢利 10 万港元。1938 年广州沦陷后该公司仍继续营业，但业务大幅缩减，于 1949 年 10 月广州解放后停业。

台山银信档案及研究

五华实业信托银行有限公司台山分行，原址位于台城台西路29号，开办于1930年。五华实业信托银行有限公司一份20世纪30年代的广告宣称"经营实业信托银行一切业务，接理外洋书信银两，交收快捷，找换汇兑价格克己，广州总行、台城分行均设有钢根三合土保险库，备有保管箱出赁，诸君惠顾，无任欢迎"。1936年，五华实业信托银行有限公司台山分行因故结业。

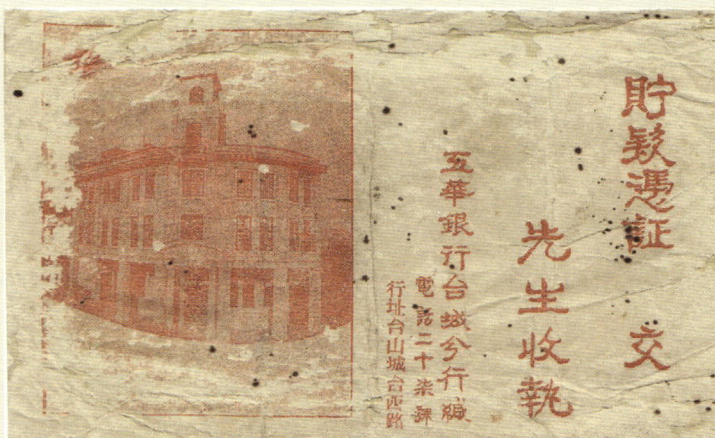

20世纪30年代五华实业信托银行有限公司台山分行广告封

20世纪30年代五华实业信托银行有限公司代办银信业务的广告

陆海通有限公司

陈符祥

陈伯纯

台西路陆海通有限公司旧址（2013 年）

香港陆海通有限公司，由台山台城水南陈氏族人陈符祥创办。陈符祥，生于光绪九年（1883）正月十九日，资禀聪敏，修业于岭南学堂，学成经商。其后由四邑轮船公司选派前赴日本、美洲各国各大都市考察商务及航业，历时一年，心得颇多。返港后追随李煜堂，组织上海联保水火保险有限公司，职任司理。曾任广东银行董事，广州岭南大学、香港岭英中学、梅芳中学校董及广东省公署、台山县署参议等职。

1923 年陈符祥与陈任国等人集资"招股港币 50 万元，分作 2 500 股，每股 200 港银"，在香港德辅道中成立"陆海通银业"。陈任国为司理，陈符祥为经理，以"专做按揭贮蓄，汇兑找换，买卖各处地皮、屋宇，各公司股份各生意事"，业务发展迅

1936 年陆海通有限公司广告封

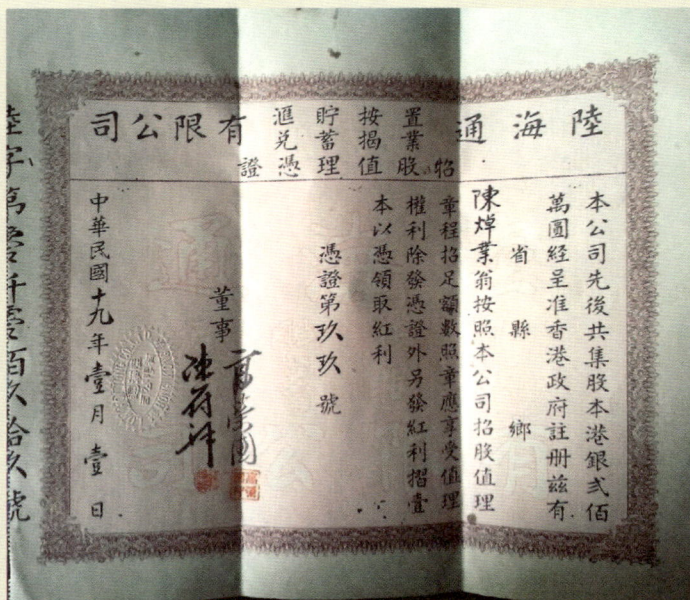

民国十九年一月（1930 年 1 月）陆海通有限公司招股值理凭证

1936 年 3 月陆海通有限公司代办银信业务的广告

速，生意蒸蒸日上。1926 年，公司增招优先股 150 万港元，每股 5 元，合共资本 200 万港元，在香港政府注册为"陆海通置业按揭贮蓄汇兑有限公司"，陈符祥兼任总司理之职，总行在香港上环德辅道中 299 号，前后相邻 12 间商铺开张营业。公司开设五个营业部，分别为银业部、人寿保险部、西式旅馆部、中西药品部、雅洁饭店部。此后相继开设陆海通人寿保险公司、陆海通旅馆、陆海通药行、六国饭店、弥敦酒店、厦惠餐厅、皇后戏院、皇都戏院等分支机构。至 1931 年，分行开设于广州市一德路，汉口镇扬子大街，台山市台城台西路、三合墟、那金市、新昌埠等地，并发行"付贮券（债券）达 3 485 107 元"。1933 年公司经全体付贮团之委托，成立万全信托有限公司董事会，以监督公司经营及债券款项至归还本息。抗日战争爆发后，1941 年 12 月香港沦陷，六国饭店被日军占用，陆海通旅馆被征用，公司经营维持万分艰苦，生意有限，入不敷出，而有部分债券持有人要求兑现债券，因而陈符祥总司理将小部分产业变卖，以应债券持有人之需求。1944年9月4日，陈符祥因患急病在香港弥敦酒店逝世。尔后由陈符祥长子陈伯纯继任总司理之职。抗战胜利后，遇上万全公司债务纠纷之事——1946年1月14日万全公司突然强管本公司各部生意，长达半年之久，后来通过法律途径解决，交回该公司管理。

1946年9月，公司产业值约比战前增加3倍，约值700万港元，其所欠按揭130多万港元，欠债券本息140多万港元，除去所欠两项，公司纯产业值达400万港元。至1948年12月31日，公司实际集到总股本1 194 855港元，其中普通股为1 162 975港元，优先股为31 880港元，年溢利190万港元。固定资产3 936 974港元。时至今日，公司已发展成为香港有实力的大型企业集团之一，总资产已达50多亿港元。

公司十分关心和支持家乡的建设，改革开放以来，先后捐资成立台山市科学技术馆维修基金、陆海通有限公司教育基金等多个公益事业项目，为侨乡建设作出很大贡献。

陆海通有限公司分支机构遍布国内外，堪称香港为各界人士服务之最庞大机构，其银业部开办汇兑、储蓄、按揭、置业、资富等金融业务，接理华侨书信银两、金银找换，是一家大型连锁经营的银信机构。

陆海通那金市支行旧址（2013年）

陆海通三合墟支行旧址（2013年）

陆海通银号台山城支行位于台西路，建于 20 世纪 30 年代，楼高三层，楼顶原设计为皇冠形状，正中刻有"陆海通银号"字样。21 世纪初当地政府决定建设台西路步行街，使该楼外观有所改变，现已难寻旧迹，令人唏嘘。

陆海通那金市支行位于那金墟十字路口转弯处，楼高三层，为红毛泥建筑，正门大门用柚木镶花玻璃做成，玻璃上锈有"陆海通"三个字，外墙窗户均安装厚厚的铁窗门，窗花精美，二楼、三楼中间开设阳台。楼顶"陆海通银业枝行"字样隐隐可见。

陆海通三合墟支行原址在三合墟中和路（现人民中路 26 号），楼高三层，骑楼柱墩脚古钱币形状的雕花保存得很完整，雕花中间双菱形相连，门口铁闸门依然保留原貌，门牌上"陆海通"三个字仍依稀可见。进入大门，中间是大厅，大厅正中开一口八角形的天井直上屋顶，可以和外面通风透光。二楼、三楼全部用工字钢作梁架支撑。二楼后座有一个金库，十多平方米，用厚厚的钢板制成铁门，铁门里面还有上下铁栅，非常坚固耐用；金库开有一个透气窗，窗户用粗铁作窗柱，窗门用 12 毫米的钢板制成，防盗性能很强；窗眉呈半圆形，半圆内一双寿桃挂在上面，寓意人寿年丰，颇具气派。该支行一直经营到新中国成立前夕。新中国成立后，该支行关闭，后来用作三合信用社总部。直到 20 世纪 80 年代末期，三合信用社迁新址后，该楼作民房使用。

20 世纪 30 年代陆海通三合墟支行开业时照片

陆海通三合墟支行二楼金库的大铁门

南中银行有限公司

台山南中银行有限公司，原址在台山市台城西濠路2号，开办于1932年。1933年1月，该公司集资广东通用毫银50万元，分作1万股，每股50元，在南京国民政府注册，总行设在台城，分行设在广州、香港等地，专营银业、储蓄、置业按揭、信托、汇兑生意，兼接理外洋信昃业务。董事长为李衮宸，总经理为李颂勋。抗日战争爆发后，因侨汇中断，资不抵债，该公司于1942年关闭。

西濠路南中银行有限公司旧址

南中银行有限公司办理侨汇业务的广告

岭海银行有限公司

光兴路岭海银行有限公司旧址

　　岭海银行有限公司，开办于1923年，原址在台山市台城西门墟光兴路68号。1931年，香港岭海银行有限公司由台山港侨和旅外华侨黄仿周、黄笏南、谭蔚亭等人集港币50万元，以每股50元招1万股，在香港创办。经香港政府注册，黄笏南为总司理，黄镜波为司理，黄仿周、谭蔚亭等为董事。岭海银行有限公司主要经营储蓄、存款业务，兼营办理华侨银信、收寄和银业汇兑，国币、外币定期、活期存款，学生往来存款及买卖产业，人寿水火保险，代收学生学费，收租，包租等业务。其业务发展迅速，分行相继开至广州、江门、佛山、台城、三埠等地。为扩展业务，1934年公司添招资本额至200万港元。后因抗日战争爆发，侨汇中断，业务锐减，公司维持艰难，1940年宣告破产倒闭。

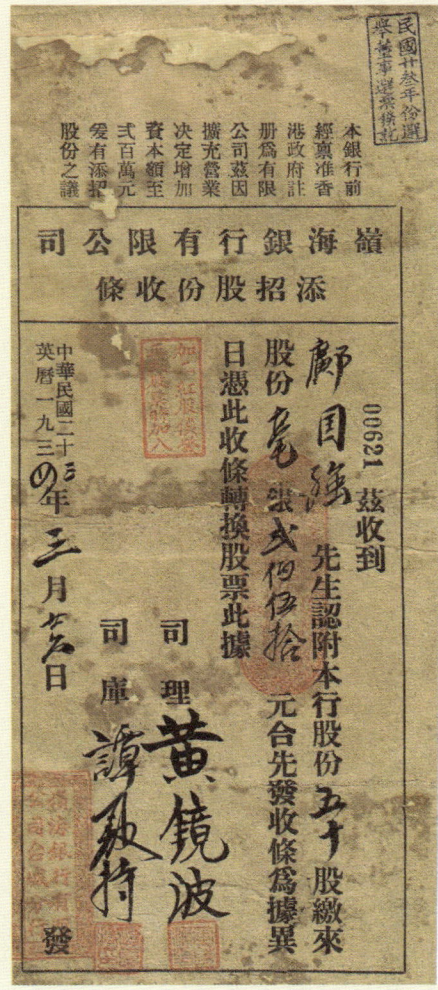

20世纪30年代岭海银行有限公司办理银信业务的广告

民国二十三年（1934）岭海银行有限公司添招股份收条

香港岭海银行有限公司寄台山的银信封

广东省银行台山办事处

台城县前路广东省银行台山办事处旧址

    广东省银行是广东省政府官办银行，从1932年元旦由广东中央银行改组成立至1949年10月底关闭，共历时17年10个月。

    改组成立时，董事会及监事规定董事五人，奉派金曾澄、林冀中、区芳浦、李禄超、陈耀垣充任，嗣李去职，又以沈载和兼任。1936年秋，西南政局瓦解，宁府统一，派黄慕松任粤主席，由省府改派宋子良、曾养甫、王应榆、岑学吕四人为新董事，旧人中唯留陈耀垣一人，共为五人。未几监事亦改派李朗如继任。嗣后十余年间，董监事人选亦时有变更。总行原定设行长一人、副行长一人，1934年间，增设副行长一人，以下仍为二处六科。1937 年后，扩充业务，增设有储蓄、信托、农贷业务等部。设立汕头、海口、北海、韶州（韶关）、江门等分行，1932 年增设有东兴办事处，次年又设南雄办事处。1936 年起，顾翊群任行长，大事扩充业务，先后增设行、处者，省内有湛江、茂名、兴宁、梅县、台山，省外有汉口、南京、重庆、衡阳、长汀、桂林、柳州、梧州、郁林、八步、昆明、贵阳、赣州，海外则有星洲、海防、暹罗等。①

广东省银行台山办事处，开办于 1937 年，原址在台城县前路 51 号，后迁至台西路 29 号（原五华实业信托银行有限公司台山分行旧址）。20 世纪 40 年代后期，广东省银行台山办事处将侨汇列为其主要业务之一。

广东省银行信汇通知书

---

① 平梽基：《民国时期的中央银行与广东省银行》，《广州文史资料存稿选编第 8 辑经济》，北京：中国文史出版社，2008 年。

丰华银号

县前路丰华银号旧址

丰华银号旧址顶部"丰华"二字依稀可见

丰华银号代理接驳的银信

丰华银号原址在台山市宁城县前路37号，由台山黄氏族人开办于清朝末年。其资本丰厚，经营银业，专做附储按揭、找换金钱银纸晃纸、通驳各埠汇单、接理外洋书信银两等业务。在香港文咸街西街72号设立分号，连锁接驳侨汇。丰华银号司理人为黄文洲、黄文海、黄惠谱、黄华灌。

丰华银号办理银信业务章

120

县前路明星书店旧址

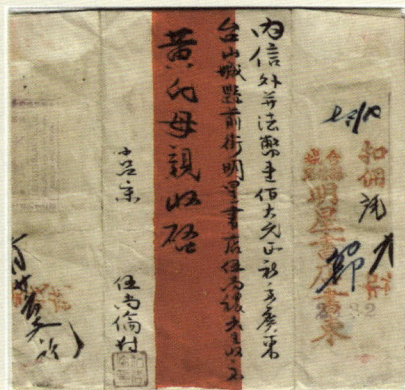

民国时期南洋小吕宋寄台山明星书店代理的银信

　　明星书店，原址在台山市宁城县前路，开办于民国初年。其经营各种图书、教育用品、华洋杂货，兼接理外洋书信银两。

光东书局台城分局外墙雕花

县前路光东书局台城分局旧址

　　光东书局台城分局，原址位于台山市台城县前路 73 号，是广州光东书局的分店。民国十八年（1929）八月一日，光东书局有限公司成立，由伍荫丛任总经理，分别在上海、南京、广州、台山等地设立分局，许多台山华侨入股该局成为股东。民国初期，印刷技术的进步，文化艺术创作的繁荣，新式教育的蓬勃发展，促进了广东图书出版业的发展。广州主要的民办出版机构集中于永汉街北路（今北京路）。台山图书业也因此迅速发展，出现了光东书局、新光书局、新生书局、明星书店、民权印书局、华文书局、光华书局、西宁市华文书局等经营图书的机构，主要集中在台城县前路。光东书局台城分局楼高三层，外墙为红毛泥洗石米，窗头有精美雕花装饰。从民国时期该书局的一段广告词上，我们可以清楚地知道书局的业务范围是经营"各种图书、教育用品、运动器械、影相材料、华洋杂货"，"承印大小中西各种文件，精铸铅字粒花边发行，兼接理外洋书信、各江汇兑"。新中国成立后，该书局还继续营业，同时接驳外洋书信和侨汇。

1955 年 8 月 26 日菲律宾寄光东书局台城分局
转交的银信

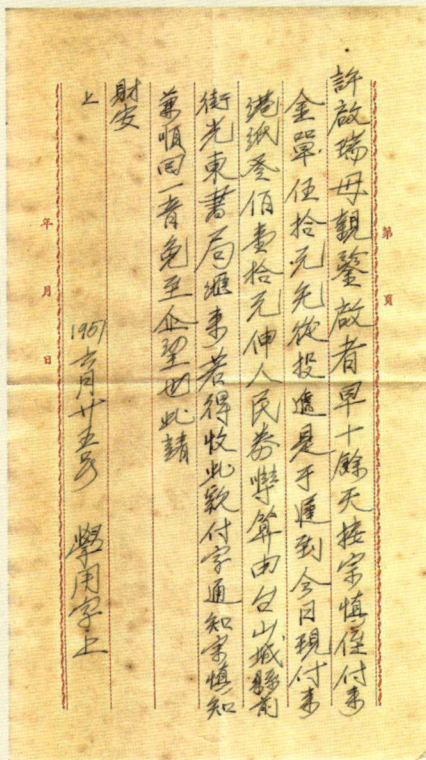

光东书局台
城分局代理
银信业务的
广告

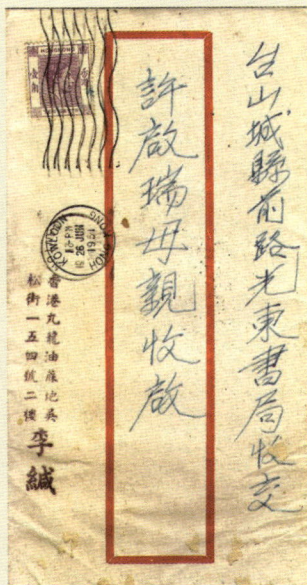

1951 年 6 月香港寄光
东书局台城分局的银信

123

公和昌号

正市街公和昌号旧址（2012年摄，现有所改变）

公和昌号，原址在台山市台城正市街84号，由台山陈氏族人创办于清朝末年，专营存款汇兑，接驳外洋书信银两。在香港、台城、那金市等地分别设有其分店，连锁接驳侨汇。

那金市公和昌号旧址

1934 年香港公和昌
号寄美国回批封

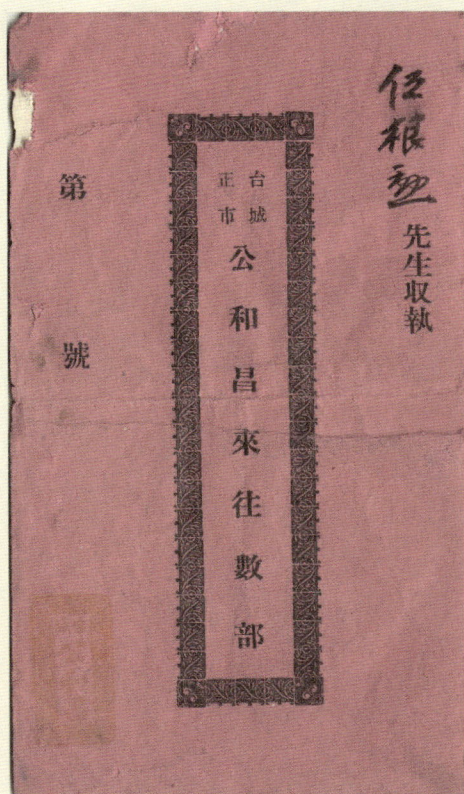

公和昌号来往数部（簿）

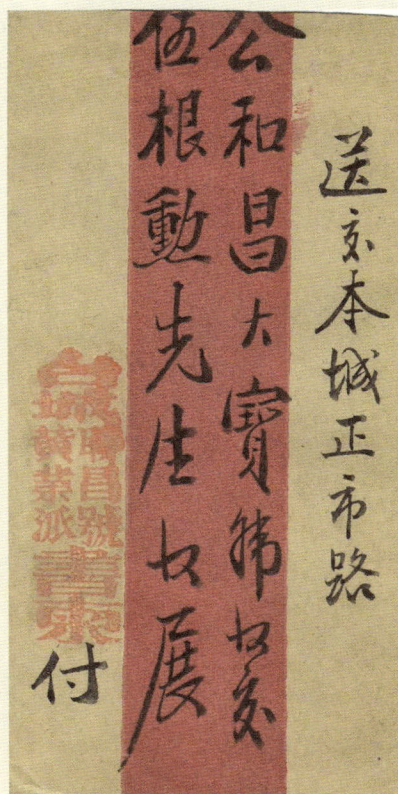

台城联昌号寄公和昌号的银信

友信金铺

宁城正市街友信成记金铺旧址　　水步墟友信成记金铺旧址　　三合墟友信成记金铺旧址

　　友信金铺，原名友信老金铺，由刘孔邦创办于清朝末年，民国后期改名为友信成记金铺。总店设在台山市宁城正市街 64 号，专营金银首饰、珠石玉器，兼营接理书信银两业务，在水步、三合等墟设立分店。1947 年，友信金铺司理人是刘希寰。

20 世纪 20 年代友信金铺业务广告单

广经纶苏杭号（福新号）

宁城正市街广经纶苏杭号旧址

广经纶苏杭号，原址在台山市宁城正市街96—98号，开办于清朝末年，专营苏杭丝绸，兼接理外洋书信银两、找换汇兑业务，是宁城老牌的银信机构。福新号也设在广经纶苏杭号店里。

辛亥年（1911）八月一日广经纶苏杭号代办银信封

天生堂

台山南昌市（现水南墟）天生堂
（正门）旧址

台山南昌市（现水南墟）天生堂（后门）旧址

　　天生堂，原址在台山水南南昌市，创办于清朝末年，是一间较著名的药房。其经营各种中西医药，兼营接理外洋书信银两业务。

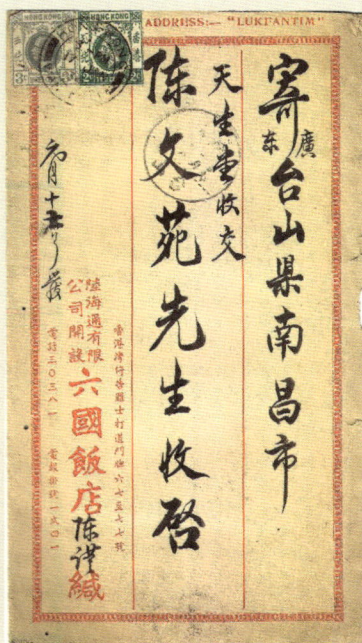

1934 年 1 月香港寄台山南昌市
天生堂代理的银信

文雅斋

文雅斋，原址位于台山市台城水南南昌市，由水南陈氏族人陈陆荣创办于清朝末年，经营苏杭丝绸爆竹，接理外洋书信银两，兼办邮政汇兑业务，是南昌市较大的银信机构。民国时期，文雅斋接到外洋银信后，通知收银人前来本店收信，为一些大客户设有专用信箱。

水南南昌市文雅斋旧址

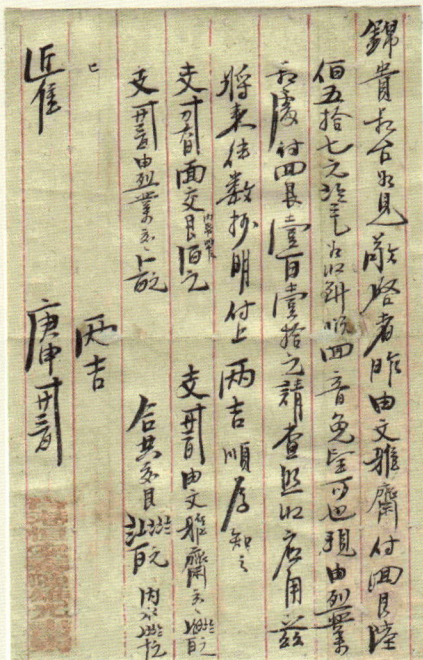

民国庚申年（1920）香港寄文雅斋代理的银信

129

德纶和号

台山南昌市（现水南墟）德纶和号旧址

　　德纶和号，由台山人马御接创办于清朝末年，总部设在香港西营盘威利麻街，分店开设在台山南昌市（现水南墟），专营苏杭绸缎、名厂布匹，兼营接理外洋书信银两，业务至五邑各地。1947年，台山南昌市德纶和号司理为陈畅德先生。新中国成立初期，德纶和号仍兼办银信业务。

台山南昌市（现水南墟）德纶和号旧址

德纶和号办理银信业务的广告

1936年香港寄台山南昌市德纶和号代理的银信

1951年8月台山冲蒌寄香港德纶和号银信封

大昌号

平岗墟大昌号旧址

　　大昌号，由台城朱氏族人开办于民国初年，原址在台山平岗墟靠近水南河边坐南向北一连三间铺面，规模较大，水陆交通方便。其专营油糖海味、酒米田料、红毛泥、砖瓦石灰、缸瓦瓷器、铜铁灯色、颜料、杂货、自制婚姻礼饼等，兼接理外洋书信银两。1941年，大昌号总司理人是朱开理。

1941年平岗墟大昌号代理银信业务的广告

1946年平岗墟大昌号寄美国银信封

民安侨批局

公和市民安侨批局旧址

　　民安侨批局，原址在台山市水步公和市。新中国成立后，1950年6月，民安侨批局经广东省人民银行批准成立，专营接驳侨汇、代理邮政业务。

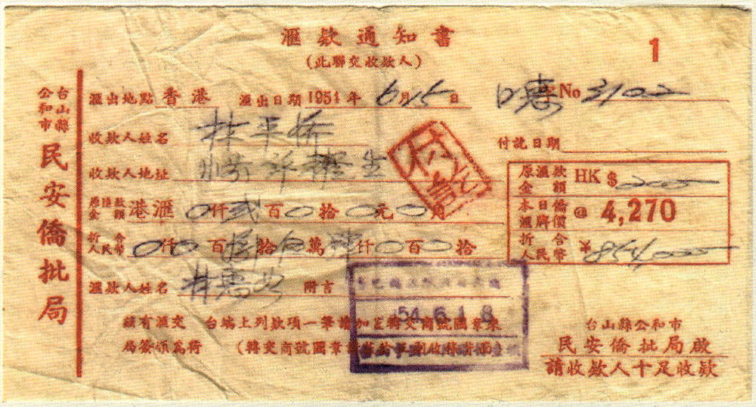

1951 年民安侨批局汇款通知书

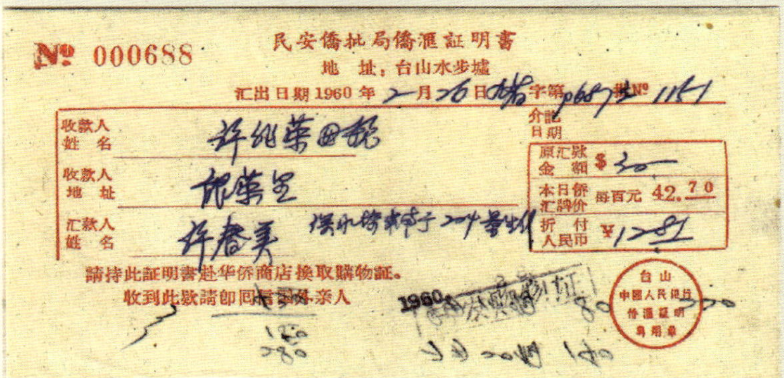

1960 年民安侨批局侨汇证明书

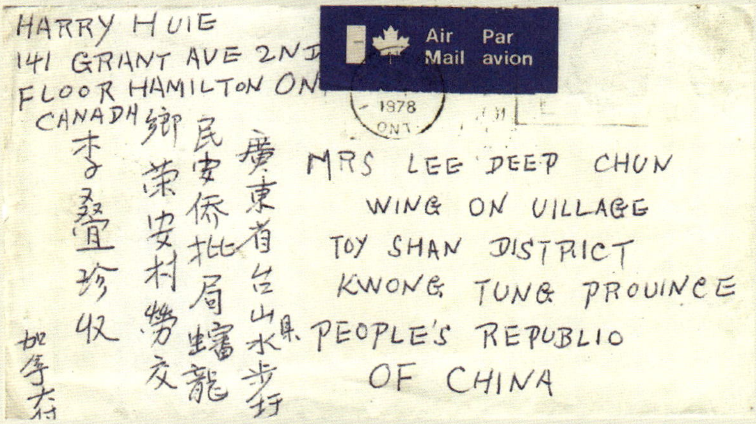

1978 年加拿大寄民安侨批局侨批信

四九镇大塘墟荣昌大宝号旧址

荣昌大宝号，原址在台山四九镇大塘墟，开办于民国初期。其专营各种华洋杂货，兼接理外洋书信银两。

大塘墟立于1909年，是新宁铁路大塘站的站点，因新宁铁路开通而成墟，逢每周一、周六为墟日。铁路在墟中间穿过，商铺沿铁路两旁兴建，墟尾建有一座五层高的碉楼，为该墟的居民和侨眷提供保护。大塘墟虽然不大，但先后开办银信业务的有益生堂药材、保安堂、南昌隆号、荣昌大宝号等数家商号，可见当年也相当繁荣。

四九镇大塘墟的银信机构旧址

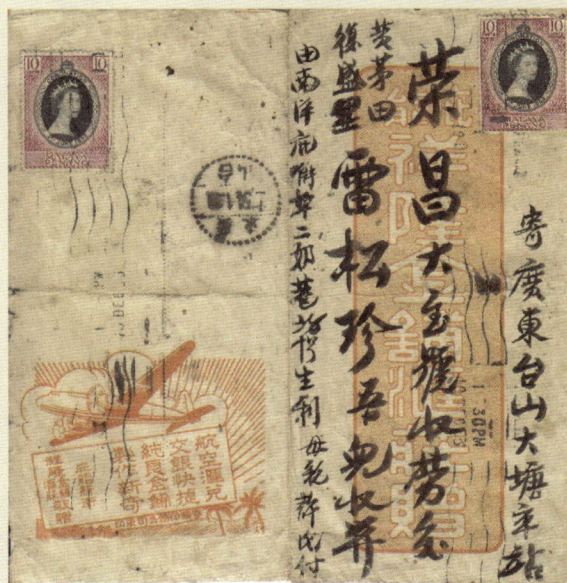

20世纪20年代台山大塘车站益生堂
药材大宝号"代理邮政兼汇兑"的银
信业务专用戳

1953年12月马来亚庇能埠寄台山四九镇大
塘车站荣昌大宝号的银信封

均昌号，又名均昌隆号，原址在台山冲蒌墟，是一家兼营银信业务的商号。其右侧是东昌大宝号。

冲蒌墟均昌号旧址

1941年5月26日加拿大很呅埠寄台山均昌号代交永盛村的银信

东昌大宝号

东昌大宝号前身为同益丰号，原址位于台山冲蒌墟大同路70号（现冲蒌建材五金店），开办于20世纪20年代，由冲蒌永盛村李祐（佑）启创办。其楼高三层，主要经营油糖粮酒、日用杂货，兼接理外洋书信银两，信誉卓著，是永盛村附近村庄海外华侨寄递银信的重要中转机构。1935年李祐（佑）启去世后，其侄子弈孔接管，改同益丰号为东昌大宝号，继续经营，发展各项业务。至民国后期，李锦泮（世煊）继承父业。1956年，李锦泮移居加拿大，东昌大宝号停止营业。

冲蒌墟东昌大宝号旧址

1939年4月12日加拿大寄东昌大宝号的银信

仁术堂

斗山墟仁术堂旧址

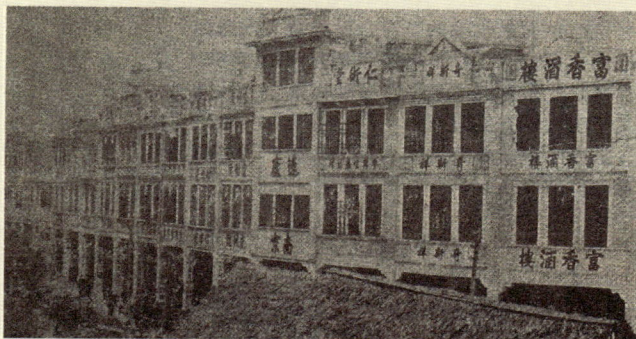

1929 年斗山墟仁术堂所在的街区原貌

仁术堂，原址在台山斗山墟，开办于民国初年，专营扶阳百雀酒、蕲蛇蛤蚧酒、红白痢症丸、清火黄痨散等自制成药和各种中西医药，兼接理外洋书信银两。

1948 年 3 月美国寄斗山圩（墟）仁术堂的银信封

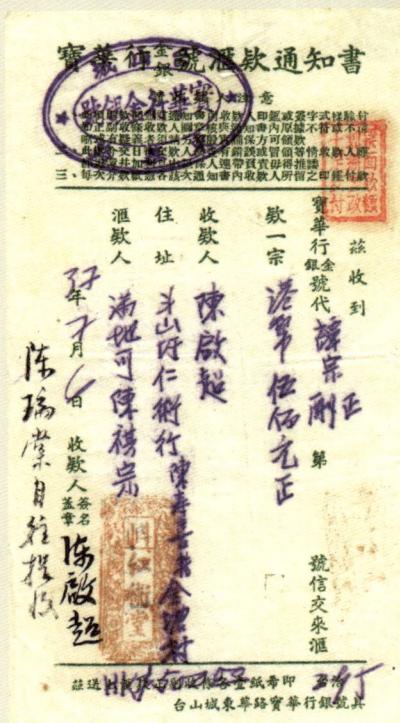

1948 年 7 月宝华行金银号与斗山墟仁术堂接驳的银信

公昌行

斗山墟公昌行旧址

公昌行，原址位于台山斗山墟市场马路（现斗山镇人民路）一连三间铺面，也是原斗山墟繁华的旧街区，楼高三层，红毛泥石屎（粤语，指混凝土）结构，是这条街最大型的建筑物之一。该行经营各种油糖杂货，兼接理外洋书信银两、找换汇兑等业务，接驳斗山、冲蒌等地的华侨银信，是斗山墟较大型的代办银信机构。

斗山正式立墟，约于咸丰年间，初叫大兴墟，取其大家生意兴隆之意。大兴墟建在一形像斗之山下，故后更名为斗山墟。每逢二、七墟日（每月2号、7号），四乡群众趁墟者很踊跃，生意十分兴旺。于是拓阔墟场，划出铺面，欢迎社会人士建铺。新宁铁路通车前，斗山墟已建成南北两排铺（旧墟），东墟开设在今斗山招待所前。

1913年，新宁铁路干线建成通车后，斗山市场日益繁荣，华侨纷纷在斗山投资建铺，墟场因此迅速向东南扩展，只经十余年，太平路（新街）、山旁马路、西栅（山）市、蟹岗埠等十多条街道就相继建成，店铺增到四五百间。

斗山位于交通要冲，水陆运输十分便利。陆路——除新宁铁路外，还有东南行车公司经营的台赤公路，使斗山与台城、江门、广州及都斛、赤溪等地接连起来；水路——一条斗山河通甲南海，先后有万发渡、海祥轮、华发渡、岳飞号、海宁号及协成利等众多轮渡，来往于斗山与香港、澳门、江门及上下川、阳江、湛江、海口等地，把港澳的洋货以及南路各县的物产运到斗山，然后从陆路转运到四邑各地去。那时，斗山河上，泊满了各邑大小货轮，码头一片繁荣景象。这样，斗山便成为洋货与土产的集散地。商贾云集，百货风行，各行各业应运而兴，尤以公昌行、其发祥、东和昌、五丰行、金源行、华发庄和福安公司等批发行业最畅旺。其他如式谷银行、和兴鱼栏、广珍酱园、仁术药材行、有章苏杭铺、宝兴隆杂货铺、远来腊味店等，当时在斗山也颇有名气。

抗日战争时期，铁路、公路被毁，交通受阻，斗山墟亦几次遭日军轰炸，经蹂躏、洗劫后不少商户破产、

140

倒闭，市场一片萧条。据多年在斗山开医务所的李鸿藻医生记录，日机在斗山墟共投下 394 枚炸弹，数十间店铺变成瓦砾堆。公昌行的仓库被炸后，熊熊烈火连烧三天，但尚存大量火水（粤语，指煤油）渗透四周地里，一些人到公昌行的瓦砾中去淘取火水。当时年少的李鸿藻，不知天高地厚，也学大人，到那被炸的地方挖坎取火水，一天居然也舀到一大瓶。

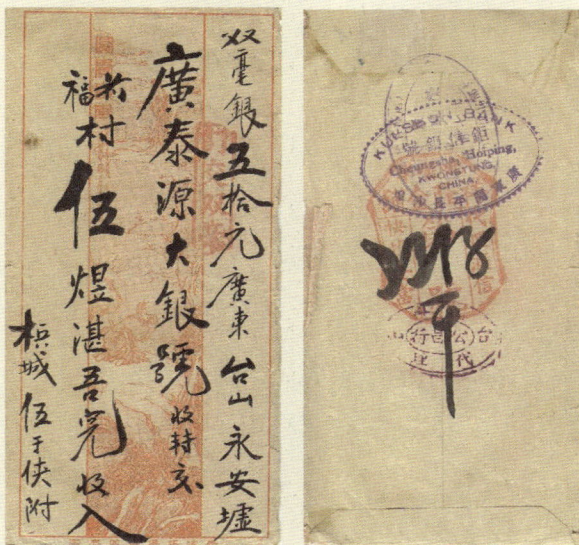

民国时期马来亚槟（槟）城寄冲蒌永安墟银信，经斗山墟公昌行转接

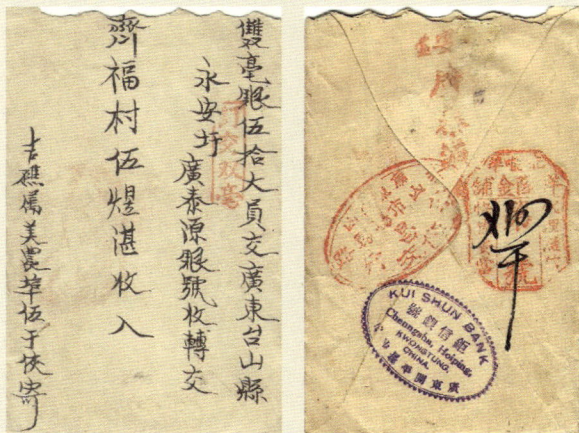

民国时期（20 世纪 20 年代）马来亚寄台山冲蒌公昌行接驳的银信

贞栈银号

上泽墟贞栈银号旧址

贞栈银号也叫陈贞记号，坐落于台山上泽墟集市"丁"字路口，楼高三层，依路弧形而建，由平洲村人陈怡廉建造，创办于清朝末年，主要办理"接理外洋书信银两、兼代理邮政"业务，是上泽墟最大的代办银信机构。

1935 年 4 月陈贞记号寄美国回批封

源生号

源生号，原址在台山上泽墟，与贞栈银号相邻，由端芬陈氏家族开办于民国初年。其"专办油糖酒米、龙凤礼饼、海味杂货、英泥发客"，兼营"接理外洋书信银两、找换汇兑"等业务，并在香港开办英发成号金山庄，联合接驳侨汇。1934年，源生号司理人是陈文榈，香港英发成号司理人是陈明赞。

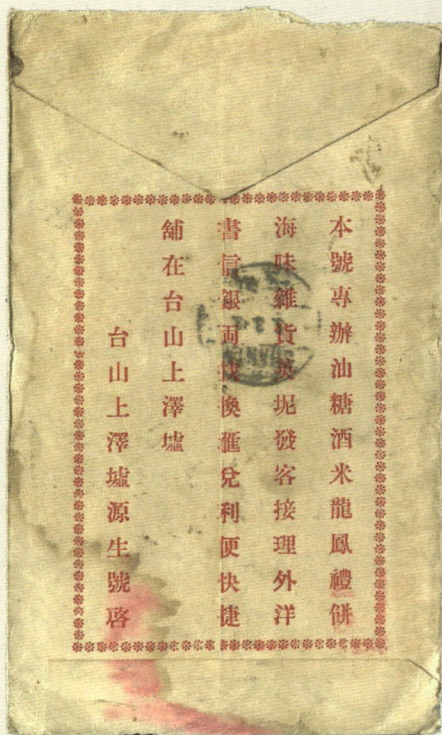
上泽墟源生号旧址

源生号楼顶上字号依然清晰可见

1933年3月源生号寄香港的银信封，印有该号代理银信业务的广告

本號專辦油糖酒米龍鳳禮餅
海味雜貨疋頭發客接理外洋
書信銀兩找換匯兌利便快捷
舖在台山上澤墟
台山上澤墟源生號啟

昌利银号

上泽墟昌利银号旧址

昌利银号，原址在台山上泽墟，楼高三层，红毛泥石屎结构，是一间经营龙凤礼饼、苏杭洋货、油糖海味等的杂货店。其开设银业部，广告词如下：

本号金银找换，市场正当，价钱公道，银毫色量，拣选纯高。
本号汇兑通驳各埠，厚资稳固银号，务求快捷利便来往银两。

本号接理外洋书信银两，纸水优给，对内负责快捷递送妥交，对外迅速答复以慰远念，并即赠上等书信封，以便寄信来往。

本号特聘上等技师实验工作，巧造真料美味龙凤礼饼，选办鲜明海味京果，油糖杂货、中西罐头、伙食杂粮，对于饲养孩童所用各咾炼乳奶粉，尤为注重滋养卫生。

本号苏杭洋货匹头，搜罗各省上等绫罗纱缎，以应需求。

本号铜铁颜料，特聘上等技师，接造天井枕楼门，货物精美，价格务求克己，以副惠顾亲友厚意。

嫁娶喜庆建造日用者，幸祈垂青至盼。

昌利银号代理银信业务的广告

新亚号

　　新亚号，由三合人"隆记"创办，原址位于台山市三合墟人民中路30号，楼高两层，为砖木结构商铺，是一家经营杂货的小商店，兼营接理书信银两业务。接驳三合、台城泡步、水南等乡村银信。数十年过去了，这个小店的招牌仍然清晰可见，可是人去楼空，只有当年的银信诉说着往事。

三合墟新亚号旧址，字号依然很完整

三合墟新亚号旧址

1944 年 4 月 14 日古巴湾城均安祥办庄寄台山三合圩（墟）新亚号转官步村银信封

民国卅三年三月廿二日（1944 年 4 月 14 日）古巴湾城均安祥办庄寄台山三合墟新亚号转官步村银信

赞年堂

　　赞年堂，原址在台山市三合镇那金市，由台山陈氏族人创办于清朝末年，是一家兼营银信业务的商号。

那金市赞年堂旧址

1931 年美国寄赞年堂代理的银信

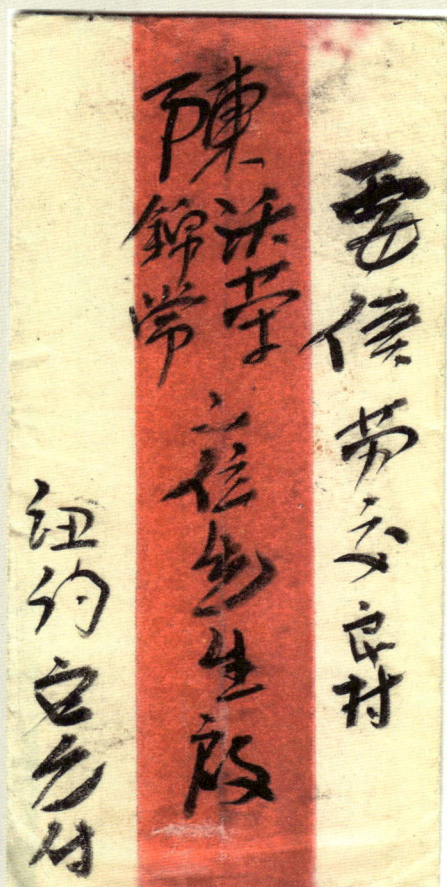

达德学校

端芬达德学校（现庙边学校）旧址

达德学校，现名庙边学校，位于今台山市端芬镇庙边村委会，新校舍是由当地旅美华侨翁玉书等人于1926年建成，其主体建筑经历数十年沧桑仍然保存完好。

学校接理银信、代办邮政，在其他地区闻所未闻，这可是"中国第一侨乡"——台山的特色产物。晚清民国时期，台山贼匪横行，到处抢劫。台山的学校都是华侨捐资兴建的，在学校读书的多是华侨子弟，于是学校成为盗贼抢劫的主要目标。为了子女的安全，旅外华侨又捐资在学校周围兴建碉楼，成立团防队，加强对学校的巡逻，保证华侨子弟读书的安全。因此，学校又成为最安全的地方，西式校舍配碉楼成了侨乡台山的一大景观。抗日战争时期，达德学校是台山较安全的地方。据记载，1944年6月24日台城第三次沦陷，当时的广州大学校本部曾迁往端芬庙边，借达德学校校舍上课。

民国时期，达德学校设有专用邮箱，为侨眷寄递银信提供方便。直到新中国成立初期，达德学校依然是庙边乡邮政辅助机构。

达德学校是台山近代华侨建筑中文化教育建筑及附属物建筑类别的代表作。它外观典雅雄伟，布局对称合理，整体保存较为完好，是研究近代华侨建筑艺术、华侨实现"教育救国"爱国爱乡史的重要实物资料，具有较高的历史艺术价值。

1948 年 7 月香港寄达德学校转交的银信

1950 年 7 月 22 日香港寄达德学校转交的银信

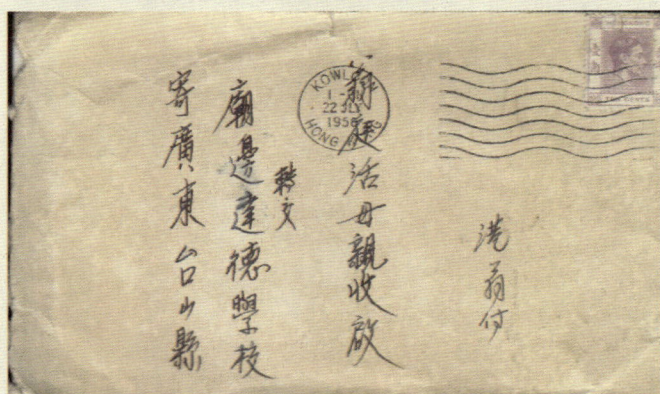

1953 年 9 月 19 日香港寄庙边小学转交德安里翁廷活的银信

白沙振盛银业有限公司

白沙振盛银业有限公司旧址

马立群

　　白沙振盛银业有限公司，原址在台山市旧白沙墟，楼高三层，外墙洗石米，由台山人马立群创办于民国初期。公司总部在泰国，分别在新加坡、马来亚、越南及中国的香港、广州、台山白沙、新昌等地设点连锁接驳银信。

　　马立群，又名马国英，1897 年出生于台山白沙镇山格乡上朗村。他自小天资聪颖，听从父母教导，敬老慈幼，与同辈和睦相处。7 岁时在家乡私塾读书，年纪稍大便转学广州，继而又到香港求学。19 岁往暹罗（泰国）跟随父亲学习商务，悉心研究火砻机械工程。1921 年其父逝世，马立群便遵循父亲教导，继承父业，在暹罗京都（曼谷）开创振盛栈、英得利火砻，后来，又先后开设振盛银业保险公司、五福船务有限公司、颐中贸易有限公司、泰国米业有限公司、暹罗驳载航运公司、泰米公司、经济保险公司、振盛火磐有限公司和马汶坤公司这9家公司于泰京（曼谷）；稍后又在新加坡创办隆盛行，在马来亚设振盛米行，遍及联邦6个地区和越南等地；还在香港设立振盛行、四海航运公司，在台山设立白沙振盛银业有限公司、昌盛米行、安盛米行，在广州设立英盛米行、国盛银铺、新昌振盛银业有限公司等。

1925年，年方28岁的马立群为了团结暹罗火砻界同业，发起组织火砻公会。由于受同行敬仰，他被推选为首届主席。1930年，他才33岁，又荣膺暹京（曼谷）中华总商会第12届主席。在任期间，建树良多，为侨胞所称颂。为了让华侨保留和发展中华文化，马立群首倡华校施行国语教学，举办国语演讲比赛、华校联合运动会、国货商品展览会等。同时，捐资兴办中华中学和建立光华堂等。

马立群自少聪明，才智出众，乐于积善布德，对公益事业竭心尽力。虽然身在异国，但心系故乡。1928年春，为了实现先父临终遗愿，捐资白银15万元，委托乡间父老马介政等人修筑了一条长江墟至白沙墟6公里长的公路。

1931年，祖国湘、鄂等地区发生水灾，灾民颠沛流离，啼饥号寒。当时，马立群被选为暹罗华侨筹赈大会主任和黄河水灾筹赈会暹罗总代表。他东奔西走，到处呼吁，出钱出力，深为各界人士称道。1932年，马立群任广肇会馆第一届主席时，倡建敬恭堂。第二年又捐建大招堂于广肇坟场内，以安放在暹罗去世的华侨。第二次世界大战前后十余年时间，凡广肇同乡和各地侨胞遗骸运回祖国安葬的所需费用，均由他个人负担。广肇学校迁址和扩建新型校舍时，他又捐款资助。对于暹罗及侨属各慈善机构，他亦屡献义款。泰米公司在他的主持下，业务蒸蒸日上，并附设搪瓷工厂，产品质量优良，远近驰名。该公司每年均拨出巨款赞助社会福利事业。如在泰国各府设立平民义学及医院等，均为马立群所倡议而实现。

1934年，马立群因积极鼓励暹罗农民发展生产，促进米粮向外输出而稳定暹罗之经济，有助于暹罗，故荣获暹罗皇御赐三等白马勋章。同年，家乡山格拟建中山桥，因经费不足，三乡父老便联名给他写信。马立群接信后，立即慷慨捐助毫银35 000元，使工程得以顺利完成。

1937年抗日战争全面爆发，为了拯救祖国的危亡，他利用各种社团会议广泛宣传，不遗余力推销救国公债，爱国之心溢于言表。黄河水灾时，他又被推选为黄河水灾筹赈会暹罗总代表。

1962年秋，泰国风灾，损失惨重，不少人无家可归。马立群当时已65岁，年过花甲，而且抱病在身，但听到灾民流离失所、栖宿于荒野，不少人啼饥号寒的消息时，感同身受，甚为不安。于是以抱病之身四处奔走呼吁，联络米商同行，筹得义款19万余铢以救济灾民，使千万受灾者获得救助。此种忘我精神，为人所钦敬。因此他获得暹罗皇御赐二等皇冠勋章。此外，他还先后获得暹罗皇后御赐特级红十字奖章数枚。

马立群一生对促进中泰友谊和泰国米粮事业的发展，做了不少工作。他曾代表泰国政府出席世界米粮会议及亚洲米粮会议；他还随泰国政府贸易亲善访问团出访，足迹遍历世界产粮国家；一度赴欧、美、日等地，考察工商业，联络各地华侨，为沟通中西经济交流，作出积极的贡献。

马立群生平担任国内外社团各项要职及主持公私业务，达40多年。

正当他誉满泰国、名播三台、功业彪炳人间之时，不幸积劳成疾，于1964年1月13日病故，享年67岁。为了悼念他，泰皇渥蒙御赐金廊及火葬礼，委派枢密院大臣披耶曼主持洒水点火仪式。泰国国务院长、各部长和军政长官亲临吊唁，著文赞扬，各界同仁哀悼。国内外有关社团分别举行追悼会，以示纪念。

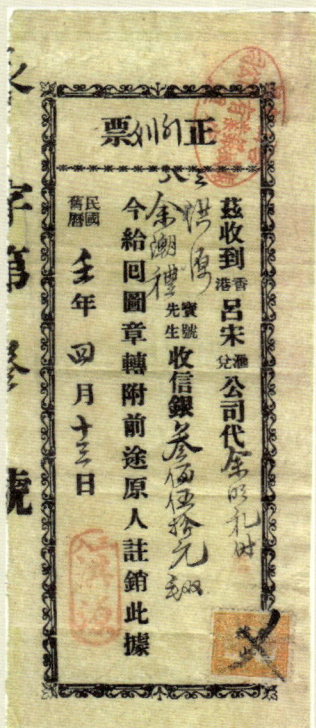

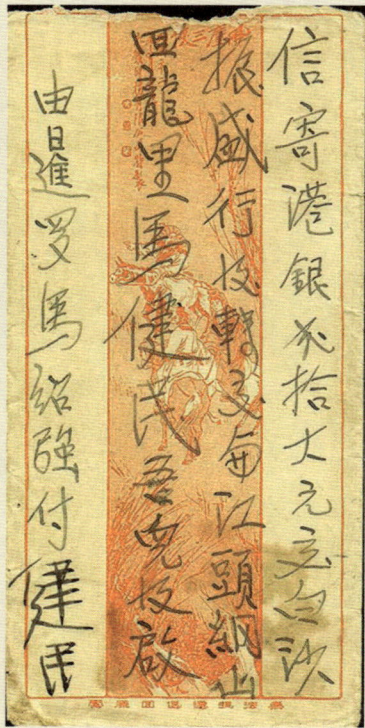

国民壬（申）年，由菲律宾经香港转汇台山三八墟洪源号银信汇正（汇票）

民国期间泰国曼谷寄台山白沙银信

白沙墟务滋堂旧址

务滋堂，原址在台山旧白沙墟，是一间药行，专营参茸药材等各种中西医药，兼接理外洋书信、代办邮政业务。

1939年3月30日，适值白沙墟期，日军出动飞机5架，疯狂轰炸，死伤之众，灾情之惨，在当地空前。敌机共投弹24枚，计被炸死者131人，重伤25人，轻伤48人，炸塌铺屋23间。旧白沙墟有惠珍影相馆、真光、有利、均丰、神农药房、云吞馆、开丰、务滋堂、宝华、中和店等，新白沙墟有裕昌、黄宝庭医馆、和珍号等。

务滋堂在这次轰炸中被废，损失惨重。抗战胜利后其被迅速修复，恢复接驳银信业务。

务滋堂寄美国回批封

均荣银号

镇口墟均荣银号（饷押）旧址

台山镇口镇均荣银号代理信银

山墟其银即交原人收讫

均荣银号银信业务章

均荣银号，原址位于镇口墟，由唐美村旅南洋华侨李崇禄创办。李崇禄，清朝末年旅居马来亚，在怡保埠开办橡胶园，成为殷商。1927年，他携巨资回乡，在镇口墟自建洋楼，开设均荣银号（饷押），于当年七月初一开张，专营汇驳、附储、找换，接理外洋书信银两业务，兼营华洋百货，并附设活民大药房。其广告词称：

凡我兄弟亲朋，如有信银托交，请照招牌地址直寄担保寄来，定必照信妥交，快捷无误。如有委交府上者，即派伴送交，使收银人写回收条签据付回尊览，俾知妥交，以免企望。至赤纸依时价伸算，不折不扣，每百元收回带工佣银二元，未满百元者均依折算。如有大宗款，特别减少带工，以答厚意。

1927年，均荣银号总司理为李崇禄，司理为李华衮，会计为李鸿藻。新中国成立后该银号关闭，成为镇口墟邮政代办所驻地。

銀信邮史研究

笔者收集银信多年，所集银信数以千计，经过多年研究，逐渐发现其中的奥秘：五邑地区特色的侨乡文化，促成了五邑银信独特的风格。下面来谈谈五邑银信的特性：

一、经营模式家族性

1848 年，美国旧金山发现金矿，大批五邑乡民怀揣着发财梦，漂洋过海来到美国旧金山淘金，这里面台山人最多。经过多年奋斗，一些华侨用积攒的血汗钱，在当地办起了金山庄。一些实力较强的金山庄经营金银首饰、国货等业务，为方便乡民寄钱回乡，又开办了接驳侨汇业务。随着业务的发展，他们先后在美国和中国香港、广州、五邑等地区开办分店连锁经营。这些金山庄一般采用家族式经营，专为同族的乡俚寄递银信。因为大家都是同族乡民，彼此之间比较熟悉，服务好，信誉度高，族人也乐意委托他们寄银，于是，形成了五邑银信封一个显著的特点：收银人地址写得很简单。

图 1

图 1 是宝祥银号的广告，该银号位于台山新昌埠，由李氏家族开办，他们在美国芝加哥和中国香港、台山均设有分店，接驳侨汇。

台城城北谭裔璞家族经营的慎信药行，全盛时期在台山有 15 个门店经营银信业务，在中国香港、美国也有分号连锁经营。此外，还有园山谭氏家族经营的宝华行金银号，东坑李氏家族经营的源益号，李氏家族经营的仁安药房，水南陈氏家族经营的陆海通有限公司，四九伍氏家族经营的广合源号，端芬陈氏家族经营的英发成号、源生号，城南梁氏家族经营的德丰号，三八余氏家族经营的香港昌盛金铺，白沙马氏家族经营的五洲汇兑公司、公有源金山庄等，不胜枚举。这些银信机构实力雄厚，网点多，信誉好，管理完善，各据一方，深受族人的欢迎。

二、银信机构多样性

五邑银信机构繁多，以台山为例，清、民时期，先后在台山经营过银信业务的机构多达数百家，既有公办的银行、邮政局，也有私营银号和各类商号，这些银信机构大部分集中在台山西宁市，因而西宁市成为五邑侨乡的金融中心、"华尔街"，台西路更被称为"台山银行街"。

（一）银行、邮政等公办、私营银信机构是主力军

民国时期，先后在台山开办的公办、私营银行有20家，西宁市台西路有邮政储金汇业局台山分局、香港广东银行台山分行、广州五华实业信托银行台山分行、广州储蓄银行台山分行、中国信托有限公司台山分公司、中国银行台山分行6家，西濠路有台山南中银行、中法储蓄会，北盛街有中央储蓄会，中和街有交通银行；西门墟有岭海银行、中国农民银行2家，宁城有广东银行台山办事处、台山县银行、广州兴中商业储蓄银行台山分行3家，新昌埠有邮政储金汇业局新昌办事处、广东银行新昌办事处、中国信托有限公司新昌分公司3家，斗山墟有广东银行斗山收支处，田头墟有广东银行田头办事处。到民国中后期，银行已经成为解汇业务的主力军。

此外，台山邮局直接参与接驳银信。民国二十五年（1936）7月21日，台山邮政储汇分局成立，原址设在台西路220号。此后，又在台山各墟镇邮局设立分支机构，办理储汇业务。抗日战争爆发后，日军于1938年开始大举入侵广东，10月21日广州沦陷。受战乱影响，海外侨胞要妥善将养家活命的银钱寄回家乡并不容易，为此，南洋华侨银行与国民政府邮政部门联手，开创了华侨邮政汇款业务。华侨银行在南洋各分行仿照侨批局形式设立"民信部"，专职收揽银信，再划转至中国各地邮局，由邮局派出邮差上门投送。当时，国内共设4个中转邮局，台山邮局是五邑地区唯一的中转局，五邑地区及其附近的县、市接驳华侨银行银信均经台山中转，台山邮局成为抗战时期接驳银信的主力机构。

（二）私营银信机构星罗棋布，五花八门

据《台山城金银业同业印鉴目录》记载及笔者搜集资料考证，民国三十七年（1948），台山县金饰商业同业公会注册的私营银信机构有137家，其中西宁市72家，未注册的兼营银信机构不计其数。这些银信机构中，金银号为主力军，如西宁市72家当中，金铺、银号有51家，占总数七成左右，台山最著名的银号天华银号、大正银号、义丰银号、华丰银号、裕亨银号、宝泉银号、慎信银号、宝华行金银号都在西宁市；其次就是种类繁多的宝号商号，有珠宝首饰、茶楼饭店、苏杭布匹、华洋杂

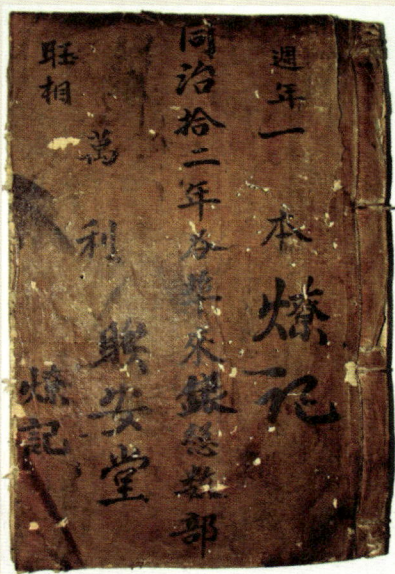

图2

货、海产山货、油糖酒米、医药等商铺及当铺，这些商号开办"接理外洋书信银两"业务。如台山水步"燎记"商号，是水步许氏家族经营的典当铺，创办于清朝乾隆年间，后来一些族人出国，在典当铺赊账得车船费，出国后赚钱逐步偿还债务。之后银信来往逐渐增多，到同治十二年（1873）成立了银信机构，接驳海外银信，该号《燎记同治十二年各埠来银总数部》为已知现存五邑地区最早的"银信档案"。此外，在各乡镇墟集、新宁铁路沿途站点，乡村未注册的代办银信机构更是五花八门，甚至连猪栏（如水步共和猪栏）、鸡场（开平沙溪合群鸡林）也成为银信的代办机构，确实令人惊叹。清、民时期，五邑地区经营银信的商号各行各业都有，银信机构多达数百家，类型多样，成为五邑侨乡的一大特色。

三、银信来源世界性

五邑乡民移民外洋历史悠久，华侨、港澳台同胞达370多万人，分布在全世界五大洲100多个国家和地区。五邑是全国著名侨乡，有"中国第一侨乡"之美誉。有邑人的地方就有侨汇，有侨汇就有银信。五邑银信来自世界各地，既有来自美洲最发达国家美国、加拿大的银信，也有来自中北美洲、南美洲的古巴、墨西哥、巴西、秘鲁等次发达国家的银信，还有来自大洋洲澳大利亚、新西兰的银信，来自欧非大陆的英国、法国、荷兰、南非等国家的银信时有出现，越南、泰国、缅甸、印度、马来西亚、新加坡、菲律宾、印度尼西亚等国的银信也屡有所见。由于五邑银信来自世界各地，银信寄递形式也多种多样。美洲地区路途遥远，西方国家邮政运输发达，银信寄递以邮局买担保信夹寄旻纸或现金者居多（内信并银），也有巡城马（水客）携带、银行信汇、票汇等，信银货币单位有美元、英镑、日元、法郎、比索及黄金白银两（钱）、七二银、龙银、大洋、国币、法币、金元、银元、港币等；东南亚地区路途稍近，潮汕水客较多，批局管理完善，五邑南洋华侨利用巡城马携带（内信外银）银信者居多，也有小部分采用银行汇兑和邮政汇款，货币单位有英银、港币、双毫银、国币以及东南亚各国的货币单位。不同地区的银信有不同的特色，体现了世界各地的金融状况和风土人情。银信因来源的全球性，完整地记录了一个时代的世界金融史、华侨史、邮政史、社会史，是世界性的历史文献，具有较高的历史价值，是一项不可多得的世界文化遗产。

四、文献价值珍罕性

（一）银多信少，存世量较少，文献价值高

清、民时期，五邑地区侨汇收入为全国之首，曾有"四邑侨汇为粤省冠"之说。1946年，通过中国银行汇入台山的侨汇为1 420多万美元，占中国银行广东省侨汇的49.7%，占全国侨汇的40%；1946年开平县的侨汇收入有400万美元，再加上新会、恩平、鹤山三县的侨汇，金额就更巨大了。五邑侨汇多，而主要来源美洲等地路途遥远，华侨汇款次数不多，每笔汇款数额巨大，银信总量明显比潮汕地区少。笔者收集银信多年，收集到邑侨银信每户少则三几封，多则十数封，一个华侨家庭的银信有50封以上已属少见的了。因此，五邑银信存世量不多，据现在掌握的资料，现存江门五邑华侨华人博物馆、江门市档案馆的五邑银信有4万多封，还有一部分为集邮界、收藏界人士收藏，银信总存世量比潮汕侨批少得多。银信存量少，资料齐全，文献价值就显得更高。笔者曾收集到台山一个"梁氏家族"的银信，该家族有200多封银信和其他的华侨史料，完整地记录了这个家族的移民史和清末民初台山的风土人情以及银信机构的诞生和发展，是研究华侨史、银信史、家族史很好的素材，具有很高的文献价值。

（二）精品多，种类齐，价格不菲

五邑银信涵盖清代、民国、新中国三个不同的时期。大量银信的流入，加速了五邑地区邮政事业的发展，各乡镇墟集邮政局、邮政代办网点星罗棋布，民国二十年（1931），五邑地区已有邮政局所232个，其中二等邮局19个、三等邮局13个、邮政代办所200个，是当时全国邮政局所最多的地区。来自世界各地的银信，记录了中国邮政诞生和发展的历史，不同时期的银信，盖上了不同的戳记，录下了不同的邮路，记下了一段段特色的邮政历史，造就了不少邮史精品、珍品。如2007年泓盛拍卖的一封光绪元年（1875）三月二十六日由美国金山大埠经香港上环恒泰安批信局寄回蚬岗坎田村的银信，是目前发现存世最早的银信，非常珍贵；又如清末民初"代理邮政兼办汇兑"等邮政代办所邮品、新宁铁路火车邮局邮品、抗日战争时期各种特殊邮路邮品、解放区的银信等，都是邮政历史的精品，成了各种拍卖会上各地藏家、集邮者追捧的拍品，拍卖成交价格屡创新纪录，有些成为历史博物馆收藏的对象。

五、侨乡文化独特性

五邑地区华侨众多，是中西文化的交汇点，形成了独具特色的侨乡文化。这种独特的侨乡文化，在五邑银信上全部记录下来，成为一部宝贵的侨乡文化遗产。如银信封上的地名文化、口供纸上的家族文化、银信上记载的乡土文化，都是五邑侨乡文化的重要组成部分。

比如银信上的中文地名，是五邑人发明的一种独特的唐人外语，可以说是四邑英语或者台山英语：

金山、金山大埠、金山正埠、旧金山——美国圣弗朗西斯科（San Francisco），又译"三藩市"。早期邑人去美国开采金矿，因此称圣弗朗西斯科为金山。

金山屋仑——美国奥克兰（Oakland）。

新金山——澳大利亚墨尔本。

市卡咕、市卡古、士加古——美国芝加哥（Chicago）。

咸水埠——加拿大温哥华（Vancouver），属于不列颠哥伦比亚省。据说，温哥华的老华侨多数来自该省内陆的甘露市（Kamloops），那里只有淡水，而温哥华在海边，有咸水，所以当时的华人移民到温哥华后，将温哥华称为"咸水埠"。

满地可——加拿大蒙特利尔（Montreal）。

很吆埠——加拿大坎莫尔（Canmore）。

亚湾、夏湾——古巴哈瓦那（Habana）。

小吕宋——菲律宾马尼拉。

大吕宋——墨西哥。

又如银信封口上的吉祥词语，蕴含丰厚的侨乡文化，也说明了中国是一个礼仪之邦。如"吉祥如意、接手生财、接手生香、顺风得利、竹报平安、鸿毛顺遂、水陆平安、好音再报"等，既是对亲人的问候和祝福，也体现了侨乡人民对美好生活的向往。

六、银信蕴含爱国性

五邑银信，以银为核心，用信传情达意。华侨寄钱回乡，主要是用于赡养家眷、改善家乡亲人的生活；此外，他们以微薄的收入，集腋成裘，为支持家乡捐钱捐物，或兴办各种公益事业；或投资实业，发展家乡经济；或急国家之难，资助救国伟业；或投身于辛亥革命、抗日救国，支持祖国建设。如抗战时期美国五邑华侨抽签参军的故事；五邑沦陷时期日军在侨乡留下种种暴行，侨乡儿女投身抗日救国、飞越"驼峰航线"的故事等，都在银信里一一记录下来。一封封来自世界各地的银信，凝聚着海外华侨桑梓之情，体现了近代五邑华侨开拓进取的精神风貌，这里面的动人故事，构成了一部五邑华侨史、爱国史。如果细心地去读每一封银信，就会被信中的内容吸引住，恍如走进了一个爱国主义教育基地。

五邑银信，蕴藏着海外游子的赤子之心，承载着一代代侨乡人民对美好生活的向往，刻录了一个个爱国爱乡的动人故事，是侨乡文化的灵魂，更是一项珍贵的侨乡文化遗产。我们要保护好这些文化遗产，让自立自强、开拓开发、爱国爱乡的侨乡人精神发扬光大。

正是：拳拳赤子心，浓浓思乡情，五邑银信史，侨乡文化魂。

参考文献

1. 梅伟强、张国雄：《五邑华侨华人史》，广州：广东高等教育出版社，2001年。

2. 刘进：《五邑银信》，广州：广东人民出版社，2009年。

3. 广东省集邮协会学术委员会等编著：《粤港优秀集邮论文集（2002—2005）》，香港：中国邮史出版社，2006年。

4. 许茂春：《东南亚华人与侨批》，曼谷：泰国泰华进出口商会，2008年。

5. 《广东台山华侨志》编纂委员会编：《广东台山华侨志》，香港：香港台山商会有限公司，2005年。

6. 台山县金饰商业同业公会编：《台山城金银业同业印鉴目录》，1947年。

7. 张永浩：《抗日战争时期之中国国际邮路》，香港：中国邮史出版社，2008年。

五邑银信寄递方式

　　五邑银信，从19世纪中叶产生到20世纪70年代消亡，从清代、民国到新中国，历时100多年。随着时代的变迁和社会的进步，其寄递方式也不断变化和发展。本文以清末、民国时期特征明显的银信为例，谈一谈五邑银信的寄递方式。

一、委托族人或亲友携带银信

　　清朝末年，五邑各地交通落后，通信不发达。1901年以前，五邑并未设立邮政，华侨寄银回乡，一般将现金装在书信里面，委托返乡的族人或亲友携带给家乡的亲人。由于带银信者一般是信得过的熟人，所以早期银信封上的地址写得很简单，这形成了五邑银信的一大特色。

　　早期银信，以夹寄现金为主，其货币单位为银元（七二银）、外币或者真金白银。由于五邑华侨分布美洲各地居多，水陆路路途遥远，交通不便，华侨寄银回乡的次数不多，加上年代久远，因此五邑早期银信存世量甚少，难得一见。

　　图1银信全文如下：

　　现付来应（鹰）银叁元，每七二（银）/鹰银，交与本族草萌文忠四叔带归，见字祈为照收家中用是好。但旧岁十月廿八日交本族李富带归鹰银贰（二）大元，又十贰（二）月初八日付来鹰银贰（二）十大元交与香港广华源收转交与家中收用，若得收注明付来，以免企望可也。又现付来番剃刀一张，并番袜四对，亦交与文忠叔带归，祈为照收是幸。

父逵祐字谕，小儿李朴华收入

光绪廿四年正（月）廿三日　申

　　这封银信是光绪二十四年（1898）正月二十三日由美国旧金山李逵祐委托本族人"文忠四叔"带回台山水步楼安村，信银鹰银（美元）3元。带银信的同时，也带回来一些洋货，如番剃刀、番袜等，成为当时侨乡生活的时尚用品。这银信里面讲到另一笔信银鹰银2元于光绪二十三年（1897）十月二十八日交本族"李富"带回乡，由此可见，委托族人带银信是早期寄银首选的寄递方式。

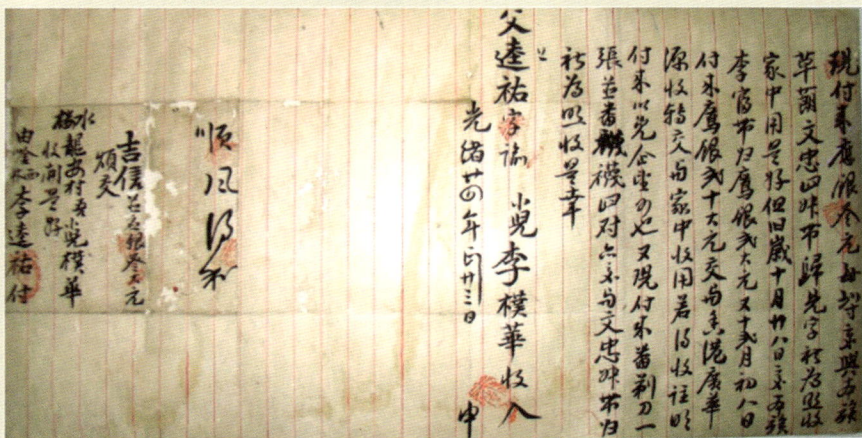

图1

二、巡城马（水客）传递银信

托人携带银信需要一些手续费，随着银信数量越来越多，一些邑人觉得有利可图，于是出现了专门为海外华侨传递银信谋生的职业，称为"水客"，五邑及广府地区称之为"巡城马"。巡城马类似于现代的邮递员，因为他们经常背着箩筐或布袋走街串巷，或到各乡村去派送银信、包裹等物，犹如一匹巡城的马。早期巡城马以走路和坐船为主，新宁铁路开通后改乘火车，民国时期穿梭于乡村的巡城马以进口自行车为主要的交通工具。

巡城马传递的银信，一般在银信封面盖上"××带"的印章，以示责任。

图2是光绪二十六年（1900）闰八月十四日美国金山钵仑（Brooklyn，又叫布碌仑，位于纽约华人社区）李逵祐托巡城马李泽带回台山水楼龙安里银信，信银鹰银40元，封上盖有"李泽带"巡城马朱砂印章。

图3是民国十三年（1924）二月二十四日香港"信源号"托巡城马带

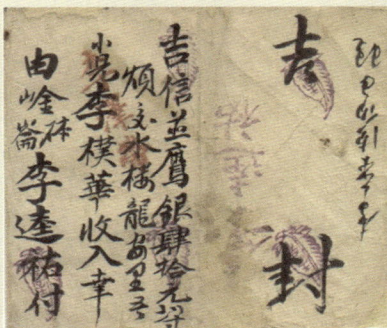

图2

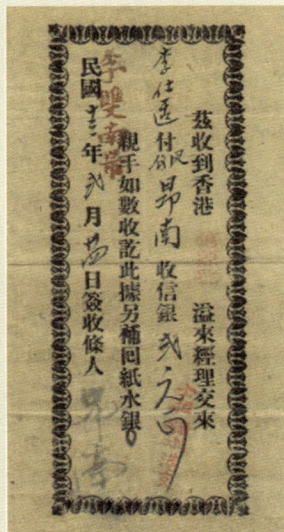

图3

回台山凤仪村昂南收的格式化银信，信银2元整，上盖"李双南带"巡城马朱砂印章，还盖有"士担汇佣带工港支"章，说明带银信的人工费、手续费在香港支付。

从本人收集到的银信看，五邑华侨一般是托本乡族的巡城马传递银信，家族式经营是五邑巡城马的显著特点。

三、私营银信机构传递银信

（一）银信机构连锁经营传递银信

五邑华侨出洋后，经过多年奋斗，积攒下一笔财富，于是在侨居国办起了金山庄。为了方便乡民寄银回乡，一些金山庄开办了接驳书信银两业务，成为国外最初的银信机构。随着银信业务的不断增加，一些实力较强的银信机构先后在海外及国内香港、五邑等地设立分支机构，连锁接理侨汇。这些银信机构中，以家族式经营者居多。这些银信机构为邑侨寄递银信，以收取手续费营利。

图4是民国时期五洲汇兑有限公司在侨刊上的广告。广告词如下：

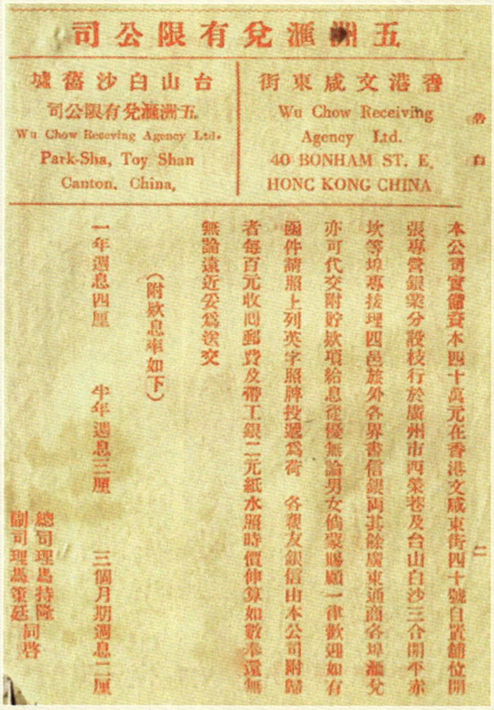

图4

本公司实备资本四十万元，在香港文咸东街四十号自置铺位，开张专营银业，分设枝行于广州市西荣巷及台山白沙、三合，开平赤坎等埠，专接理四邑旅外各界书信银两，其余广东通商各埠汇兑亦可代交附贮款项，给息从优，无论男女，倘蒙赐顾，一律欢迎，如有函件请照上列英字照牌投递为荷。各亲友银信由本公司附归者，每百元收回邮费及带工银二元，纸水照时价伸算如数奉还。无论远近，妥为送交。

（附款息率如下）

一年周息四厘　半年周息三厘　三个月期周息二厘

总司理马持隆、副司理马策廷同启

五洲汇兑有限公司由白沙马氏家族开办，总部设在香港，总司理为马持隆，并在广州、台山、开平等地设立分支机构，

图5　　　　　　　图6

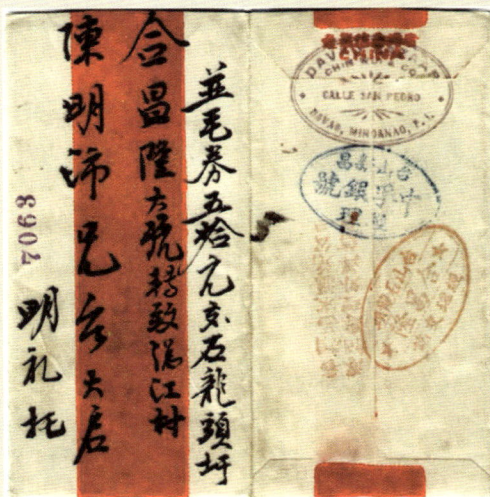

图7

为邑人传送银信。

图5—6是民国二十二年（1933）十一月加拿大咸水埠（温哥华）寄台山白沙北兴里马领俊家慈收银信，由香港五洲汇兑有限公司传递到白沙分公司，信银港币50元，折双毛银71.5元，扣除带工0.5元，实得双毛银71元。

（二）私营银信机构联合传递银信

一些实力稍弱或者银信分支未完善的银信机构，会与其他银信机构联合经营，接驳传递银信。

图7—8所示银信是民国二十六年（1937）十二月初四由菲律宾小吕宋（马尼拉）CHIN WUI & CO（陈会号）寄出→香港广源西街吕宋汇兑公司→台山新昌中孚银号→台山石龙头合昌隆→交总江村收银人，信银毛券50元。

这封银信经过四家银信机构传递，才交到台山收银人手上，各银信机构印章齐全，路径清晰，为联合接驳银信中的典型代表。

四、邮政寄递与银信机构接驳银信

1901年12月15日，江门北街邮局成立，成为五邑地区第一家国家邮政机

图8

构。1902年2月8日，江门埠邮局成立。此后五邑各县相继成立邮政局，江门埠成为五邑地区主要的通商口岸。邮政业务迅速发展，为华侨寄递银信提供了方便。于是，海外华侨将外币或赤纸夹在信中以担保信（挂号保价信）的形式寄回邑内银信机构，再转交给收银人。

赤纸又叫昃纸、通天赤，是英文check的译音，即外汇支票。收赤人在赤纸上背书后，可以转让给他人。民国后期，由于通胀日益严重，货币贬值太快，为了保值，五邑侨乡人民干脆将赤纸作为流通货币使用，因此称之为通天赤。赤纸由正赤和副赤组成，正赤一般寄给收银人，收银人收到赤纸后凭正赤收汇；副赤由寄银人保存，若正赤在寄递过程中遗失，可以再次寄副赤给收银人收汇，或者由寄银人到寄赤银行收回汇款。

图9是1941年2月8日美国纽约中国银行寄台山黄兆棠收的赤纸，正副赤齐全，汇款国币2 000元。正常情况下，正赤由汇款银行收回，而这一份赤纸能够正副赤齐全，说明黄兆棠还没有收到这笔侨汇，何故？抗战时期，侨乡沦陷，汇路中断是常事，五邑银信丢失、无处查找的情况经常发生，所以五邑侨汇损失惨重。

华侨寄递银信过程如下：先到侨居国的银行购买赤纸，将赤纸和家书一起装在红条封内，然后到当地邮政局用担保信寄到邑内银信机构，银信机构即写通知书通知收银人前来收信取赤，收银人凭赤到银行收取外汇。由此可见，五邑银信是由钱银、家书、红条封、邮政封组成，钱银赤纸在收取外汇时被银行收回。因此，现存完整的五邑银信只有家书、红条封、邮政封三部分，三合一银信成为五邑银信的鲜明特点。

图10—12是古巴"李陇西"李氏公所寄台山大江横塘均和号转交银信，贴古巴13分邮票，1937年2月20日由古巴亚湾（哈瓦那）挂号水陆路寄出，经过长途跋涉，于3月20日经广州，3月21日到大江邮局，由均和号送给脑头村收银人，内夹赤纸一张、

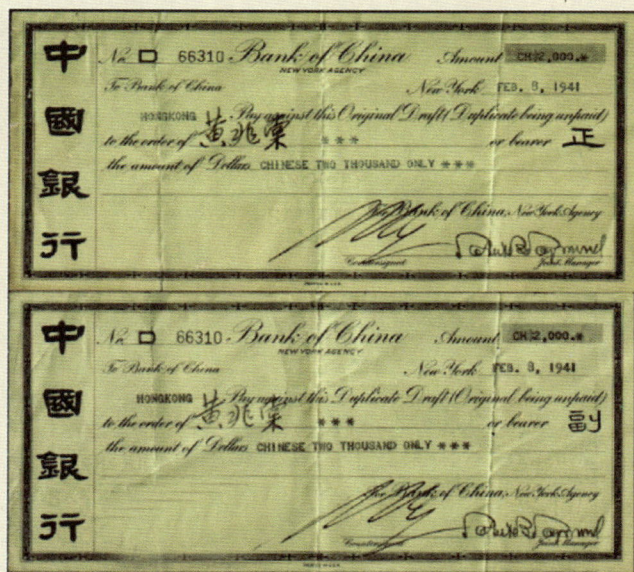

图9

Li Long Sai
Calle Dragones Número 29
Habana, Cuba.

寄廣東台山大江橫塘
均和號浣記 收入
原信轉交与
李優貴吾女兒收
李心初付

REPUBLICA DE CUBA

KUAN WO
Wanton Hin
Taikong P.O.
Cantón-China.
libai photo

图10

茲寄一張港銀伍拾先元正交
李優貴吾女收磐
吉邑潭年李心初付

图11

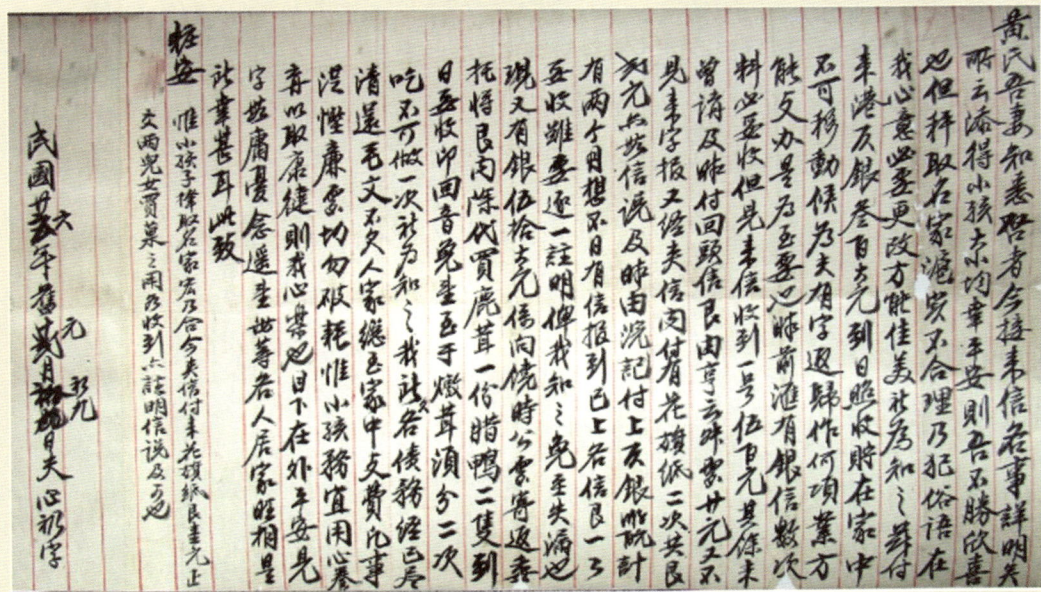

图12

港银 50 元，并夹寄现金 1 美元。这封银信的赤纸、现金、红条封、邮政封、家书一应俱全，极其少见，充分展现了五邑银信的完整性、多样性和珍罕性。

五邑银信机构接到海外寄来的担保信后，即发一封收款通知给收信人。收信人凭通知到代理机构收取银信。

图 13—14 是民国十九年(1930)三月初二西宁市源益号寄给台城温边村李礽润的收银信通知，通知内容如下：

礽润先生鉴，昨接外洋付来担保信一封，见字凭此前来收阅为要。
此致
台安

十九年三月初贰（二）
（西）宁市源益号书柬（印章）

为了增强银信机构自身的竞争力，吸引更多华侨代寄银信，邑内许多银信机构采用送银上门的方式，提供优质的服务。到民国中后期，送银上门成为银信机构的主要交银方式。

图 15 是抗战时期西宁市慎信药行银业代理银信业务的宣传单，上面的广告词如下：

本号自备厚资，建筑洋楼，经营银业西药两行生意，专做找换汇兑，接理外洋书信银两，信用昭著，久为亲友所称道。兹为外洋付银亲友，欲快得家中回信起见，每接到信银，即委伴送到府上，向收信人亲签字据，赶从邮局寄回付银人，以免久望。倘各亲友有挂号邮件托转交贵府，小号亦乐代速交，惟仅收回廉费，以资弥补。如蒙惠顾，特别欢迎。

谭裔璞偕男光炳、光焺上

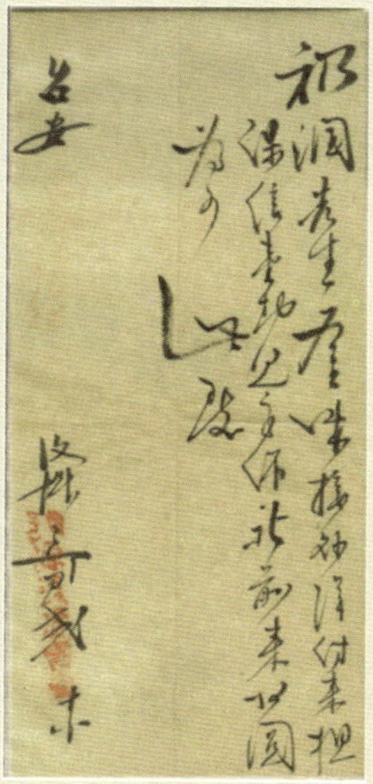

图 13

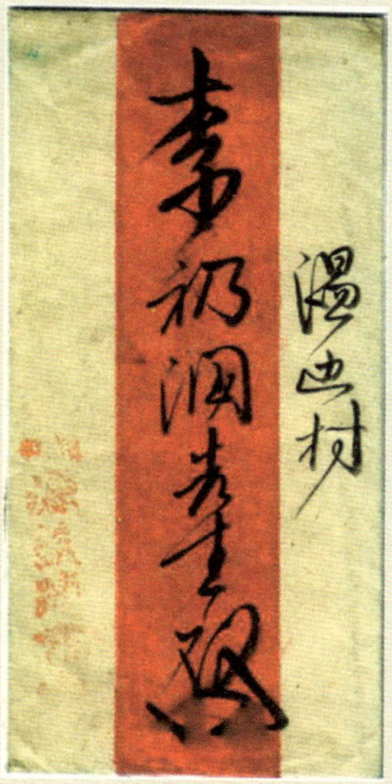

图 14

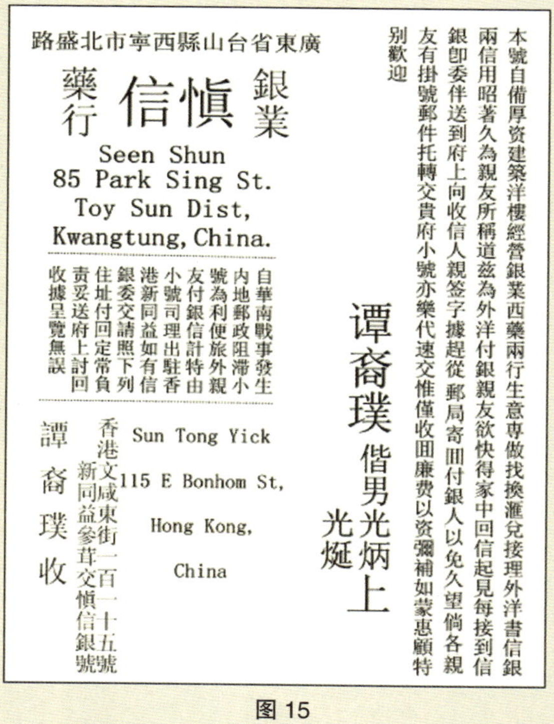
廣東省台山縣西寧市北盛路
銀業 慎信 藥行
Seen Shun
85 Park Sing St.
Toy Sun Dist,
Kwangtung, China.

本號自備厚資建築洋樓經營銀業西藥兩行生意專做找換滙兑接理外洋書信銀兩信用昭著久為親友所稱道茲為外洋付銀親友欲快得家中回信起見每接到信銀卽委伴送到府上向收信人親签字據趕從郵局寄回付銀人以免久望倘各親友有掛號郵件托轉交貴府小號亦樂代速交惟僅收回廉费以资彌補如蒙惠顧特別歡迎

譚裔璞偕男光炳 光焺上

自華南戰事發生內地郵政阻滯小號為利便旅外親友付銀信計特由小號司理出駐香港新同益如有信銀委交請照下列住址付回定常負責妥送府上討回收據呈覽無誤

香港文咸東街一百一十五號新同益參茸交慎信銀號
譚裔璞收

Sun Tong Yick
115 E Bonhom St,
Hong Kong,
China

图 15

五、信汇与邮政、银信机构接驳

信汇，是信外汇款的简称，是指书写在银信封上角、须由国内侨批员登门派送的汇款（币别和金额），也称信外款，是最原始的侨汇方式。信汇法的特点就是凭信派汇，银信封右上角一般写有"信外并银××元"等字样。清末民初五邑地区的美洲银信较为多见，随着美洲地区金融和邮政的发展，赤纸的出现逐步取代了原始的信汇法，到民国中期，美洲地区已经较少使用信汇法寄递银信。到民国后期，由于美洲地区银信邮路漫长，加上国内恶性通货膨胀日益严重，法币贬值迅猛，外币汇率变化很大，用信汇法汇银往往在寄递过程中严重贬值，侨汇损失惨重，侨眷所得很少，生活十分困苦。为了接济国内亲属的生活，华侨普遍采用赤纸直接套寄外汇，或者使用小额和频繁汇款的办法，以减少因货币贬值造成的侨汇损失。而南洋地区一直使用信汇法汇银，并与水客、侨批局、邮政等机构一起联合接驳侨汇。

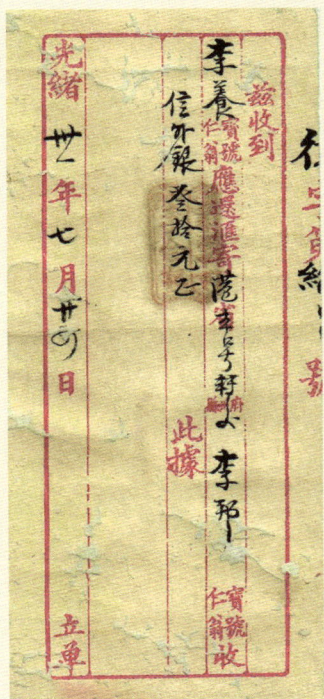

图 16

信汇法汇银一般是钱银由银行或汇兑公司驳汇，汇信通过水客或邮政寄递。银信机构收到汇信后，即通知收银人前来收汇。

信汇法又分两种形式：

一是单笔信汇法，即一封信一笔侨汇，这种信汇形式在五邑银信中多见。

图 16 是光绪三十一年（1905）七月二十四日香港中市李合记号收到李养托纶昌号信汇银的格式化收据，信外汇银30 元整，由该金山庄转交给李邦。

图 17 是 1936 年加拿大满地可（蒙特利尔）寄开平赤坎安吉里的银信，信外汇银 30 元，经香港茂和兴记胡绩和、佐和号金山庄接驳，再托水客带到赤坎送给收银人。

图 18 是菲港昌兴公司信汇接驳银信。

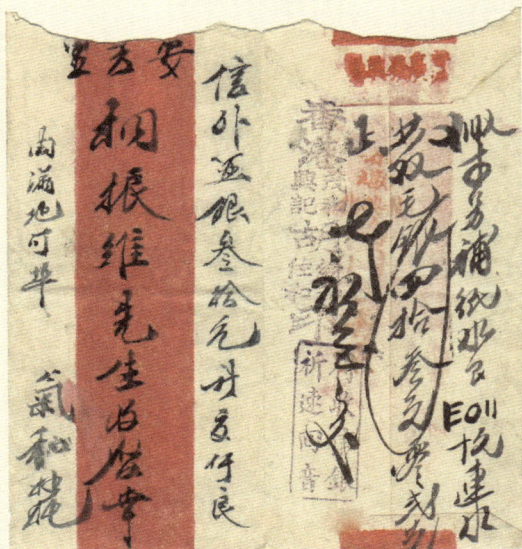

图 17

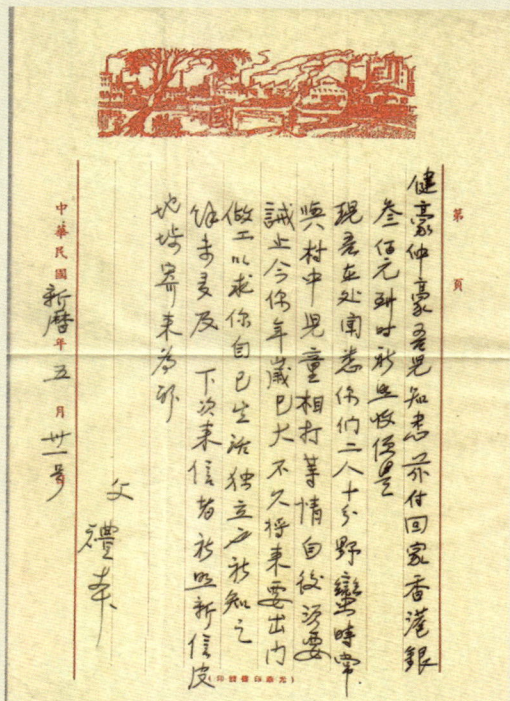

(1)

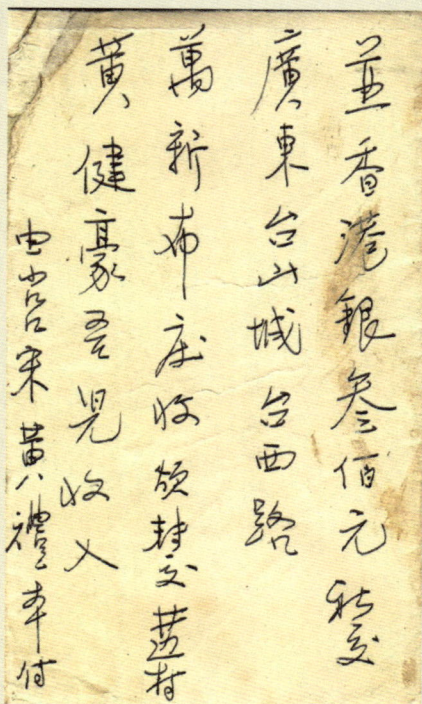

(2)

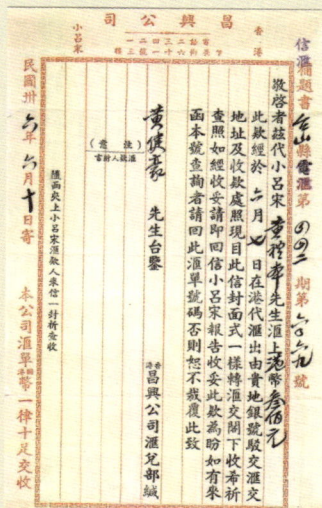

(3)

(4)

图 18

寄递全过程如下：

　　汇银人黄礼本于1947年5月31日到南洋小吕宋昌兴公司汇银，昌兴公司收取汇款及手续费后，将信银汇到香港昌兴公司，书信则由汇兑公司委托水客带到香港昌兴公司。6月9日，香港昌兴公司收到书信后，出具格式化信汇单一张，填好汇款金额和信汇编号后，通过香港邮政将信汇单和书信一起寄到台山台城万新布庄，然后由该布庄通知收银人前来收银信。这封银信外封（邮政封）、内封、书信、信汇汇票俱全，是难得一见的四合一五邑银信。

　　20世纪30年代，香港昌兴公司与加拿大诗丕亚铁路公司华人货客事务总经理李毓棠（台山人）联合开办"昌兴轮船公司"。这是一家兼办银信业务的客货轮公司。该公司轮船航行于温哥华、香港和小吕宋（马尼拉）之间，航线经过上海、日本、檀香山、维多利亚市等地，兼驳美国舍路（西雅图）、钵仑（波特兰）、纽约、芝加哥，古巴哈瓦那，西印度群岛，墨西哥及南美洲等通商大埠客货，也接驳轮船经过的美洲地区侨汇业务。

　　南洋地区水客多，银信机构分布广，管理完善，接驳银信业务深受华侨的信任。到民国中后期，南洋地区寄递银信以信汇方式驳汇为主。

　　二是总包式信汇法，即一封银信封包寄多笔侨汇的办法。总包式银信在潮汕地区较为常见，但在五邑地区极其罕见。

　　图19是1947年6月26日香港宝华行银号寄台山宝华行银号信汇银信封包，该封银信内容如下：

启者，昨廿四日由邮寄通知委交：
　　白水鹿坑村谭月瑶母亲收谭文颖港艮（银）壹仟元
　　白水鹿坑村谭达开收谭文颖港艮（银）陆佰元
　　潮阳村谭德章收裔浣港艮（银）五佰元
　　邝敬栋转交边村邝文钿收邝修屏港艮（银）五佰元
　　雷声村谭宗彩收邝德信港艮（银）陆佰元
　　仓下新盛村邝惠新母亲凭宗酬信收邝光赤港艮（银）肆佰元
　　琴古村谭裔派收裔潮港艮（银）壹仟元
　　北盛街大信谭洁裔收文科港艮（银）捌佰元
　　谭耀庭到收祈（旗）纸伍佰元
　　今接十八日、廿日付来正副条经已收妥，祈勿念……

　　　　　　　　　　　　　　　　　　　　　　　　　　　宗正字
　　　　　　　　　　　　　　　　　　　　　　　　　　　六月

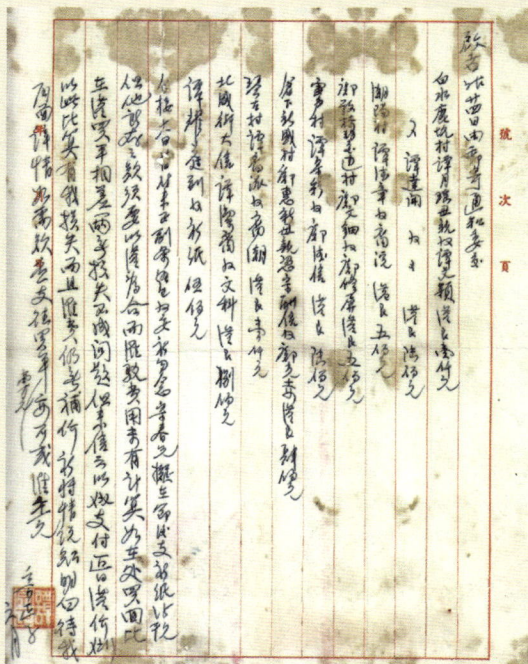

(1)

(2)

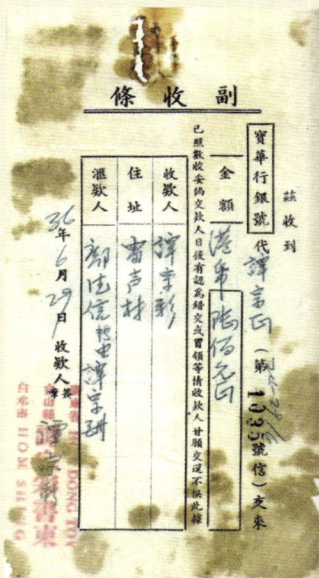

(3)

(4)

图 19

宝华行金银号由台山谭氏宗族开办，分别在纽约（经理谭宗酬）、加拿大、香港（经理谭宗正）、广州和台山（经理黄攀龙）建立分支机构。1947 年 6 月 26 日，香港宝华行谭宗正收到外洋寄来的银信后，逐笔编号，同时记录在批信上，连同各笔汇款正副收条装在信封内，于 6 月 27 日经香港邮政局寄到台城宝华行。台城宝华行收到银信后，依照批信上的详细名单给收银人发出"宝华行金银号汇款通知书"，收银人凭通知书签章收取侨汇。这个银信封包共有 9 笔侨汇，其中图 19（3）（4）是汇交"雷声村谭宗彩收邝德信港币陆佰元"的副收条和汇款通知书，即批信中的第五笔汇款，银信编号为 1035 号。

民国后期，美洲华侨通过国民政府官办银行信汇寄银已经很少了。但宝华行金银号采用信汇法寄银，可以直接在国内收外币，避免因汇率波动受到损失，深受台山华侨的欢迎。

这一套银信封包的出现，为我们研究五邑银信寄递方式拓展了新的领域，是一份不可多得的素材。

六、电汇与银信机构接驳

电汇即电报汇款。1941 年 12 月太平洋战争爆发后，香港沦陷，五邑银信进出口的邮路中断。为接通汇路，中国银行充分利用其海外的分支机构，在中美间航空邮路中断时开办电报汇款业务，为邑人接驳华侨汇款。一般先由美国纽约中国银行电汇至重庆中国银行，然后由重庆中国银行电汇至五邑中国银行，再由银行转送邑内私营银信机构，送交收银人。在银行电汇侨汇后，华侨书信仍然通过邮政机构在中美间邮路接通的时候寄回邑内。

据曾在台山中国银行工作的"老金融"谭启明先生说，自香港沦陷后，为了接通台山侨汇，香港中国银行任命梁嘉潮为台山办事处主任，从香港带领一部分员工到达台山，于 1942 年 9 月 17 日在台城台西路 6 号的中国银行原址复业。台山中国银行在原行址的四楼天台自设无线电台，由香港一同回来的两名无线电收发报务员跟中国银行重庆总行的报务员沟通，每日约定时间，准时互相收发华侨汇款。电报内容包括汇款人姓名、侨居国、收款人姓名及详细地址、汇款金额等。中国银行系统本身制定了一套发报标准，电波的长短信号代表着各个英文字母，由收报员快速记录下来。这时的英文字母记录，仅仅是代表一种来电密码，要由译电人员凭中国银行特别制定的译电手册，翻译成汉字词后，一笔电报汇款才算完成。

图 20—21 是 1942 年 11 月纽约中国银行电汇登记卡和汇票。登记卡背面印有《1942 年纽约中国银行电报汇款办法》：

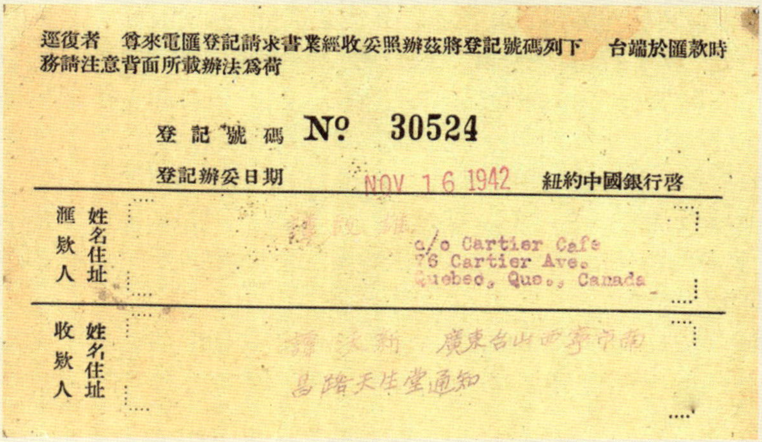

逕復者　尊來電匯登記請求書業經收妥照辦茲將登記號碼列下　台端於匯款時務請注意背面所載辦法爲荷

登記號碼　№　30524

登記辦妥日期　NOV 16 1942　紐約中國銀行啓

匯款人姓名住址　c/o Cartier Cafe
76 Cartier Ave.
Quebec, Que., Canada

收款人姓名住址　譚沃新　廣東台山西寧市南昌路天生堂通知

图 20

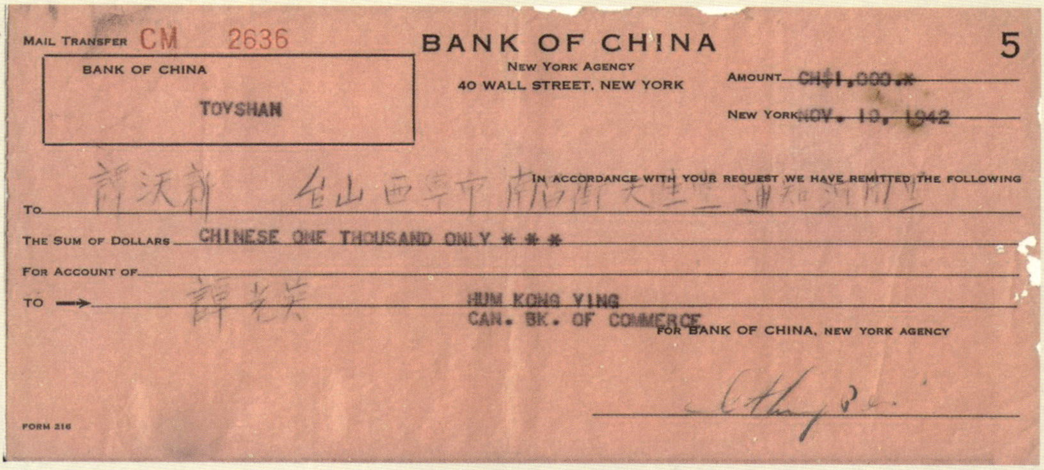

MAIL TRANSFER CM 2636

BANK OF CHINA
NEW YORK AGENCY
40 WALL STREET, NEW YORK

5

BANK OF CHINA
TOYSHAN

AMOUNT CH$1,000.*

NEW YORK NOV. 10, 1942

IN ACCORDANCE WITH YOUR REQUEST WE HAVE REMITTED THE FOLLOWING

TO

THE SUM OF DOLLARS CHINESE ONE THOUSAND ONLY ***

FOR ACCOUNT OF

TO → HUM KONG YING
CAN. BK. OF COMMERCE

FOR BANK OF CHINA, NEW YORK AGENCY

FORM 216

图 21

1．每次汇款，请将登记号码及详细姓名住址告知本行，汇款人姓名与注册时相同。

2．为便利起见，汇款数目最好以国币五十元为单位，如五十元、一百元、一百五十元等。

3．国币汇价，现为美金五元五角折合国币百元，遇有变更时，当由本行书面通知或在报端公布。

4．此项电报汇款，本行暂定每次收电费美金二元。

5．请将欲汇之款数，按汇价折合美金，并加电报费二元，如数购在纽约付款之银行汇票或邮政汇单寄下，票面须写明由本行收款，请勿寄私人支票。

6．本行按美国财政部第七十五条法令及我国外汇统制委员会之规定，凡汇款一经汇出后，非先得该委员会核准，不得退还原款或改换别种汇款。

7．各埠有本行代理行者，请就近与该行接洽，该各代理行如酌收其他手续费，应请汇款人照付。

这笔电汇出票时间是 1942 年 11 月 10 日，但电汇登记办妥时间是 1942 年 11 月 16 日，说明电报汇款要先预约登记，后汇款。

七、邮汇寄递

1930 年 3 月 15 日，中华邮政储金汇业总局在上海成立，直属国民党政府交通部。其把邮政局原来的储金汇兑业务接收过来，但人员和机构不变，并规定一切政府款项凡中央银行、中国银行、交通银行三银行未设有分支行之地点均由邮汇局转饬当地邮局代为办理。1935 年 3 月 1 日公布了《邮政储金汇业局组织法》，将原邮汇总局和上海局合并改组为邮政储金汇业局，隶属邮政总局，将南京、汉口两局改为分局。

邮政储金汇业局主要办理各种形式的储蓄、汇兑、放款、贴现、购买公债或库券、经营仓库、办理保险等业务。其在发展国内汇兑业务的同时，也开展国际汇兑与侨汇业务，分别在各大洲设立代办机构。抗战时期，中国出口贸易创汇受到严重阻碍，外汇需求急增，侨汇成为当时国际收入的重要来源之一。1939 年 1 月，财政部公布《银行在国外设立分行吸收侨汇统一办法》，要求银行"吸收侨汇，应由中国银行与邮汇局合作"，充分利用中国银行和邮汇局在海外的分支机构。邮政储金汇业局在海外代理吸收侨汇的银行有菲律宾、马来西亚、新加坡等处的南洋华侨银行及越南东方汇理银行、马尼拉交通银行、纽约中国银行、香港信行金银公司、西贡东亚银行。国内汇兑业务因抗战爆发而停止，而在吸收侨汇方面却获得成功。该局利用邮政机构办理侨汇既迅速又安全，因此业务十分发达，并得到侨胞赞许。邮政储金汇业局利用其海外分支机构吸收侨汇在战时占有重要地位。

1936 年 7 月 21 日，台山邮政储汇分局成立，原址设在台西路 220 号。此后，又在台山各墟镇邮局设立分支机构，办理储汇业务。

抗日战争爆发后，南洋华侨银行与国民政府邮政储金汇业局联手，开创了华侨邮政汇款业务。一般由华侨银行在南洋的各分行仿照侨批局形式设立"民信部"，专职收揽侨批，再划转至中国各地邮局，由邮局派邮差上门派送侨汇。台山邮局是五邑地区唯一的中转局，五邑地区及其邻近的县、市接驳华侨银行侨批均经台山中转，台山邮局成为抗战时期接驳侨汇的主力机构。

　　图 22 是"梹（槟）城华侨银行有限公司"格式化回批。收银人"杏姐"收到邮局派送的侨汇后，即写回批于 1940 年 10 月 29 日由广东新会桐井邮局寄出→10 月 30 日棠下→11 月 6 日台山邮局中转，贴上伦敦一版孙中山像 2 角邮票 1 枚、北平版烈士像 3 角邮票 1 枚（邮资合计 0.5 元，国际平信邮资），销当日"台山"中英文三格式点线戳→12 月 10 日槟城→12 月 12 日交寄银人。

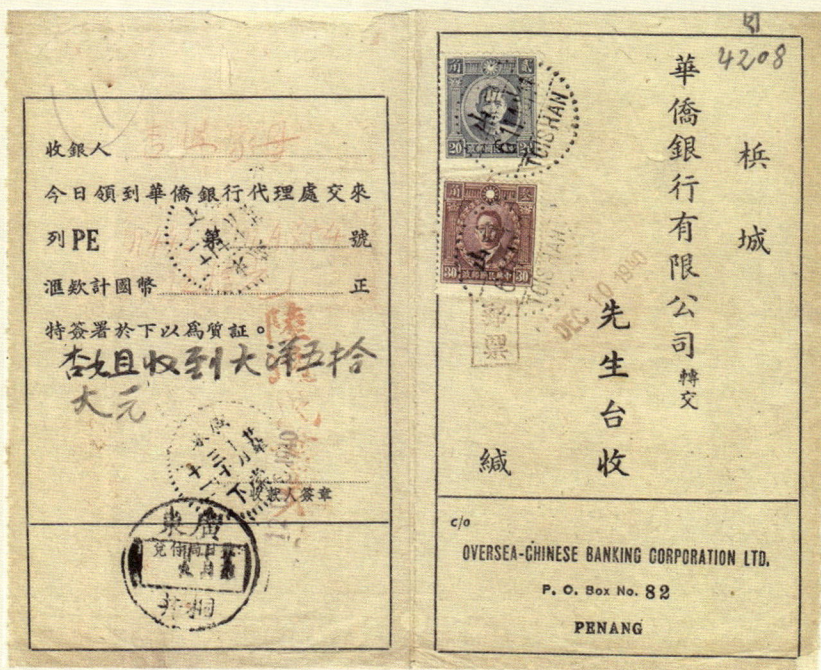

图 22

　　图 23 是 1943 年 9 月 30 日台山"五十墟邮局"发给侨眷的邮政储金储蓄账簿，上面印有"邮政兼办华侨汇款之特点"：

　　大宗汇款，电汇票汇。零星汇款，来款送达。国外收汇，遍及各洲。国内兑付，全国各处。手续敏捷，汇率低廉。服务周到，交款迅速。华侨汇票收到时，请存入存簿储金帐内，随时可以提用，既省手续，又可□息。

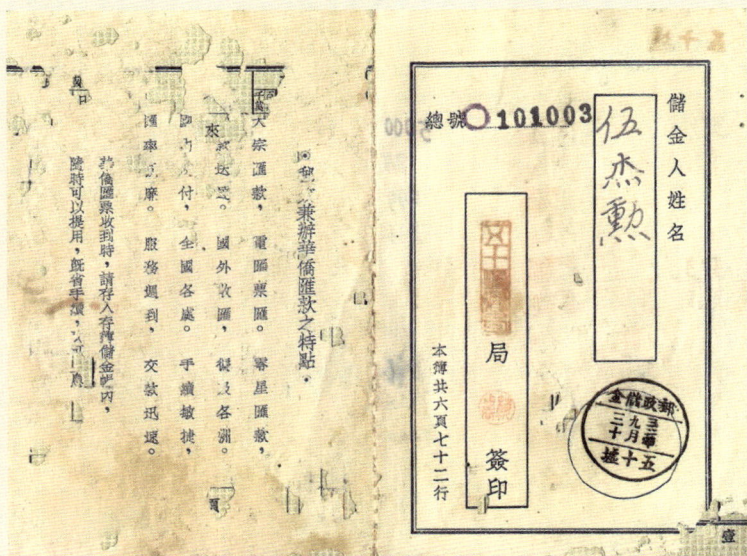

图 23

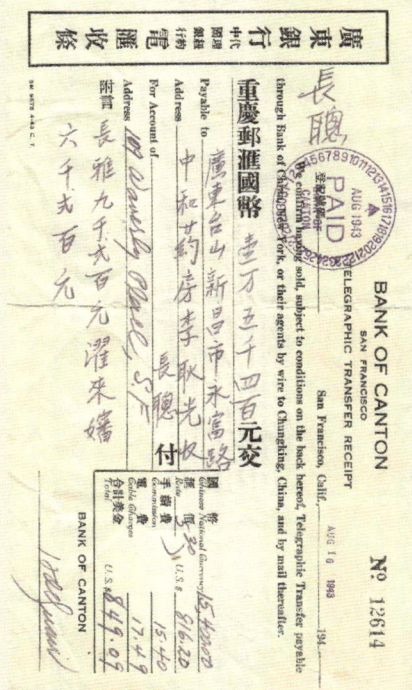

图 24

由上面资料可知，邮政储金汇兑侨汇，华侨汇款由银行通过电汇或票汇交给国内邮政储金业局，华侨书信和汇票则由海外邮政局用挂号信直接寄到国内邮局送交收银人。收银人收到汇款后，可以直接将外汇存入邮政储金账户，既方便安全，又可以赚取利息。

抗战期间，由中国银行重庆总行转交邮政储金汇业局的邮政汇款，可以直通广东台山、开平、新会、恩平、鹤山、中山等地。因当时华西邮政总汇定在重庆，故银信封上面的英文要写"中国四川重庆"，而中文则要写明中国重庆邮政总局转交广东台山县某处某人收，照此办法方为清楚。否则或搁留或拨回造成损失，虚延时日在所难免。

图 24 是 1943 年 8 月 16 日美国旧金山广东银行电汇邮政汇款收条。此笔汇款先由旧金山广东银行汇到纽约中国银行，再汇到中国银行重庆

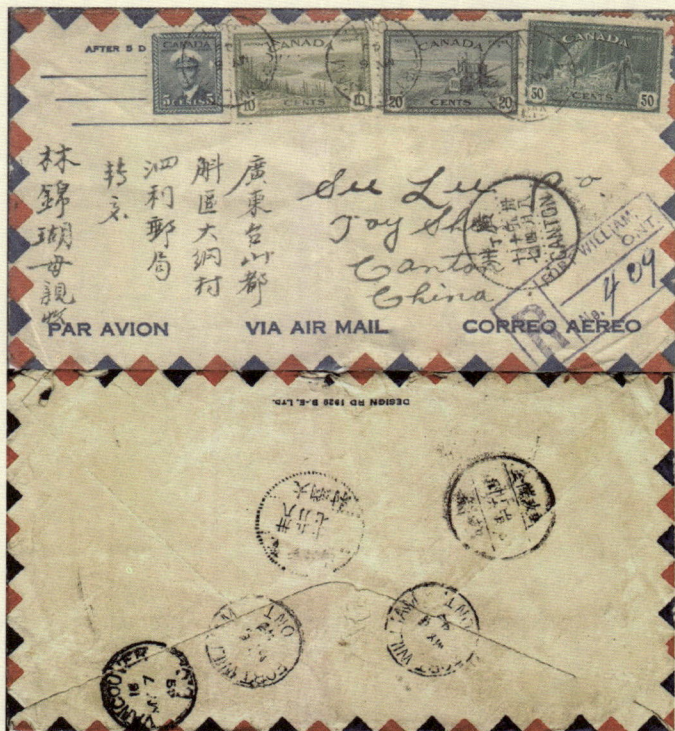

图 25

总行，转邮政储金汇业局汇到台山新昌邮局，送私营银信机构"中和药房"交收银人。此笔邮政汇款为816.20美元，另外付手续费15.40美元，电报费17.49美元，合计汇款费用32.89美元，约占汇款总额的4%。由于汇款经过多重转接，因此汇费比较高。

图25是一封加拿大寄台山都斛邮局的银信，贴加拿大邮票4枚，邮资合计加币85仙，1949年5月6日由加拿大安大略省（ONT）挂号航空寄出→5月7日温哥华→5月14日广州→5月16日台山都斛邮政储金汇业局→5月17日广东台山大纲村泗利邮局→交收银人。此件是邮政储金汇业局直接派送银信的很好例证。

综上所述，五邑银信机构有很多，寄递方式多种多样，本文未能尽录之处，敬请各位同好补充。随着时代的发展，不同时期有不同的寄递方式，各有各的优势，有时在一封银信上会出现多种汇款方式并存的情况，留下了各式各样的戳记，形成了五邑银信封上一道独特的风景线。

参考文献

1.《台山县志》编纂委员会编：《台山县志》，广州：广东人民出版社，1998年。

2. 刘进、李文照：《银信与五邑侨乡社会》，广州：广东人民出版社，2011年。

3. 许茂春：《东南亚华人与侨批》，曼谷：泰国泰华进出口商会，2008年。

4. 徐琳：《试论邮政储金汇业局的经营活动——以抗战时期为例》，《重庆邮电大学学报（社会科学版)》2008年第2期。

五邑银信地名考

五邑华侨，分布在世界各地，旅居美洲的最多，又以美国、加拿大、古巴等国最多。清朝及民国时期的五邑华侨，文化水平较低，外语水平更加有限，出国后对旅居地的地名通常用意译或音译（五邑话或台山话）称谓，这种形式在唐人群体中流行。华侨寄递银信时，往往在信封上用这种译名写成汉语地名，便于寄递者认识，久而久之，便形成了一种具侨乡特色的地名文化。探索银信上的地名文化，对于我们更好地认识银信具有深刻的历史意义。笔者现以五邑银信封上的地名为对象，略作探索。

一、金山大埠

美国圣弗朗西斯科（San Francisco），又称金山大埠、大埠、金山、旧金山、旧金山大埠、金山正埠、三藩市等，是加利福尼亚州太平洋沿岸海港、工商业大城市。

1848 年美国西部加州发现金矿，引发大批五邑人争相来到此地去实现自己的"黄金梦"，加入淘金者行列。在美国早期的五邑籍华侨绝大部分奔向加州特别是圣弗朗西斯科，选择加州以外就业的人不多，因此也就将圣弗朗西斯科美名为"金山"。直到在澳大利亚墨尔本发现金矿后，为了与被称做"新金山"的墨尔本区分，而改称该市"旧金山"。三藩市之名则是粤语译音，取该市英文名称的头两个音节"San Fran"之谐音直译，是居住于此地的邑侨常用之译名。

圣弗朗西斯科在人口数量上是加州第四大城市，位于加州北部海边，旧金山半岛北角，东临旧金山湾，西临太平洋。该市在行政区划上也包含在旧金山湾里的恶魔岛（Alcatraz Island）和金银岛（Treasure Island）。城南边是硅谷，两者加上奥克兰以及北边的马林县，合称旧金山湾区。

二、屋仑

美国奥克兰（Oakland），粤语译音屋仑，位于美国旧金山湾区版图的中心，风景美丽，气候宜人。此地有太平洋冷暖流调剂，四季如春，跟中国的昆明很相似，"一年里头没四季，一天里头有四季"。屋仑华人特别多，有大量中国餐馆、酒楼，出品的菜式品种多样，色、香、味俱全，每天都吸引了众多食客。

三、努约

美国纽约（New York），五邑话译音努约，是美国第一大都市和第一大商港。它不仅是美国金融中心，也是世界性金融中心之一。纽约位于纽约州东南哈德逊河口，濒临大西洋。它由五个区组成：曼哈顿区、布鲁克林区、布朗克斯区、皇后区（昆斯区）和斯塔滕岛。纽约还是联合国总部所在地，总部大厦坐落在曼哈顿岛东河河畔。

四、新金山

澳大利亚墨尔本（Melbourne），又称新金山。1850年澳大利亚发现金矿，在澳大利亚的华侨很快便写信通过水客将消息传到家乡去。1851年，台山人雷亚妹在新加坡被卖往澳大利亚，当他成为一个成功的矿工后，便写信给台山的乡亲，结果，大批邑人前去澳大利亚特别是墨尔本淘金，并发现了当时世界上最表层含金量最多的金矿，澳大利亚政府称之为"广东金矿脉"，之后华侨便称墨尔本为"新金山"。此后大量民工涌入澳大利亚，使该地区成为各色人种和种族的聚集地，澳大利亚的版图上也出现了一个唯一由中国人（当中主要是台山人）用血汗建立起来的城市——亚拉腊市。

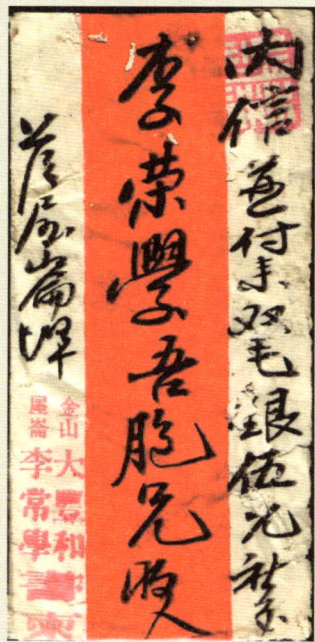

五、亚湾

古巴哈瓦那（Havana），当地语言属西班牙语系，西班牙语为 La Habana，Habana 在发音时首个字母 H 不发音，直接读第二个字母音，因而被唐人称为亚湾，简称湾埠，也有人称夏湾。

哈瓦那是古巴首都，也是西印度群岛中最大的城市。西接马里亚瑙市，北靠墨西哥湾，东临阿尔门达雷斯河。始建于 1515 年，1607 年起成为首都。地处热带，气候温和，四季宜人，有"加勒比海的明珠"之称。

哈瓦那分为旧城和新城两部分。旧城位于哈瓦那湾西侧的一个半岛上，面积不大，街道狭窄，至今还留有许多西班牙式的古老建筑，是总统府所在地，大部分华侨也集居于此。新城濒临加勒比海，建筑整齐美观，有气派的旅馆、公寓、政府机关大厦、街心花园等，是拉丁美洲著名的现代化城市之一。

哈瓦那有一条长 200 米的唐人街，两旁皆是中国式建筑。在哈瓦那海滨大道利内亚街北端的街心公园，还耸立着一座引人注目的华侨纪功碑。该华侨纪功碑是中古人民友谊的历史见证，建于 1931 年，碑高约 8 米，碑体为圆柱形，用黑色大理石砌成，雕工精美，在蓝天白云之下，显得格外雄伟，令人肃然起敬。华侨纪功碑正对大海一面的基座上，镶嵌着一块铜牌，右边是用中文书写的"旅古华侨协助古巴独立纪功碑"，左边是用西班牙文书写的"这个纪念石碑是为了纪念参加古巴独立战争而牺牲的中国人而建 1931 年 10 月 10 日"。在华侨纪功碑背对大海一面的基座上，用西班牙文镌刻着："没有一个古巴华人是逃兵，没有一个古巴华人是叛徒！"简洁的题词既赞颂了古巴华侨在古巴独立战争中的丰功伟绩，也肯定了古巴华侨与古巴人民同甘苦共患难的历史。据史料记载，清朝道光年间，西班牙殖民主义者为了加紧对古巴的控制和掠夺，以"契约华工"的名义，将大批广东人、福建人拐骗到古巴当苦工。到 1874 年，被贩卖到古巴的华工多达约 14 万人，途中被虐待致死者约 1.7 万人。他们在甘蔗、烟草和咖啡种植园内当苦工，过着牛马不如的生活，不少人受尽折磨甚至惨遭屠杀，埋骨异乡。1868 年和 1895 年，古巴爆发了两次反对西班牙殖民主义者的独立战争。1 000 多名华工参加起义，与古巴人民一起为争取独立自由而斗争。大批华工在战斗中奋不顾身，血洒异国他乡，壮烈牺牲。1898 年古巴终于赢得独立。1902 年 5 月 20 日古巴共和国成立。为古巴独立而战的华工们

也被光荣地载入古巴革命史册。古巴人民为了表彰和纪念华工为古巴独立战争立下的丰功伟绩，建立了这座华侨纪功碑。

六、咸水埠

加拿大温哥华（Vancouver），台山话音译云高华，属于不列颠哥伦比亚省。据说，温哥华的老华侨多数来自该省内陆的甘露市（Kamloops），那里只有淡水，而温哥华在海边，有咸水，所以当时的华人移民到温哥华后，将温哥华称为"咸水埠"。

据有关资料记载，1858 年，加拿大的卑斯省（不列颠哥伦比亚省）内菲沙河谷及参逊河西岸发现了金矿。约从 1860 年开始，一些在美国旧金山受尽歧视与压迫的华侨，抱着转换环境的目的涌向加拿大，坐轮船横渡太平洋到此。1880 年，诗丕亚铁路公司委托旧金山铁路华商向中国方面雇用 2 000 名华工修铁路。1882 年又招募了 15 000 名筑路华工。1884 年，火车通车后，除修铁路期间有 4 000 多名华工死于非命外，其他人全部流落街头。此后战争不断的中国又有不少华侨来到加拿大，在梁启超到加拿大游历那年（1903 年），加拿大已经有 4 万多名华侨了。当时的加拿大联邦政府、卑斯省政府，以及当地流氓对华侨倍加歧视，华侨受荼毒及鱼肉的事件层出不穷。

温哥华唐人街就是在这样的背景下产生的。唐人街不仅可以把华侨团结起来，形成一股自己的力量，同时，也成了华侨难民的庇护所。这之后，又相继成立了中华会馆，以伸张华侨的利益。在 20 世纪初，孙中山就到过温哥华，向当地华侨宣传推翻清政府统治的革命主张。唐人街位于片打街中华门北端。当年的华侨，白天在这里工作，夜晚则在堂址住宿，在加拿大开创自己的人生。唐人街典型的华人建筑之一就是中华门，现在是中华文化中心的正门入口。在不远处则是中山公园，园内是纯粹的苏州园林设计。值得一提的是片打街上的离周永燕梳①楼，当地人称之为"窄栈"，是一个商家。这是一个奇观。全楼仅有 6 尺宽。据说，这栋房子自 1913 年就一直挺立在此，历经风雨

---

① 燕梳：英文 Insurance 的音译，意为保险。

都熬过来了。有一次，市政府要拓宽人行道，把人行道扩到离墙根只有 6 尺的地方，让华人业主把楼拆掉。华人业主为了争这口气，硬是用这 6 尺的宽度，翻建了这栋楼。因为没有违规，政府也毫无办法。

七、域多利

　　加拿大不列颠哥伦比亚省省会维多利亚市（Victoria），五邑话译音域多利，位于加拿大西南的维多利亚岛南端，是维多利亚岛上最大的城市。该市气候温和，属海洋性气候，素有"花园城市"之称。维多利亚市拥有加拿大距亚洲最近的港口，属不冻港，市区与郊区各有一个深水港：市区深水港为商港，分内外两港，供国内和海外贸易之用；郊区深水港是加拿大太平洋沿岸主要的海军基地，驻有加拿大海军太平洋舰队司令部，还有一个国际机场。

　　维多利亚市是以英国女皇维多利亚的名字命名的。1858 年富兰什河发现金矿，此地成为冒险家和淘金者的乐园，1859 年维多利亚成为自由港，1862 年组成维多利亚市，1868 年成为不列颠哥伦比亚省的首府。1871 年不列颠哥伦比亚省加入加拿大，维多利亚市随之成为加拿大最西部省的首府。

　　维多利亚市唐人街建于 1858 年，是加拿大最早的唐人街。至 1862 年，维多利亚市约有华侨 300 人，多以经营理发、缝纫等为生。这时，创办广利行的卢超凡兄弟在此建起一批棚屋，供华工居住，使唐人街略具华侨社会的雏形。此后，唐人街人口不断增多，街貌更为热闹。1884 年，维多利亚市唐人街成为不列

颠哥伦比亚省最大的唐人街，全加拿大 75% 以上的华侨商行和 85% 以上的华侨都集中在该市。后来，由于不列颠哥伦比亚省人口东移，温哥华崛起，维多利亚市的人口减少，华人也迅速减少。今天的唐人街已不复百年前的规模，该地华人远远不如温哥华多，但典型中国式样的建筑林立，华人经营的饭店鳞次栉比，汉字随处可见，还有以中国人名命名的街道——李梦九道。唐人街里墙上的壁画诉说着华人曾经的生活，街前建有"同济门"牌坊，取同心协力的意思。

八、市卡咕

美国芝加哥（Chicago），简称芝城，四邑华侨称之为"市卡咕""市卡古"或"士加古"。芝加哥是美国第三大城市，位于美国中部、密歇根湖畔与芝加哥河交汇处。市区面积 606.2 平方公里，其中陆地面积 588.3 平方公里，水域面积 17.9 平方公里。市区人口约 272 万（2015 年），华人总数超过 6 万人，他们大多数居住在唐人街。

芝加哥唐人街是美东几个城市规模最大、最繁荣的唐人街。芝加哥最早的华侨移民，可追溯到 19 世纪 70 年代。1869 年美国跨洲铁路建筑工程完工，再加上西岸的排华浪潮，导致大批华工开始分散到全美各地。据史载，第一个来到芝加哥的华侨来自台山梅姓家族（Mr.T.C.Moy），1878 年他从伊州南部摩根县（Morgan County）迁入芝加哥。这位梅姓先辈发现芝加哥还不错，便写信给亲友，于是就有了 80 多位第一批移居芝加哥的华侨。截至 1890 年，芝加哥市有官方记载的华侨数量已达 567 人。这批最早的华侨聚居在如今芝加哥市中心地带克拉克街（Clark Street）（又称第一唐人街）。当时华侨主要从事洗衣等工作，唐人街也颇具规模。后扩展到现在的永活大街，即第二唐人街。这里街道宽敞，华侨的商业活动全在店铺里面进行，见不到占道经营的现象。永活大街入口处建有一座中国式大牌楼，雕梁画栋，色彩鲜艳，正面刻有孙中山手书的"天下为

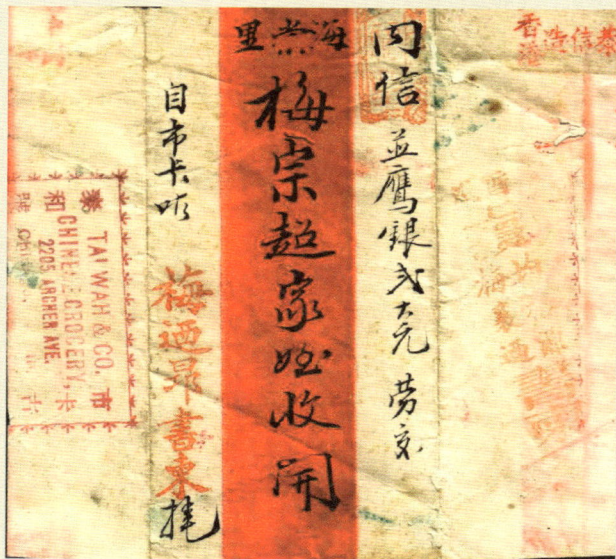

公",背面刻有"礼义廉耻",是芝加哥华埠的标志。自20世纪70年代以来,由于新移民大量增加,以西阿吉利街为中心,形成了芝城第三唐人街,人称新华埠。新华埠广场里,商店林立,广场入口处有一副对联:"入乡随俗落地生根,天涯海角饮水思源",短短16个字,寄托了海外华侨华人的赤子之情。

九、满地可

加拿大蒙特利尔(Montreal),邑人称为满地可,简称满城。蒙特利尔是加拿大第二大城市,市区总面积365平方公里,人口约167万(2013年),其中聚居着3万多华人。

蒙特利尔整个城市坐落在圣劳伦斯河与渥太华河汇流处的蒙特利尔岛上。它的街道顺岛而建,大都是东北西南走向和西北东南走向,当地人把前者看作东西大街,把后者看作南北大街。圣劳伦斯大街把全岛分为东西两部分,每条街以它为起点,东边的叫东大街,西边的叫西大街,门牌也以它为起点,向东和向西编排。蒙特利尔属于魁北克省,是法文区,大街上的标志牌、路标、商店的招牌、商品包装上的字很多都是法文,电视节目也以法语居多,但也随处可见橱窗或招牌上有汉字的华人商店。

蒙特利尔唐人街最具特色的是牌坊和石狮子,还有四座古典的中华彩绘牌楼,商铺、庙宇、医院一应俱全,可以采购到品种多样的中国商品和华文书报。

蒙特利尔华人社区有数十个社团,有联谊睦族的宗亲会,有协助华侨解决日常问题的服务中心,有华商会、龙舟会、餐馆会等团体。各社团依其宗旨发展,而以居于"伞荫"地位的华人联合总会(简称华总会)为亮点。华总会于1975年成立,由所有华人社团共同组成,其执行委员会由全体华裔公开投选,成为蒙特利尔华人的代表组织,在三级政府(联邦、省、市)之前代表华社。

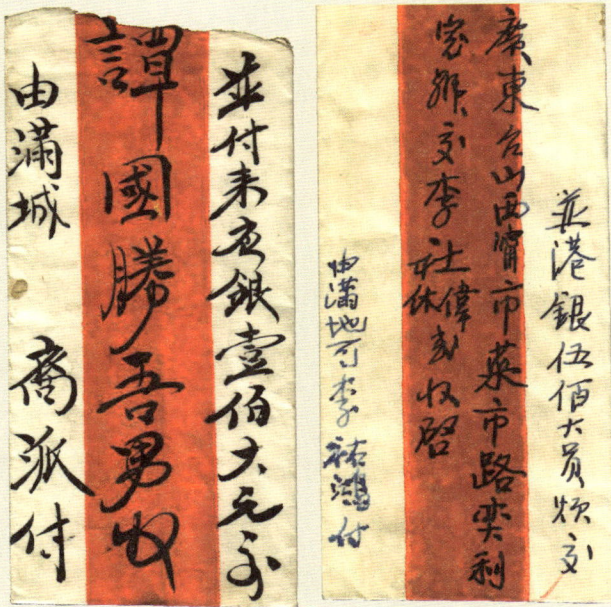

十、都朗自

加拿大多伦多（Toronto），五邑话译音都朗自，位于安大略湖西北岸的南安大略地区，是安大略省首府，人口约 279 万（2014 年）。多伦多是加拿大第一大城市，既是安省文化、工业中心，也是全国交通要枢制造业的心脏。多伦多是印第安 Huron（安大略湖边的原住民）族语，原意"会面之地"。市内居民由 80 多个族裔组成，所讲方言超过 100 种。大多伦多由市中心区向外伸延，著名的卫星城市有约克（York）、北约克（North York）、东约克（East York）、士嘉堡（Scarborough）及怡陶碧谷（Etobicoke）等。多伦多又是加拿大重要的财经中心，是多个全国性大机构的总部所在地。多伦多证券交易所（Toronto Stock Exchange）是北美洲最活跃的股票市场之一。多伦多还是报业中心，全国性日报 *The Globe and Mail* 及全国最大的市报 *Toronto Star* 均在此地出版。在影视节目制作方面，多伦多处于第三，仅在好莱坞、纽约之后。

多伦多是加拿大华侨华人第一大聚居地。全加拿大 100 多万华侨华人中，40%居于多伦多。但多伦多唐人街的历史，没有像加拿大西部唐人街那么悠长。

1878 年，有位华侨在多伦多亚达赖街 9 号建立洗衣馆。早年多伦多华侨稀少，到 1881 年，全市也只有 10 位华侨居民、4 间洗衣馆。加拿大段太平洋铁路于 1885 年建成后，华侨开始由温哥华沿着铁路东徙，至多伦多及蒙特利尔等东部城市。1894 年，多伦多华侨人口增至 50 名，其中一班洪门兄弟于克约街建立致公党，联络当地华侨，建立了具雏形的唐人街。

1898 年，康有为发动维新运动失败后逃亡海外，于 1899 年抵达加拿大，在维多

利亚、温哥华、多伦多各地华埠成立保皇党组织，目的是推翻慈禧专政，救助光绪帝重新执政。康有为在多伦多的皇后街与佐治街附近建立了保皇党会所。1910 年，多伦多有两个小的唐人街：西唐人街有 14 间华侨商店，

以致公党为中心；东唐人街只有 6 间华侨商店，以保皇党为中心，华侨只不过百余人。1912 年，南京临时政府成立后，保皇党日渐衰落，西唐人街也渐渐没落，东唐人街日渐繁盛。

20 世纪初，大量华侨移民乘火车远赴多伦多及东部其他城市发展商业。20 世纪 40 年代，多伦多唐人街已由西向北伸展至单达士街。该处为犹太人聚居地，1951 年只有 20% 的当地居民为华侨。至 50 年代末期，大部分犹太人迁居于多伦多西北郊区的新发展住宅区，有很多便宜空置楼宇出卖。这时，适巧旧唐人街要清拆，因此很多华侨商人及居民开始迁居于单达士街地区，该地渐渐发展为中区华埠。到 1971 年，这个新华埠已有 4 000 多位华侨居民及各种华侨社团，华侨商店林立，有酒楼、杂货店、理发店、地产公司、银行，一些地窖也用作商业，多层住宅大厦也于该地兴建。

20 世纪 70 年代，中区华埠楼价高涨，很多低收入的新华侨移民沿着单达士街之电车路往单达士东街寻找便宜楼宇。1972 年，一位华侨首先在 383A 百乐汇街（位于单达士东街与芝兰东街之间）开设第一间华侨猪肉店。其后徐氏士多、海丰鱼铺、高升茶楼等商铺在百乐汇街兴建。20 世纪 80 年代，该区已发展为东区华埠。多伦多东区华商会在东区华埠筹建了一座中国牌楼，称为"中华门"，2009 年 7 月竣工。中华门成为多伦多东区华埠之特殊景观。

目前，多伦多华人人口约 40 万，大部分居于市郊之住宅区，郊区建立了很多华人商场。中区华埠及东区华埠，华人人口不多，大部分是老华侨、越南移民及一些因收入比较低而在华埠工作者。两个华埠皆希望发展成为旅游观光点，以吸引游客，振兴当地经济。

十一、很吃埠

加拿大坎莫尔（Canmore），台山话译音很吃埠。它是落基山上的一座小镇，地处南部的弓河峡谷（Bow Valley），位于卡尔加里至班芙途中，距班芙 30 多公里，为加拿大太平洋铁路卡尔加里西方的第一个据点，距卡尔加里 80 多公里，与加拿大 1 号公路相连，现居民有一万余人。

1883 年，加拿大太平洋铁路从东向西翻越落基山脉时修到这里，碰巧发现了煤矿，这对于当时以蒸汽机车为动力的铁路运输来说，可谓得天独厚。该地因成为采煤中心而发展成小镇，大批五邑华侨因修建铁路和开采煤矿而移居这里。

进入 20 世纪 70 年代以后，煤矿陆续关闭，政府为了保护环境，采取严厉措施清查、拆毁废弃的矿井，并且全部进行回填。坎莫尔小镇曲终人散，重新归于平静。

坎莫尔小镇入口处的公园景观

1988 年，加拿大卡尔加里举办冬季奥林匹克运动会，坎莫尔被选为冰雪项目的比赛地，开始大规模的基础设施建设，滑雪中心设有 70 公里雪道。此后，坎莫尔成为一个以旅游为主的城市，为班芙国家公园提供各种服务。

坎莫尔小镇入口处有一个标志性景观——用老火车改建的小公园，标志着这个小镇的历史起源。进入小镇后，首先会见到访客中心，从这里可以拿到详细的旅游资料和地图。城内有美术馆、纪念品店、餐厅，以及不同规格的旅馆，提供美味的餐饮和舒适的住宿。访客中心的对面就是市政府，门前有一个小广场。市政府的一楼大厅里还有一个小小的博物馆，专门介绍小镇的历史和风土人情。市政府大厅里最显眼的角色就是一头大牛，这就是北美大陆有名的野牛，200 年前加拿大内陆草原省份的野牛曾多达千万头，如今已经灭绝，草原也变成了麦田。

十二、卡忌利

加拿大卡尔加里（Calgary），粤语译音卡尔加利，台山话译音卡忌利。卡尔加里是加拿大阿尔伯塔省仅次于首府艾德蒙顿的第二大城市，别称"牛仔城"（Cowtown），坐落在起伏的山麓之间，西边面对着落基山脉，东有大平原，是加拿大太平洋铁路总部的所在地。

从 1880 年到 1885 年，1.7 万名华工在落基山脉的崇山峻岭间日出而作，日落而息，劈山凿洞，逢水架桥。繁重的劳动，危险的作业，加上疾病的折磨，使他们的身体不堪重负，有 4 000 多条生命永远留在了这条铁路上，多数被就地草草掩埋。1885年，加拿大段太平洋铁路建成，华工的厄运便接踵而至。铁路工程结束后，太平洋沿岸省份遇到空前的经济萧条，致使数以千计的华工无事可做，成群结队，沿着自己修筑的铁路流浪。

卡尔加里唐人街是当年修筑铁路的华工在铁路沿途流浪至此地住下形成的，在加拿大境内是仅次于温哥华唐人街和多伦多唐人街的第三大唐人街。唐人街历经沧桑，三易其址，最终落脚在今天位于市中心与弓河之间的几个街区范围内，并逐渐向外扩展，但规模比多伦多唐人街要小不少。卡尔加里机场位于城区的东北面，距唐人街也就十几公里。中国革命先行者孙中山曾于 1912 年 1 月访问过卡尔加里，当时当地侨胞的筹款超过千元。

中国劳工在参与修筑太平洋铁路时的照片（约 1880—1885 年）

十三、小吕宋

菲律宾吕宋岛（Luzon Island），是菲律宾面积最大、人口最多、经济最发达的岛屿，位于菲律宾群岛北部，面积 10.5 万平方公里，约占全国面积的 35%。人口约4 622 万，主要居民为他加禄人和伊洛克人，北部和东北部山区有尼格利陀人和其他少数民族。菲律宾华侨华人约有 150 万，约占总人口的 2%。华人近半聚居在首都马尼拉（约 60 万人），宿务岛近 20 万人，纳卯 8 万人以上，怡朗、三宝颜、八打雁、黎牙实比等城市都在 1 万人以上。

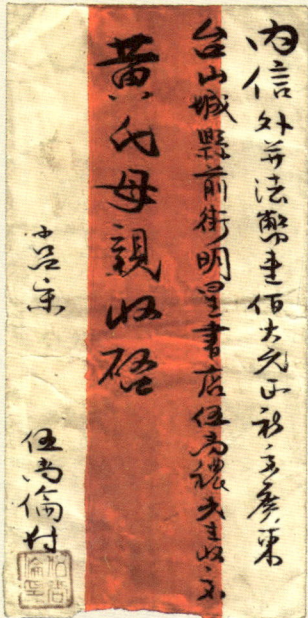

在古时，吕宋岛是一个小国，称为吕宋。宋元以来，中国商船常到此贸易，《东西洋考》和《明史·外国列传》等均有专条记述；自 1571 年至 1898 年，其地为西班牙侵占，故《海录》译作小吕宋，而以大吕宋称呼西班牙。过去华侨去菲律宾者多在吕宋登陆，故以吕宋为菲律宾之通称。在西班牙统治菲律宾时代，华侨称西班牙为大吕宋，称菲律宾今吕宋岛马尼拉一带为小吕宋。

吕宋盛产黄金，物产丰饶，贸易繁荣。该国曾于 1372年（明洪武五年）至 1410 年（明永乐八年）3 次遣使访问中国，明朝政府也于 1405 年遣使报聘。15、16 世纪，中国东南沿海商民同吕宋的交往相当频繁，开始有华侨留居吕宋。16 世纪西班牙殖民者入侵菲律宾北部，在马尼拉一带遇到顽强抵抗。在罗阇（国王）苏莱曼的指挥下，马尼拉民众奋勇抵御西班牙的侵略。1571 年 6 月 3 日苏莱曼在海战中阵亡。其后吕宋逐步为西班牙所征服。西班牙在马尼拉建立殖民统治后，中国明代史籍仍称之为"吕宋"。

华侨在马尼拉定居历史悠久，1571 年西班牙人占领马尼拉时，当地约有 150 名华侨。1590 年，菲律宾第一次人口调查，马尼拉有华商 600—700 人，短期停留的约有 2 000 人。其后，华侨人数迅速增加，到 1602 年有 3 万多人。在 1603 年发生了一次大屠杀，华侨至少有 2.5 万人惨死，数量急剧下降。由于马尼拉经济受到沉重打击，殖民当局再次采取措施吸引华侨到马尼拉，其后人数逐渐增加。1621 年全菲有华侨 2 万以上，1638 年达到 3 万多人。然而，殖民当局在 1639 年再次展开大屠杀，华侨死难者达 2.4 万人。为维持菲律宾经济，约有 8 000 名华侨没有被杀害，允许其"改过自新"，但不得居住在马尼拉市内。1749 年全菲约有 4 万名华侨。1769 年，华侨再次遭到屠杀和驱逐，人数又有所下降。此后华侨人数一般在 6 000—9 000 人波动。1790年殖民当局统计的华侨数量为5 000人，1807年登记的华侨约有4 700人，1849年达到8 757人。19世纪中叶，殖民当局政策有所放宽，且恰逢中国太平天国运动，国内动荡，菲律宾华侨人数逐渐增多，1850年为1万人，1864年增至1.8万人，1876年为3万人，1886年为9.4万人，1898年达到10万人，约占全菲人口的2%。

菲律宾的华人苦力车夫

华侨在菲律宾经济中占有非常重要的地位，时任西班牙代理总督德·莫加尔在1609年曾写道："要是没有中国人充当各行各业的工匠，并且如此勤恳地为微小工资而劳动，这个殖民地就不能存在，这是确实的。"西班牙历史学家胡安·德·拉·康寨普逊（Joan de La Concepcion）在阐述17世纪初菲律宾的境况时指出："如果没有中国人的商业和贸易，这块殖民地就无法生存下去。"由此可见华人在菲的经济地位。

西班牙统治初期，华侨中手工业者较多，主要从事渔夫、园丁、猎人、织匠、石灰匠、木匠、铁匠、修鞋匠、蜡烛匠、油漆匠和银匠等职业。19世纪后期，华侨开始创办工厂。马尼拉一地的烟厂就有200多家。20世纪初，华侨资本占碾米业的75%。此外，华侨还创办酿酒厂、糖厂，从事木柴经销等。零售业是18世纪末19世纪初华侨最重要的商业活动，早期主要是小商贩角色经营，19世纪中叶以前以经营中菲土产为主。到菲的华侨从事农业生产的也不少，同当地人一起种植农作物，传授先进的中国耕作技术给当地人。

菲律宾批信局最早开设时间无法确定，大概产生于19世纪中后期华侨日益增多的时期。19世纪下半期开设的批信局较多，以水客为主，在经营走水生意的同时，代侨民传送银信，收取酬金。开设较早、影响较大的有福建晋江王世碑创办的王顺兴信局、福建龙溪郭有品开设的天一批信局等，尤其是天一批信局，鼎盛时期总、分局遍及海内外，共有33个，雇用员工556人，其中国内163人、国外393人，在菲律宾、新加坡、马来西亚和印度尼西亚等地都有分局。

五邑人在菲律宾开办的信局，以兼营银信业务者居多。如小吕宋昌兴轮船公司，由邑人李毓棠开办，主要经营来往于温哥华、小吕宋、香港、五邑等地的商轮，也兼办银信汇兑。

十四、大吕宋

清代谢清高所著《海录》中以大吕宋称呼西班牙，可是，五邑银信封上常出现的地名大吕宋是指墨西哥，何故？据墨西哥老华侨讲，因为早年菲、墨两国同为西班牙属地，最早到墨西哥谋生的华侨要从吕宋岛搭帆船横渡太平洋。当他们航行数十日，踏上墨西哥的土地，却听到当地人说的是类似出发地的语言，惊诧之余，也就顺口称之为吕宋。为了区别吕宋岛，华侨就将墨西哥称为大吕宋。

据记载，早在16世纪中叶，就有在西班牙船上做船工的部分菲律宾华侨移居墨西哥，在各地造船、经商和做工。16世纪末，在墨西哥城已有唐人街。来自中国的医生、裁缝、织工、金银首饰匠、木匠、理发师以及商人活跃于该城的经济生活中。

1864年左右，美国商人承办墨西哥中央铁路，他们在美国招募华工到墨西哥筑路。1876年至1877年，又有一些华工受雇于英商，先后由美国南下到美墨边境的恩西纳达市，做伐木工和矿工。1891年至1898年，墨西哥从香港、澳门等地招募1 800名契约华工，从事采矿业和棉花种植业。其中在尤卡坦半岛梅里达地区开荒的华工因山林瘴疠和水土不服，数月间死亡数百人，华侨称该地区为"枉死城"。1896年至1905年，为满足墨西哥经济迅速发展的需要，有9 800名中国大陆劳工先后被招募进入墨西哥。1896年，许多在圣菲利佩煤矿矿井劳动的华工在塌方事故中被压死，该煤矿被华侨称为"第二枉死城"。1898年，参加萨利纳克鲁斯—赫苏斯卡兰铁路工程建设的华工大量死亡，仅一次开凿隧道，就有70余人被压死，华侨称此铁路工程路段为"第三枉死城"。

1928年3月从"大吕宋墨京"寄台山大江墟银信封（"大吕宋墨京"指墨西哥首都墨西哥城）

墨西哥下加利福尼亚州的首府墨西卡利市有座"中国城"，因该城的华侨大多来自广东（其中以珠三角地区的台山、开平、恩平、中山等地居多）。城里有国货大楼，该楼是从中国进口的物美价廉商品的集散地。城内的龙城酒家是一家大型中国餐馆，可容纳上千人就餐。每当中国传统佳节来临，该城到处都是一片热闹景象。

早期华侨在墨西卡利市一带主要是开垦沙漠荒地，种植棉花。据当时的报纸披露，平均每 10 公顷被开垦的土地上，至少有一个华侨累死、热死或渴死。1919 年该市人口近 1 万，而华侨就有 9 000 多人。乡间农场及市内商店多为华侨所创设。墨西卡利市内通用"唐话"，"唐文票据"可作支票使用，各种华侨社团都自置房屋。该市还有两间中式戏院、茶楼，俨然中国城市。华侨是该市主要成员，其中有些人已有相当经济实力。

从 20 世纪 20 年代至"二战"结束，是墨西哥推行排华政策、华侨受限制时期，旅墨华侨此时经历最悲惨的岁月。1957 年至 1959 年，墨西哥政府曾一度放宽华侨家属移民墨西哥与家人团聚的条件，现在一些比较年轻的华侨绝大部分是这时期移居墨西哥的。20 世纪 70 年代以来，有相当数量的中国公民以旅游探亲名义到墨西哥。

在墨西哥华人社会，流行着许多用家乡方言（五邑话或台山话）所翻译的地名。这些地名在旧侨刊、银信封上时有出现，如"酒湾拿"（今译蒂华纳）、"苑善那拉"（今译恩西纳达）、"未市加利"（今译墨西卡利）。边界对面的圣地亚哥被译为"山姐姑"。墨西哥南部邻国危地马拉被译为"掘地孖鳞"。墨西哥侨胞言谈中的"古典词汇"也很多，如"端口心"（市中心）、"喊线馆"（电话局）、"墨京"（墨西哥首都）、"水榄"（油橄榄）、"苏杭铺"（布匹丝绸店）等。

古巴华侨书信与侨汇*
——祖辈三代古巴华侨家书解读

　　我来自"中国第一侨乡"广东台山的一个古巴华侨家庭，自读中学时候起，就喜爱收藏邮票和书信。祖祖辈辈留下的 80 多封家书及华侨史料，历经清代、民国至新中国成立，虽然经历了百年的风风雨雨，但经过一家四代人的接力，依然被很好地珍藏着。今天，我将读着这一封封家书，品味这些笔墨的清香，诉说古巴华侨的往事。

　　清朝末年以来，我家祖辈三代背井离乡，远渡重洋去古巴谋生，一封封飞越加勒比海的"鸿雁"，伴随着大量来自古巴的侨汇，为我们家庭的生存和发展注入了巨大的动力。自 1905 年曾祖父李云宏去古巴谋生到 1975 年二祖父李维亮客死他乡，前后70 年间的 80 多封家书，始终离不开汇款这个主题，记录了各个时期海外华侨关心的家事、国事和天下事，从汇款的年代、数额以及各个时期汇款要办的各项大事，可窥 20 世纪古巴的对华政策和古巴侨汇的兴衰。总的来看，古巴侨汇经历了全盛期、衰退期和禁汇期三个时期。下面以一些具有代表性的家书实例简述一下各个时期的侨汇状况。

一、侨汇全盛期（1902—1925 年）

（一）侨汇全盛期的形成

　　清朝末期，广东五邑乡民陷于战乱、自然灾害频繁造成的苦难生活之中，出洋掘金求财，成为乡民的心愿。

　　1847 年，英国帆船"阿盖尔公爵"号从厦门贩运 365 名契约华工驶入哈瓦那港，开创了契约华工进入古巴的先河。1847—1854 年移入古巴的契约华工就达 42 501人，约占当时古巴人口总数的 1/30。其后约有 50 万名华工赴古巴岛。契约华工抵达哈瓦那港后，一般被卖到种植园，从事甘蔗生产。在西班牙殖民统治者和古巴种植园主的压迫下，华工掉进了苦难的深渊。

　　1875 年，古巴停止输入契约华工；1877 年 11 月 17 日，中国与西班牙签署了《会订古巴华工条款》，条款规定中国在哈瓦那设立领事馆，废除了契约华工制度，华工成为自由劳动者。古巴政府对移入的华侨给予最惠国待遇。中国则允许古巴在华招募自由移民。1882 年 5 月，美国国会通过第一个排华法案；接着加拿大、澳大利亚、新西兰等国也立法排华。这个时期，正是美洲各国排华的高潮时期。对于正在寻找"出路"的五邑人来说，去古巴具有很大的吸引力，也是最佳的选择。此后，大批华侨到古巴谋生。勤劳的中国人在古巴的境况日益改善，成了餐馆、旅店、洗衣馆、咖啡馆等行业的主人。

---

　　* 本文曾在 2013 年"比较、借鉴与前瞻：国际移民书信研究"国际学术会议上宣读。

1898 年美西战争后，特别是 1902 年古巴独立后，古巴在美国的经济控制下，蔗糖业飞跃发展，产量直线上升。1900 年古巴蔗糖产量仅为 30 万吨，到 1925 年猛增至 450 万吨，1928 年达到 571 万吨。在古巴国民经济中，蔗糖及其副产品出口额占国家出口的 80%，占国内生产总值的 20%—30%。20 世纪初，古巴蔗糖产量猛增，加上国际糖价不断上涨，有"世界糖罐"之称的古巴收益可观，城乡经济持续繁荣，发展迅速，就业机会很多，古巴成为世界闻名的商业乐土、旅游天堂，也成为美洲华侨华人聚集的中心。据有关数据记载，20 世纪初，在古巴的华人有二三十万人，其中九成是广东人，古巴成为华人赚钱的天堂，哈瓦那华人区成了美洲最大、最繁荣的华人区。

广大华侨华人为维护自身的合法权益，建立了自己的组织——中华总会馆，它是拉美国家中历史最悠久、规模最大的侨团之一。1902 年古巴独立，在中华总会馆的影响下，各类华侨组织纷纷出现，古巴致公堂于同年在哈瓦那成立，还有李氏的"李陇西堂"、黄氏的"江夏堂"、朱氏的"朱沛国堂"、雷邝方氏的"溯源堂"等社团遍布古巴各大埠。从台山赴古巴谋生的人也很多，最高峰的时候超过 2 万人，出现了一些"古巴村"，如台山广海的夹水村。在古巴的我家乡台山温边族人也有 30 多人。那么，古巴华侨到底每年有多少侨汇寄回家乡呢？假如每位华侨每年寄回家乡的侨汇有两三百元的话，单台山一县每年收到的古巴侨汇就有数百万元。

古巴华侨将大量侨汇寄回国内，赡养家眷，支持家乡建设，捐款支持孙中山领导的辛亥革命，以推翻清王朝，为祖国、为家乡建设做出巨大的贡献。正是古巴 20 世纪初的经济繁荣，造就了当地华侨的辉煌。大量侨汇寄回五邑侨乡，为侨乡社会注入了一股强大的动力，加速了侨乡社会在 20 世纪初的形成，五邑各地迅速发展，城乡兴旺，欣欣向荣，由华侨集资兴建的中国第一条用自己的资金、自己兴建的民营铁路——新宁铁路也是在这个时候建成的，台城更被誉为"小广州"。20 世纪初的 20 多年，是华侨在古巴发展的高峰期，造就了古巴侨汇的全盛时期。

（二）家书记录的侨汇情况

下图是我家族现存最早的一封古巴家书，书信全文如下：

父母亲大人膝下：

敬禀者，料必大人平安到家，与家人之乐事也，伏望大人玉体双安，不胜欣喜，惟愿为慰。但吾欲想在家买得好茸参，如有人来湾者，祈寄佢带来以应补身体为重可也。又云古巴新总统登任不满两月之久，布告禁赌博吹亚（鸦）片妓馆实行之事，况

　　且吾衣馆近于此处，现时禁唱叉①，生意极甚冷淡，将来或者开反（返）不定，吾望佢开反（返）为上策可也。儿各人在外均皆安康，祈勿远念，余容后禀，谨此跪请。

　　再者刻下衣馆生意每礼拜有六七十元，祈为知之。

双安

（民国十四年）旧历闰四月廿四日

小儿维亮字禀

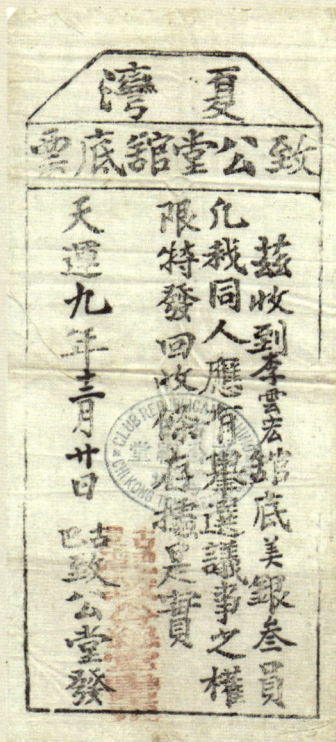

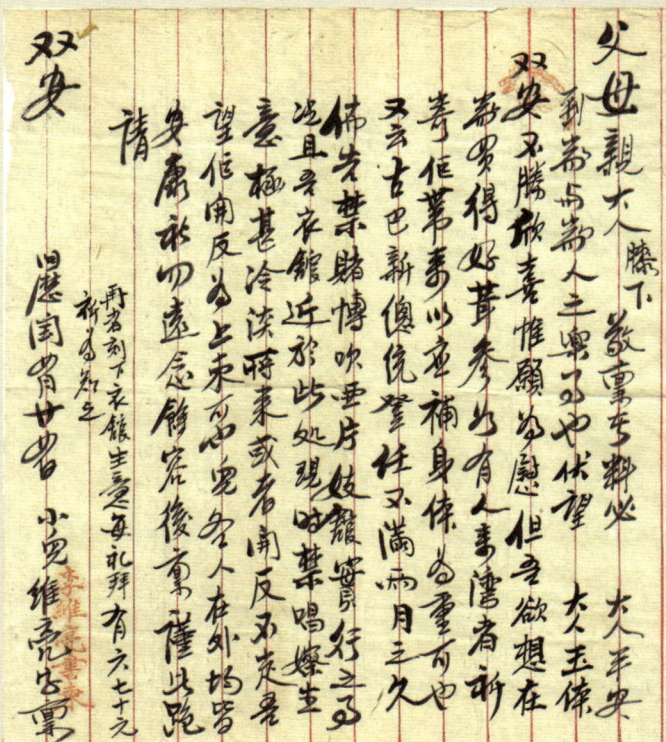

　　这封家书写于 1925 年 6 月 14 日，由古巴舍咕埠（Ciego de & Aacute, vila, 古巴中部城市，谢戈德阿维拉省省会）寄回广东省台山县温边村，书信作者李维亮是我的二祖父，收信人是我的曾祖父和曾祖母。家书主要内容是讲述 1925 年曾祖父衣锦还乡后古巴的情况。

---

　　① 唱叉：唱歌的丫鬟，指歌女。

曾祖父李云宏，生于 1881 年 10 月。1905 年，24 岁的他漂洋过海去古巴谋生。曾祖父出国后，在古巴舍咕埠开了一间洗衣馆，生意兴隆，赚钱也比较容易。他积极参加各种社会活动，出国后不久，便加入古巴洪门致公堂，认捐"致公堂馆底银"支持孙中山领导的辛亥革命，为推翻清王朝做出贡献。此后，在曾祖父的帮助下，他的两个弟弟云宽、云宾和二儿子维亮也先后去古巴谋生。1925 年 4 月，曾祖父首次回唐山，出洋 20 年后钱财就手，衣锦还乡，随即大兴土木，耗资 6 656 元于当年在乡下建起一间新房屋，好不风光。而此前 20 年间，一家 4 人先后出国，按当时去古巴每人费用约 1 000 元算，4 人出国的费用已经约 4 000 元，这些钱一般是出国前在国内赊账，出国后赚钱逐步寄钱还清的。出国后，他们每年定期寄钱回乡赡养一家老小，为在乡下的大儿子娶了媳妇，还买了几块田地，这样算来，自曾祖父去古巴后 20 年间寄回家乡的侨汇约 2 万元，平均每年为家庭寄回侨汇约 1 000 元，这对于正处于贫穷落后的台山家庭来说，可谓"及时雨"。

二、侨汇衰退期（1926—1958 年）

1925 年 4 月曾祖父回唐山，与妻儿相聚共享天伦之乐，在家乡度过了他一生中最美好、最幸福的一年。在他回乡后不久，家里喜添男孙，半年后他在乡下建起了一间新房屋，一年后，家里又生下一个小女儿，喜上加喜，好不热闹。然而，在他回唐山后，古巴风云骤变，此后华侨的日子越来越难过，古巴侨汇进入衰退期。引发侨汇衰退的因素主要是以下几个：

（一）古巴新政导致华侨主行业走向萧条，华侨寄钱锐减

1925 年 6 月，二祖父寄给曾祖父的家书中说："古巴新总统登任不满两月之久，布告禁赌博吹亚（鸦）片妓馆实行之事，况且吾衣馆近于此处，现时禁唱叉，生意极甚冷淡。"11 月又写信说："旧岁不同今年，因古巴新内务部长严禁赌博、妓馆、亚（鸦）片数条，商务日日冷淡，无工可做。吾闻得今年古巴糖寮有多数唔开较（绞），现时（市）上白糖出口每斤三仙，黄糖每斤二仙，知之可也。"1926 年 1 月再写信说："吾在外因生意冷淡如常，未见有一日之兴旺……十二月有一卫生局员到来吾店查屋，谓要衣馆一律壮（装）去水龙，然（并）要吾十日内壮（装）好；如若唔遵规例不能做得衣馆，然（并）要罚款。"

这里前后三封信反复强调古巴新政给工商业带来的影响。1925 年 5 月，古巴自由党格拉多·马查多·莫拉莱斯（Gerardo Machado y Morales）上任新总统。他的立场亲美，惯常破坏民主政治和镇压工人运动，对内实行独裁统治，对外屈服于美国。他上任不足两个月，便宣布新政，对华侨赖以生存的行业造成巨大的冲击。早期出国的

华侨，大多数是靠着"三把刀"（菜刀、剪刀、砖刀）闯天下，古巴华侨也是如此，亚湾（哈瓦那）及各埠的华人以餐馆、旅店、洗衣馆、咖啡馆、杂货店等为谋生的主行业。新政推出后，服务行业生意一落千丈，一些餐馆、旅店被迫停业，服务行业逐步走向萧条。

二祖父的洗衣馆刚好在新政影响的街区，服务行业的萧条导致洗衣馆生意极其冷清，每周营业额只有 60—70 元。此后，古巴卫生部门又要求洗衣馆安装自来水，华侨为了生计，不得不花钱安装自来水，经营成本不断加大，生意难以维持。虽无奈，二祖父也只能希望政策上尽快解禁。

（二）美国经济危机转嫁古巴，失业华侨不计其数，无钱可寄

在古巴国民经济中，蔗糖及其副产品的出口额占国家出口的 80%，占国内生产总值的 30%，蔗糖业成为古巴国民经济的命脉。蔗糖的出口市场以美国为主的单一性和固定性，使古巴经济对美国产生极大的依附性，导致古巴进出口贸易受到美国控制，严重的对外依附使古巴的经济基础极为薄弱。1929 年美国经济危机爆发，引发了长达四年的资本主义世界经济危机。美国为转嫁危机，提高对古巴的蔗糖关税，使古巴蔗糖在美国市场的比重从 1930 年的 49.4% 下降到 1933 年的 25.3%。古巴被迫将蔗糖推向国际市场，造成糖价暴跌，古巴也深受其害。从家书里可知，1925 年 11 月古巴蔗糖价每斤（磅）为 3 美分，1928 年降到每磅 2.18 美分，1932 年暴跌到每磅 0.517 美分的最低点，蔗糖价格大幅下降，对美国输出蔗糖总值由 10 380 万美元锐减到 3 800 万美元。古巴糖产量也急剧下滑，1929 年糖产量为 535 万吨，1933 年下降到 234.2 万吨，此后到 20 世纪 40 年代前糖产量也没有起色。蔗糖出口锐减以及产量的下降，使古巴经济遇到前所未有的危机，工资水平下降，失业率急剧上升，经济濒临崩溃。从 1929 年起，古巴走进 10 多年的经济衰退期。

曾祖父回唐山一年多，金银用尽，还欠下了一笔债务，不得不于 1927 年再次离乡来到古巴，刚好遇上古巴经济衰退期，数年间，很少有银信寄回家乡，侨汇比以往大减。这段历史，曾祖父在 1934 年 8 月写的家书中这样描述："鄙人观祖国生计艰难，是以挺身走险。抵古以来，因世界不景气，经济恐慌，华侨在处无工栖身者不知几岁，所以年来甚少艮（银）两付返家用。鄙人未有家用汇归亦经已数年，去岁十二月间在处购艮纸一张，伸（申）港艮（银）叁十元……"从这里可以看出，曾祖父自重返古巴后 7 年间，只有一两次寄钱回家乡。

（三）古巴本土人排外风潮迭起，社会不安定因素增加

20 世纪初，随着中国侨民日益增多，古巴政府出现排外情绪，借机提高移民费，初期提为中国银 70 元。1925 年祖父想去古巴，办护照的费用已升到 120 美元，再加上旅途各种费用，用银要过千元。由于成本过大，加上古巴经济衰退，祖父最后打消了出国的念头。1925 年下半年，古巴政府出台移民新政，只办理出境护照，不办理新移民入境护照，古巴政府排外情绪暴露无遗。

1931 年 6 月，曾祖父在寄给祖父的家书中说："现下居处，失业工人日日多，无工做，无处归宿，各行生意冷淡，一落千丈，损失太大。经济所迫，难以求食，未知何日得复回言（原）状，常时见土人有排外人风潮起，在处外国人心不安也。"从这里可以知道，古巴经济危机加重，失业人数日增，加剧了各种社会矛盾的激化，古巴本土人排外风潮迭起，以服务行业为主的华侨常处在惶恐之中，深受其害。

1944 年，古巴政府实施对外侨的《五十法例》，该法例规定："凡旅古外侨经营工商业、农业的，必须雇用百分之五十的古巴人，如需裁员，则先裁减外侨。"古巴政府不敢触犯帝国主义的大企业，而向华侨的小本生意开刀。虽然此法例后来遭旅古华侨职业团体联合会坚决反对，迫使古巴政府没有强制执行，但其破坏力也是相当大的。当时有些歹徒纠集社会上一些人，借口华侨不执行《五十法例》，乘机向华侨商店勒索，甚至进行捣乱、破坏，华侨深受其害。

1949 年 5 月 2 日，曾祖父在寄回家乡的银信中说："吾前者居处有衣馆一间在本埠，吾见身体有小病及年老迈无力固（雇）工矣，见（经）出卖过别人有数年至（之）九（久）矣。"曾祖父在古巴经营数十年的洗衣馆，在古巴经济衰退、排外风潮和《五十法例》的冲击下，举步维艰，加上他年老无力、身体有病，本来已经难以经营的洗衣馆更是无法维持下去，也无能力雇用当地工人，大约 1945 年间，他忍痛将经营数十年的洗衣馆出卖了。

（四）第二次世界大战爆发，汇路中断

20 世纪 30 年代后期，第二次世界大战爆发，中国成为太平洋地区的主战场。古巴虽然未卷入战争的旋涡，但自 1938 年 10 月广州沦陷后，银信进入侨乡的各条邮路断断续续，银信丢失很多，侨眷损失惨重，汇路基本中断，侨乡人民陷入了苦难的深渊。抗日战争胜利后，邮路重新接通，书信来往恢复正常，家书里也将这段惨痛的经历记录下来。

1946 年 1 月，祖父在寄给古巴曾祖父的回批信中说："民国卅年十一月尾由西宁市源益宝号汇来香港银贰（二）佰大元，连付来银信不见收到，请大人居外追查银行该港银收回，免至误后可也……自旧年五月初六日本仔沦陷台山，日本仔上村乡抢劫财物，但（单）我新屋天面破怀（坏）两处，及小门口走龙（栊）大门被废烂，又及大门口边房门、两边走水窗被废烂，我屋财物被（劫）失些少……至于各物，日续价高，白米每斤 130 元，生油每斤 500 元，上味每斤 60 元，猪肉每斤 640 元，土布每套五六仟元……旧年敌人沦陷（我家乡）时至今两年，生产田禾谷及杂粮收割甚少，无法维持粮食，合家酌议愿将实业田按揭国币六万余元，取来救急粮食，免至（致）饿死生命。每日两餐食粥捱日，救回合家各人生命安全。至于环境，来年米价重高涨一倍，见字请速付银回家购米粮之要用也。"从上述家书可知，民国三十年（1941）十一月曾祖父寄回家乡的银信 200 港元丢失。抗战期间台山沦陷，日军上村抢劫财物，拆烂我家祖屋多处，抢走财物一批。又遇上广东大旱，庄稼连年无收，物价飞涨，曾祖母在战争期间患病去世，曾祖父的小女儿金足也在沦陷期间失散，去了阳江求生，还差点全家都饿死。这封家书里祖父恳请曾祖父迅速寄钱回乡购买米粮。

（五）战后华侨逐渐老年化，侨汇逐年减少

古巴华侨多数是清末民初移民出国的。20 世纪 20 年代末期，古巴卷入了资本主义经济危机中，进入经济衰退期，加上古巴政府提高移民费，限制华侨入境，本土人排外风潮迭起，新移民逐年减少。抗战胜利后，饱受煎熬的老一辈华侨已经错过人生赚钱的黄金时期，慢慢进入老年期，老年无钱养老，实在是人生最大的不幸。

1946 年 11 月，曾祖父年过 65 岁，他在信中说："吾居处前固（雇）工即是系牛马一样也，吾现下年老迈无力固（雇）工，况且身体有小疾病，居处住宿膳用两费有两余（年）半至（之）九（久）矣，手上金银用尽去了也，手上无一文存在，未知何日得回唐也，见字谅知（之）可也……"1948 年 1 月他在家书中说："吾今居处身体有病，年老迈不能固（雇）工，手上金银尽用，医病用尽去也，现手上无文所存也，吾有心无力扶助吾孙也，见字可知也……"1949 年 5 月他又写信说："吾年老迈无力固（雇）工，吾居处日求两餐，夜求一宿而矣也，见字谅知（之）……"1958年 10 月，曾祖父已年近八十，他在家书中说："我居处生意早数年失败，年老迈，今年有（又）八十岁老人，脚不能行动，用木棍来扶手行一二步。吾居处年老，不得过世，难矣，难矣！现今手上无一毛银可存，难矣（以）帮助矣，见字可知矣……"这几封信时间跨越 12 年，都是讲述曾祖父年老无力，无法做工，晚景凄凉。一代古巴老华侨，一生为家、为国操劳，献出了一切，自己晚年却身无分文，回唐山的愿望无法实现，最后客死异乡，实在令人悲伤。每次我读这些书信，都不禁潸然泪下。

　　1943 年，美国废除排华法案，此后，第二次世界大战结束，美国经济快速发展，取代英国成为超级大国。许多古巴华侨移居美国，古巴的华侨逐年减少，据古巴政府估计，1943 年有华侨 2 万余人，据《台山县志》记载，1953 年古巴的台山华侨有 6 833 人，这两个数字都比最高峰时期少得多，古巴侨汇也逐年萎缩。

三、禁汇期（1959—1975 年）

　　1959 年 1 月，卡斯特罗领导的起义军推翻了巴蒂斯塔政权，建立了革命政府。随后古巴实施禁绝侨汇政策，禁止一切外国侨民往国外汇款。古巴进入了禁汇期。这个时期的华侨汇款有如下特点：

　　（1）古巴政府每年给予中华总会馆侨汇总额 100 万比索。

　　1960 年，古巴与苏联、中国的关系密切起来，而与美国的关系则迅速恶化。7 月，古巴同中国签订贸易协定，同时颁布法令征用美国人在古巴的财产，将价值 15 亿美元的 400 家美资企业收归国有。9 月，中国与古巴建立了外交关系。10 月，美国宣布对古巴实施禁运。中古签订贸易协定后，古巴政府每年给予中华总会馆侨汇总额 100 万比索。禁汇期侨汇配额的历史记录，可以在二祖父 1964 年 3 月 6 日和 1965 年 10 月 25 日的信中找到："古巴政府前经通告，居留外侨分文不能出口，独念中华人民共和国援助浩大，迺（乃）许可每个华侨每年准汇一次""将货替代每年侨居古巴侨汇古币壹百萬元赡养亲属之故，除中国之外无一国做则（得）……有款项不能寄，多（的）是"。

禁汇，看来是很不合理的，但是在古巴处于国内经济困难，外受美国长期实行封锁禁运的情况下，也是一种自我保护的措施。古巴不准其他国家侨民寄侨汇，唯独对华侨网开一面，每年可以寄 100 万比索（折合人民币 245 万元）侨汇，这是华侨不幸之中的万幸。

在禁汇时期，侨乡侨汇收入骤减，侨眷生活苦不堪言。1963 年 12 月，患病多年的祖父在贫穷、饥饿中离开人世，终年只有 62 岁。1968 年 12 月我父亲写给二祖父的信中记下了这段惨痛的经历："我父亲临死之前有病，我向村中信用社借二十元都不给，借十五元奕（亦）不给，诸多转折只借了十元。我父亲死了，尚无一个兄弟婶姆行埋到（走过来）我家来商量过一句话。父亲死骸摆在厅底，我手上无文，无处借到一文，眼看无法殡葬，迫不得以（已）我向公家借了一笔款二百元才把父亲葬好……"

（2）"共产风"横扫古巴华人社会，华侨财产被政府侵吞，华人社会迅速式微，侨汇骤减。

· 1959 年卡斯特罗上台后，古巴哈瓦那及其他各埠的"中国城"成为他推行社会主义革命的对象，华人社区规模较大的私人企业在 1960 年就被国有化，大批勤劳致富的华侨，不管是企业主还是在这些企业工作的专业人士和熟练工人，一夜之间一无所有，许多人被迫两手空空离开了古巴。

为了摆脱单一化的经济结构，古巴政府决定削减蔗糖生产，将大片蔗田改种水稻、玉米等，图谋粮食自给。1961 年古巴产糖 690 万吨，1962 年降为 480 万吨，1963 年再降到 380 万吨，两年内降幅达 45%。蔗糖出口锐减，严重影响了国民经济的发展，加上美国长期实行对古巴封锁禁运制裁，古巴国内困难重重。

1968 年，卡斯特罗发起了向共产主义直接过渡的"革命攻势"运动，古巴各埠余下的华侨小商贩和餐馆等一夜之间都被没收。在这次运动中，二祖父苦心经营多年的餐馆被"共产风"刮走了，当年抱着财富之梦离乡背井来古巴，到此梦幻破灭。此后，进入老年期的大批华侨只有依靠每月数十元的微薄养老金维持生活。

自 20 世纪 50 年代开始到 1963 年，曾祖父基本没钱寄回家乡。50 年代末期，曾祖父已近耄耋之年，常记挂家乡的亲人，想回家乡，1961 年他写信说："我金（今）年八十二岁①，年老迈，无力固（雇）工……又身体有病核（咳）症，有年至（之）久已（矣），无艮（银）医调理……"他自己虽然日子不好过，却为没有钱寄回家乡而感到很内疚。1963 年 10 月 8 日，曾祖父在贫病交加中与世长辞，他出洋去古巴 58

---

① 八十二岁：台山民间以虚岁算年龄，出生当年算一岁。实为 80 周岁。

年，最后财富之梦破灭，含恨客死异乡，始终无法实现落叶归根的夙愿。曾祖父的一生，是老一辈古巴华侨的缩影，见证了古巴侨汇的兴衰。

自古巴实施禁汇起至1974年的10多年间，古巴政府每隔数年给予每位华侨的汇款配额有所增加。下面以我收集的多个家庭1962—1974年的古巴华侨书信和二祖父寄回来的《中华总会馆侨汇细则》记录的侨汇配额变化做比较，来看看古巴侨汇政策的变迁：

年份	父母妻子限汇	兄弟姊妹限汇	伯叔侄孙及其他限汇
1962	100 比索	50 比索	50 比索
1963	100 比索	50 比索	50 比索
1964	100 比索	100 比索	50 比索
1965	120 比索	100 比索	50 比索
1966	130 比索	110 比索	60 比索
1967	140 比索	120 比索	80 比索
1968	140 比索	120 比索	100 比索
1969	150 比索	120 比索	100 比索
1970	150 比索	130 比索	100 比索
1971	150 比索	130 比索	100 比索
1972	150 比索	130 比索	100 比索
1973	150 比索	130 比索	100 比索
1974	270 比索	270 比索	270 比索

从上表的侨汇配额变化看，古巴政府给予每位华侨的汇款配额每隔数年有一些增加，从表面看来是古巴政府逐年放宽了侨汇政策。然而，随着古巴社会主义进程的深入，"共产风"横扫古巴华人社会，失去财产的华侨只能依靠每月40—60元的微薄养老金艰难度日，大批老华侨在贫病交加中含恨去世，华侨陷于无处容身的境地。为求生存，一波波华侨出走潮涌起，成百上千的华侨离开古巴，有能力寄钱回乡的人越来越少。1961年古巴中华总会馆登记注册的华侨有9 002人。1970年古巴人口普查数据显示，华侨总数为5 892人。由于汇款人数大幅萎缩，1973年中华总会馆侨汇配额还剩余数万元。由此可见，这些年侨汇配额增加的真正原因并不是古巴政府放宽侨汇政策，而是在每年给予中华总会馆100万比索侨汇总额不变的情况下，由于华侨

汇款人数急剧减少，古巴政府将剩余的侨汇配额重新分配而已。

按照 1974 年《中华总会馆侨汇处通告》中"每人可汇二百七十元，不能超出此数，但可以少汇"的汇款原则，以当年 100 万比索侨汇总额概算，1974 年在中华总会馆登记注册的华侨有 3 703 人。实际上，真正能汇款的人数肯定比这个总人数要少。从 20 世纪初的二三十万华侨，到 1974 年的 3 703 人，古巴华侨迅速减少，古巴侨汇走向衰竭。

虽然古巴禁汇，但是二祖父还是想尽办法寄钱回乡，每年侨汇配额用尽了后，又借别人的名额汇款，甚至冒着犯法的危险采用虚名假地址寄钱回乡，可见海外华侨的一片苦心。自 1963 年到 1974 年，我家族共接到古巴寄来的侨汇 16 笔 1 900 比索，其中我父亲收到 1 100 比索（约 2 695 元人民币），平均每年收到侨汇 225 元人民币（相当于我父亲当年 5 个多月的工资）。这些侨汇，使我们家庭平安度过了人民公社化运动、"文化大革命"这些新中国最困难的历史时期。1975 年 4 月 14 日，二祖父在古巴因病去世，他的养子玛料李芳因不懂中文，又不识英文，从此与我父亲失去联系。

一个古巴华侨家庭，一家三代背井离乡去古巴谋生，演绎了一个五邑侨乡家庭的平凡故事，70 年中古历史，80 多封华侨银信，记录了 20 世纪古巴侨汇由全盛期发展到衰退期再到禁汇期，揭开了一段古巴侨汇发展的历史，也见证了古巴华人社会的兴与衰。

参考文献

1. 黄卓才：《鸿雁飞越加勒比：古巴华侨家书纪事》，广州：暨南大学出版社，2011 年。

2. 刘金源：《古巴的单一经济及其依附性后果》，《学海》2009 年第 4 期。

3. 台山县地方志编纂委员会编著：《台山县志》，广州：广东人民出版社，1998 年。

4. 《台山县志》编写组编著：《台山县志》（1963 年版），台山县档案馆，2000 年印行。

5. 梅伟强、关泽锋：《广东台山华侨史》，北京：中国华侨出版社，2010 年。

6. 谭国渠、胡百龙、黄伟红主编：《台山历史文化集》，北京：中国华侨出版社，2007 年。

7. 陈晓燕、杨艳琼：《古巴华工案与晚清外交近代化》，《浙江社会科学》2005 年第 3 期。

新宁铁路运载银信史实

　　台山，位于广东西南沿海，清朝末年，交通闭塞，生产力落后，自然灾害频繁，以致出洋谋生者众，被誉为"中国第一侨乡"。民国初年，由旅美华侨陈宜禧先生兴办的新宁铁路开通后，大大改善了台山地区交通落后的状况，大量的侨汇、物资随着新宁铁路流入台山，成为推动侨乡经济发展的主要动力。特别是铁路沿途的车站墟镇，每个站墟成为一个中心消费墟集，一般设有茶楼饭店、金铺银号以及苏杭布匹、华洋杂货、海产山货、油糖酒米、医药等商铺，开办"接理外洋书信银两、邮政汇兑"业务，商家大都经营银信业务，成为侨乡的一大特色。因此，邑侨之银信，乘借新宁铁路火车之便利，进出侨乡，侨批业务遍布台山每个角落，每年数以千万美元计的侨汇收入，推动了台山及邻近地区政治、经济的发展。台山城区热闹非凡，店铺林立，商品琳琅满目，因此赢得了"小广州"的美誉。

　　新宁铁路运载银信有如下几种形式：

　　一是火车邮局直接寄递银信。

图1

　　图1是一枚1929年9月20日由台山大塘墟火车站"益生堂药材"店寄墨西哥的回批封，贴民国北京二版帆船1角邮票，为国际平信邮资，销"广东·大塘墟"全中

例　規	巡閱	店保擔	
（一）憑票對相本人搭車准收半價 （二）如坐頭等位均須按等收銀如收以五成賞指證之人 （三）票員串同瞞匿或收銀不寬票查出罰銀五倍 （四）如冒認李銀物超過定額須照章納腳 （五）解除巡馬職業時應即將票繳銷 （六）此票本公司有權隨時取回	閱城平　李村馬　周江	口口 東生棧 總理　陳宜禧	民國十一年十月十二日發

路緫寧新

各鄉巡城馬搭車半價票價

图2

图3

文腰框式邮戳，封面左上角盖一枚黑色"广东台山大塘站益生堂药材·代理邮政兼汇兑"椭圆形侨批戳，乘新宁铁路火车寄出，封背销"阳—宁·火车邮局"中英文腰框式火车邮戳，经广州中转，封面盖9月22日"广州·CANTON"机盖水波纹中转戳，经过水陆路的长途跋涉，于10月15日到达美洲墨西哥的墨西卡利市（Mexicali），邮局加盖当日落地戳后交华侨许昌智先生收。民国时期，经新宁铁路运载的侨批有很多，但盖"火车邮局"邮戳的银信封少之又少，这枚封邮路清晰完整，是一枚难得的火车邮局运载银信邮史封。

二是水客搭乘火车传递银信。

在江门五邑华侨华人博物馆里，珍藏着一帧民国十一年十月十二日"新宁铁路各乡巡城马搭车半价票"的证件（见图2），上有陈宜禧的亲笔签名。巡城马又称水客，他们的工作是传递银信，也兼有陪伴照料华侨回乡和出国的差事。给巡城马半价搭乘火车，减轻寄递银信的成本，加快了银信传递的速度，体现了陈宜禧对海外华侨和侨眷的照顾，也间接地鼓励了海外华侨多寄钱回乡，支持家乡建设。

三是信局与火车邮局接驳银信。

图3是1932年香港寄台山的实物信，1932年11月28日（十一月初一）香港新成利号托水客将担保信一封及鹿尾巴等珍贵药材带回

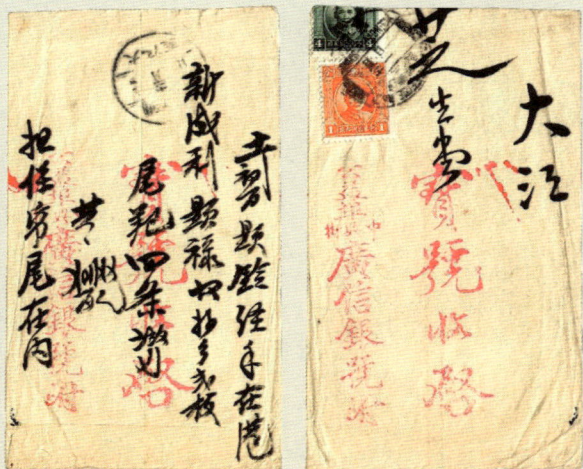

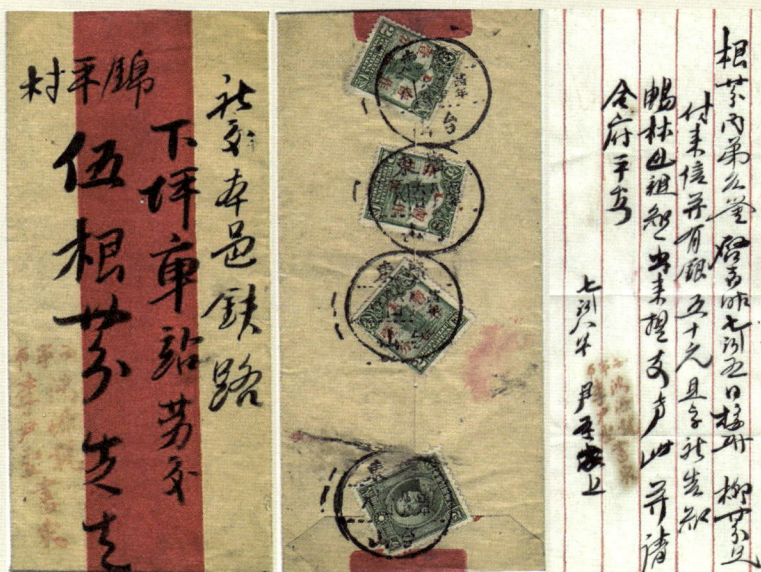

图 4

台山公益埠中兴街广信银号；广信银号收信后，贴上孙中山像 1 分、4 分邮票各一枚，销 12 月 1 日"阳—宁（二）"火车邮局戳转寄，当日到达大江邮局转交大江芝生堂宝号收。信局与火车邮局接驳，完成银信寄递的全过程。

台城是五邑地区银信交换中心，从外洋寄台山各墟镇的银信，很多经过台城中转。为加快传递速度，一些银信机构在收到外洋银信后，将收银通知直接寄到铁路沿途火车站转交收银人。图 4 是 1935 年 8 月 6 日台城西宁市鸿源号（现在北盛街 77—79 号）寄下坪的收银通知，由于该号在新宁铁路总站旁边，信局人员采用当时最方便快捷的方式——铁路，将收银通知寄到下坪火车站，由车站邮局交给收银人。这样大大地加快了银信的传递速度。

四是华侨回乡乘新宁铁路火车带回银信。

海外华侨归国，衣锦还乡之时，带回的是一个个装满金银财帛、银信和金山货的沉甸甸的"金山箱"。它用优质硬木制成，上下四角包镶厚铁皮，前后有粗铁环，整个箱体钉上闪闪发光的铆钉，没有三四个人还搬不动，要用马车才能拖回。清末民初，邑内交通落后，关山阻隔，盗贼猖獗，华侨在路途中承担风险极大，一不小心就会被盗贼劫走在海外奋斗一生积攒下来的血汗钱。陈宜禧在海外筹建新宁铁路时曾对侨胞们讲："如果新宁无条铁路，就算你在金山捞到满盘满钵，亦勿能够多带一个金

图5

图6

山箱返唐山，你又讲乜叻。"他的话可以说明建新宁铁路的重要性。

　　新宁铁路通车后，华侨可以乘新宁铁路火车快速、安全地将"金山箱"运回家乡，伴随流入的是大量银信、侨汇和金山货，金山客也可以光宗耀祖、落叶归根。

　　小时候，我家乡房阁里放置着几个褐沉沉的"金山箱"（见图5），父亲说是20年代曾祖父从古巴带回来的，尘封在那里数十年了，那时也想象不出"金山箱"是怎样带回来的。80年代初，我开始爱上了集邮，于是回家翻箱倒柜，终于在"金山箱"顶部的暗格里找到数十个红条信封，大多数邮票已经脱落。我当时很失望，后来知道这些是银信后才喜出望外，这些红条信封便成为我收集的第一批银信封。

　　五是新宁铁路公司参与解汇业务。

　　据《商办广东新宁铁路公司民国二年总结册》记载，民国二年香港分公司新收汇项银253 990.39元，加上年结余汇项，合共进收汇项银256 158.19元。这些款项由海外汇进香港，再由香港分公司汇入台山总公司。可见，新宁铁路公司也直接参与解付侨汇。图6是新宁铁路公司公函封，192×年11月10日销"宁—阳（三）"火车邮戳寄香港大马路公有源金山庄转交马叙朝先生收。公有源金山庄是由台山白沙马氏家族经营的银信机构，从民国到新中国成立初期，在香港和台山均设有分支机构，为邑人接驳侨汇，因此这封银信也可作为新宁铁路参与银信业务的历史见证。

　　由上述史料可见，新宁铁路建成后，铁路成为五邑银信进出侨乡的主要通道；民国时期，在大量侨汇的滋润下，台山经济迅速发展，成为五邑地区的"火车头"。

五邑银信的收藏与开发利用 *

近年来，随着银信档案申遗的不断深入，五邑银信收藏在江门地区也逐渐兴起，出现了一些收藏、研究银信的佼佼者，他们拥有为数不少的银信，五邑银信珍罕品更是集中在他们手上。他们通过参与各种社会活动、举办集邮展览、发表相关银信研究论文等形式大力宣传五邑银信，在社会上的影响越来越大。但与潮汕地区相比，五邑地区的影响力相对较弱，怎样才能将五邑银信推广到全国甚至世界，是值得我们深思的问题。下面浅谈我的几点意见：

一、成立五邑银信收藏研究会

近年来，江门地区五邑银信研究有了不少进展，一些专家学者和资深集邮者在各自领域研究银信，取得了一定的成绩。江门市档案局、广东侨乡文化研究中心等官方部门在这方面也大力支持，出版了相关著作。但与潮汕地区相比，我们还是处于打游击阶段，各自为政是五邑银信研究的现状。五邑银信研究者不能突破自己的研究领域，未将五邑银信整体的全面性、珍罕性体现出来。成立五邑银信收藏研究会，将五邑银信收藏者、研究者联合起来，建立一个互相交流的平台，已迫在眉睫。我建议由江门市档案局或广东侨乡文化研究中心牵头，组建五邑银信收藏研究会，将五邑银信收藏研究者聚集一堂，共同研究、共同开发，以突破各自的研究领域，收获更多科研成果。

二、出版五邑银信研究刊物

平时，银信研究者写的一些相关研究论文可以在各种集邮刊物上发表，但集邮刊物一般是集邮界内部交流的刊物，非公开发行刊物，其影响力是有限的，未能引起社会上的重视。五邑银信研究者缺乏一个学术交流的平台，以致五邑银信研究方面的论文不多，新发现、新观点更少，研究也不够深入，未能真正向社会展示丰富多彩的侨乡文化，银信作为文化遗产的珍罕性、震撼性也未能展示出来。因此，我建议江门市档案局定期出版五邑银信研究刊物，让百花齐放、百家争鸣，将五邑银信研究推向一个更高的层次。

三、举行多种形式的学术研讨活动

五邑银信虽然已入选世界记忆遗产亚太地区名录，但要成功申报世界记忆遗产名录，仍需要加大宣传力度，加强学术研讨，不断将银信研究推向更高的层次。我建议

---

* 本文是在 2012 年首次五邑银信研讨会上的发言稿。

有关政府定期举办各种五邑银信研讨会，举行相关展览，扩大影响。在这方面，汕头的成功经验值得我们借鉴。近年来，潮汕地区已经举办三次银信研讨会，出版多部相关研究学术论文集，收到良好的宣传效果。

四、在政府层面支持银信收藏者对银信的研发

现在的五邑银信收藏者大都是工薪阶层人士，他们凭借自己独到的眼光，用自己辛苦节约下来的工资，通过各种渠道去购买银信，为收藏保护、整理研究这些文化遗产付出了很多。可以说，每一封银信，都凝聚着他们的心血。政府应从物质上、精神上大力支持他们，鼓励他们积极参与银信的研究和开发利用，为研究银信史提供完整的资料。

五、重视五邑银信机构的保护与开发

五邑银信机构繁多，以台山为例，从清末到民国时期，先后在台山经营过银信业务的机构多达数百家，既有公办的银行、邮政局，也有私营银号和各类商号，这些银信机构大部分集中在台山西宁市。据资料考证，1948 年在台城注册的私营银信机构就有 137 家，公办银信机构有 20 家，还有大量未注册的兼营银信机构。此外，目前台山已发现的 80 多个侨墟，每个侨墟都有一两家甚至更多家银信机构，台山银信机构规模之大、数量之多是全国任何地区无法比拟的。银信真实地反映了从清末到民国时期海内外台山人的生活状况，而银信机构就是这些银信的中转机构，记录了银信运作的全过程。银信机构不但富有文化和历史内涵，而且很多建筑物保留了中西合璧的侨乡建筑风格，也是"银信档案"的重要组成部分。随着银信业务的消失，这些机构也逐渐萧条，甚至荒废、凋零，如何保护和开发这些银信机构已迫在眉睫。对福建漳州"天一信局"保护与开发的成功经验值得我们借鉴，政府可将银信保护与开发和侨墟、银信机构结合在一起，将台山西宁市街区活化为银信街，作为五邑银信的地标建筑，为五邑银信的研究、保护提供平台。一旦"银信档案"成功申报世界记忆遗产名录，台山西宁市银信街也自然会成为记忆遗产的重要组成部分。

抗战时期五邑华侨的家国观 *
——以抗战时期五邑华侨书信为例

广东江门五邑，华侨众多，有"中国第一侨乡"之美誉。旅居海外的五邑华侨，肩负着赡养家眷、建设家乡的责任，银信成为华侨履行这些责任的主要载体。20 世纪 30—40 年代，在众多美洲国家排华法案、种族歧视的共同影响下，华侨在侨居国的生活举步维艰。早期出国的邑侨，由于文化程度低、外语水平不高，大多以"三把刀"为职业，通过出卖廉价的劳动力来赚取微薄的收入，入不敷出、囊中羞涩是常事。抗日战争爆发后，海外华侨又肩负着抗日救国的重任。抗日战争时期，大量海外华侨银信寄回祖国，为保家卫国做出了重要贡献。下面以几封抗战时期的台山华侨书信为例，透视五邑华侨的家国观。

一、先国而后家，倾囊购国债

这是一封抗战时期的台山华侨书信，书信全文如下：

彩环妹妹：

今天适到唐人埠一行，见得你有信寄给我，不知夹在谁人的信寄来。但是对于回信，我亦不愿夹在他人的信寄回。夫寄信给妻是平常一椿（桩）事。一也，托别人费邮费失了男子气骨；二也，对父母不公开，十分对父母不住；三也，对于这种行动，吾永不能做到。现在不畏艰难的奋斗，不外欲多少舟费回家见家父。家父的人，为人忠厚，他永为我羡慕。同时，绝不能忘他教养我的痛苦处。于是家父常在我的脑海中。

儿女的学费，总之我设法早日寄回，切勿挂望。我和伟崇兄通讯这椿（桩）事，实万分对他不起。奈因两年以来，没有实济（际）的地住，东走西往，为着自己生活问题。现在半年过去，我与失业（者）们为伍。旧日积蓄的银，已经尽购了公债。在纽约倘不购公债的人，（要）捉了去游街示众。躺（倘）若我不购公债，将来回国我的立场有关。于是简并将前日积得之银尽购公债，（原）谅我罢。同时，现在我们中国人，要先国而后家，然后我（们）的民族（才）可能在世界上求生存。<u>国亡家何在？</u>

现在我转了生活去学操<u>洗衣馆</u>工业，每日做十六至十七个钟头，但是学工所得工金不多，每星期不过得七八元之间。对于七八元的数，实在不能供给房租伙食。不过工作成熟之后，然后方能自创一间。但是创得之后，未知生意如何？倘若理想达到目的，二年我亦可以回家。但回家之后，我亦不再来美。美国工业太淡，多数华侨将来

---

* 本文曾在 "2016 国际移民书信研究国际学术会议" 上宣读。

银信邮史研究

有孔子在陈之叹。见此惨状，实不愿闻。

　　对于你们往南洋，试问有何好的生活？倘若有生活还好过在家，我实不能指（止）制你们。但是我为男儿一个，求相当职业，觉得如此艰难，莫非你有飞天之能？但是人生各有个人的天聪。或者我实对你们不住，同时或有不满意处，无论你们往别处求生活，我永不追，誓愿永不追。对于我苦学等等，学问不过为儿女将来求出路。我亦知到（道）你们吃苦，但是食得苦中苦，方为人上人。格言的句。

　　墨水笔，洋楼仔，我实不寄。你知到（道）了，我现在外洋，写信亦不用墨水笔，不用洋笺纸，中国人要用中国货。望你在家买多几枝（支）羊毛缥笔给她用才是。于国内儿童不应穿洋服，绵（棉）布衫比交（较）还好些。望你们在家节俭成

（诚）实为□。再说及，倘若你们去南洋求生活，我□□□□□。奈因我不挂家中人等，我亦欲回国充当士兵的职，为国牺牲，尽男子的骨肉为民族而争生存。对于下次有信给我，或你对于（购）邮票不敷，劳夹在家父的信寄来。倘若家庭中的人不能相信，实在不成家庭。望你在家教养儿女们，服侍家翁家姑妥善才是。顺请

健康！

兄：丹谷

这封书信的作者伍丹谷是台山冲蒌官窦龙华里的一位华侨，乡下有父母、妻子、女儿、儿子5人，抗战前数年移居美国纽约。在写信时的两年来，为了生计，他到处东奔西走，居无定所，最近半年还陷入失业大军队伍，餐风露宿，常有"孔子在陈"之感叹。

1937年"七七"事变发生当天，纽约华侨便成立了救济总委员会，选举司徒美堂等为执行委员，负责协调美洲华侨的抗日救国运动。1937年8月，美洲的华侨团体联合成立了旅美华侨统一义捐救国总会，组织抗战宣传活动，大力发动海外华侨捐款、购买国债，支援祖国抗战。为了筹集更多的资金，当时"纽约全体华侨抗日救国筹饷总会"制定华侨认购国债办法，规定：民国二十七年一月底以前为第一期，每人至少要购大洋公债五十元或美金公债十五元；由民国二十七年二月至七月底为第二期，每人至少要购大洋公债五十元或美金公债十五元；由民国二十七年八月起，每月每人至少要购美金公债五元，另一次性购机捐款每人最低限度要捐美金十元，及一次性购救护车捐款每人至少三元。凡不照捐者，查出即认为不肯尽国民义务，应科以罚金，作为救济难民之用，仍登回收条①。为了表明自己的立场，支援祖国的抗战，伍丹谷毅然将那几年节衣缩食积累下来养家的血汗钱，全部用于购买救国公债。两手空空的他只好去一家洗衣馆学做洗衣工，每日工作16—17小时，每星期仅得7—8元学工薪金，而仅靠这些微薄的收入，连自己的生活也无法维持。此时，他先后收到妻子彩环和女儿伍盘月、儿子伍天邦等家人寄来的数封催银信。

伍盘月在1939年2月23日寄给伍丹谷的信中说："现我姊弟二人仍未有银作为学费。现启新（学校）各父兄议论，前数年的学生，学费尚欠数年。今年准（规）定（学生）交足半年学费，（才）准于（许）入校念诗（书）。若无银交者，不准入学。我（姊弟）二人仍未有银交去。爸爸接得我的信，儿（宜）请早日寄银（给）我姊弟

---

① 纽约全体华侨抗日救国筹饷总会：《纽约全体华侨抗日救国筹饷总会征信录》，美国纽约，1939年8月印行，第2-3页。

入校，以免在家闲游。我经已读有三四年，倘若无银入学，即是半途而废。爸爸真是可爱儿女们读书。但是前水路不通，现在已经水路通行。亦有许多人寄银度（新）年。千祈接到我信，即寄银买飞机（邮）付来家，以应需及我们的学费入学为好。"

此后他又收到女儿和儿子的来信说："请快快寄银（我）姊弟二人读书。……家中亦冇钱，饭冇食饱，谜一切勿（没）有，你看苦切（楚）吗？……你如何不寄银呀？"

见到儿女的亲笔来信，伍丹谷心里本是甜滋滋的，但看完这些求银信后，心里又是一阵讲不出的苦涩。启新学校就在自己的村门口，儿女却因无钱缴费而失学，乡下全家老小还要挨饿。家境如此凄惨，令人心酸。而此时此刻，伍丹谷囊空如洗，实在无钱寄回家了。身为儿子、丈夫和父亲的他，无法履行养家教子的责任，心里感到很内疚。但想到祖国山河破碎，正在遭受日军践踏，一股正义之气从心头升起。虽然对不起家乡的父母、妻子和儿女，但他并不后悔，为了抗日民族斗争的胜利，他在给妻子的回信里说："现在我们中国人，要先国而后家，然后我（们）的民族（才）可能在世界上求生存。国亡家何在？……我亦欲回国充当士兵的职，为国牺牲，尽男子的骨肉为民族而争生存。"至于儿女的学费和养家的费用，只能设法早日寄回，"……（原）谅我罢"。简短的几行字，可见伍丹谷愿为祖国献出自己一切的赤子丹心。

既然钱已经全部献给了祖国，要怎么向家人解释呢？伍丹谷在信中对妻子解释说，"在纽约倘不购公债的人，（要）捉了去游街示众"。对照上面纽约华侨认购国债的办法，我判断这句话只不过是他为了得到妻子、家人谅解，在无可奈何的情况下编造出的一个善意的谎言。从另一个侧面我们可以窥见他因无法履行养家责任而内心产生愧疚。

银钱与书信，是五邑银信的两个要素。寄钱回家，是海外华侨履行养家责任的主要办法；书信，则是传递侨情、教育家人的主要载体。此时伍丹谷虽没钱寄回家，无法履行养家的责任，但是教育家人还是很有必要的。于是他用以下方法教育家人：

首先是从我做起，以身作则，把中华民族的优秀文化带到海外。他虽然旅居海外，但并不崇洋媚外，依然保留中华民族的优良传统。旅居美国多年，他写信依然用毛笔、国产信笺，文房四宝成了他随身必备之物品。他说男人要有男子气骨，常以他父亲的忠厚为榜样，严格要求自己，在家族中树立了一个良好的形象。

其次是书面教育。他教育家人"中国人要用中国货"，不要稀罕那些洋货。他嘱咐妻子在家要好好教养儿女，买多几支羊毛笔给儿女习字，见到女儿写来的家书上有错别字，他一字一字地修正，并将修改好的稿件寄回给女儿抄正。同时，他教育儿女在衣着上不应穿洋服，还是穿土棉衫较好；在家要勤俭持家，诚实为人，还要妥帖服侍好家翁家姑；他还用"食得苦中苦，方为人上人"的格言激励家人勇于渡过难关。

虽然这几行字非常简短，但可看出五邑华侨浓厚的家庭观念，体现了伍丹谷对家庭无微不至的精神关怀。

2015 年初，我们到冲蒌官窦龙华里了解伍丹谷的家庭情况，该村中年龄最大的 80 岁老人伍庭照告诉我们：伍丹谷为了实现他的救国梦想，抗战后期报名应征入伍，加入盟军到中国战场杀敌，为民族的生存而奋战，充分体现了侨乡男儿的英雄本色。抗战胜利后，伍丹谷穿着军装凯旋故里，受到当地父老乡亲的热烈欢迎。然而，当他踏进家门后，母亲对他抗战期间无银养家之事极其不满，不准他在家里过夜。伍丹谷只好在家附近的启新学校住了数日后便怏怏返回美国去。

由于年代久远，加上伍丹谷全家都移民海外，我们无法找到更多关于他的信息。

作为一个普普通通的台山华侨，伍丹谷以一颗炽热的赤子之心，在国家、民族和家庭都遇到困难的时候，想到的是"国亡家何在"。没有国哪有家？他宁可让儿女失学、家人挨饿，也要将自己全部的积蓄奉献给祖国。先救国，后救家，这是一种何等高尚的民族精神。正是这种民族精神在纽约华人社会的广泛传播，促使当时海外华侨抗日救国热情非常高涨。据 1939 年 8 月印发的《纽约全体华侨抗日救国筹饷总会征信录》记载，自 1937 年 8 月 23 日至 1939 年 7 月底止，该会共收到购救国公债款、救国捐款 168 万多美元（折合大洋银 497.3 万元），以当年该会登记之会员人数 1.6 万计算，每人平均捐出超过 100 美元。抗战期间，美国华侨捐款总额高达 5 600 万美元，平均每人每月义捐数为 5.6 美元，美国华侨个人捐输数在全球华侨中居于首位。

这里我再举一个例子。民国二十九年末国民政府发行航空救国券，为筹集更多的款项，"美中芝城华侨抗日救国后援会"大力发动华侨捐款，采用一次性交足或先认捐，然后按星期、按月纳捐（每月至少要缴纳认捐总额的1/5）的办法收缴款项。我收藏的一份"航空捐缴款凭证"，记录了一位台山华侨分期纳捐的经历。台山长乐村旅居美国芝加哥华侨梅新友，1940年11月17日认捐航空救国券85美元，当月纳捐17美元，1941年1月12日纳捐17美元，2月16日纳捐34美元，3月23日纳捐17美元。就这样，5个月才缴完认捐的总数。每月纳捐17美元，对于当年每月仅数十元工资的旅美华工而言，负担是极其沉重的。可以说，除去每月的基本生活费后，所有余款都用于缴纳月捐。可见，当年海外华侨是不惜一切代价全力捐款抗日的。

二、家国重任一肩挑，南侨月捐国为先

下面是一封华侨书信，记录了南洋华侨捐款救国的历史。这是菲律宾华侨陈国懋1938年10月9日寄台山大江陈边的家书，全文如下：

许氏贤妻收看：

昨数月接来函，亦以（已）详悉。但信内说及在家庭之米粮不敷，惟现在米价腾贵，我在处亦知。又说及小女名叫逢合，则我欢悦也。但小女年几（纪）幼小，虽（须）要勤慎养育可也。我昨数月付银回家，亦不觉有四五个月之久未有银付回，因身体不和，故此延迟之（至）今回音。在家如无银应用，在家借他（下）些少应用。在于九月中旬我有银付回家，仍（然）后清还。在家不可挂望。我在家回埠之时，在铺取他（下）之银亦以（已）还回。现时因中日战争，外侨在处每人每月工金来抽取十抽一月捐，来作做战费。另外每月什（杂）费捐款。但昨月接来成宇祖之信，因成宇祖之祖尝①缺乏，无银支用；又因政府贮粮之事，求在外各兄弟筹款以救济之祖尝支用。吾在处捐有毛券廿元，吾在处亦甚之担忧矣。但在处各兄弟约股做生意，现时在南吕宋创设一间面饱（包）铺，在于新历九月初旬亦以（已）开张。我在麟兄处借得吕银壹佰元入股，在家亦不可疏言，自己知，亦未可说及我母亲知，可也。笔难尽伸（申），浮文不录，顺请

粘安

兄：国懋示
一九三八年新历拾（十）月九号

---

① 祖尝：宗族在乡村成立的基金会，一般作公益用途。

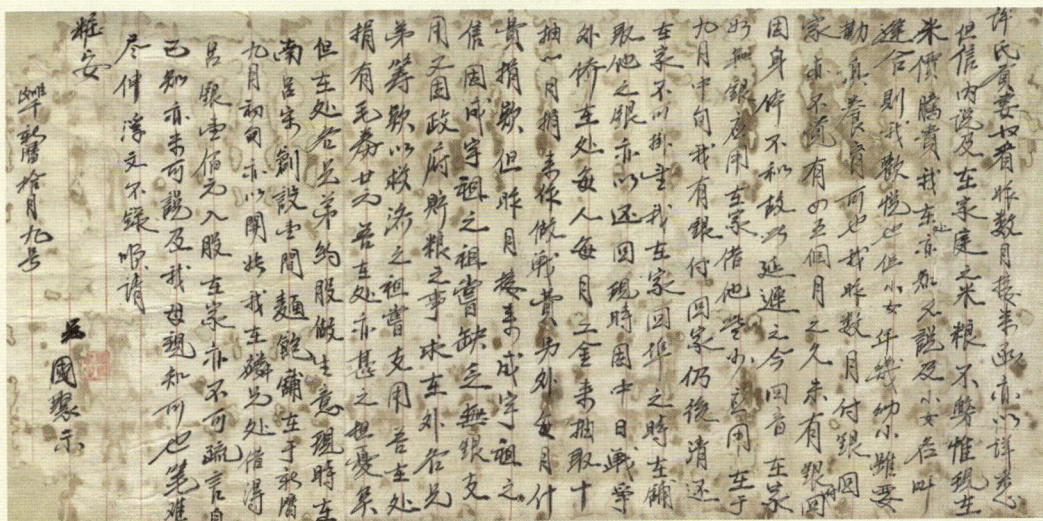

这封书信的作者陈国懋是广东省台山县大江陈边新屋村人，抗战前夕回乡省亲，抗战爆发后返回菲律宾吕宋岛南部。1938年，陈国懋的妻子许氏生下了一个小女儿，即寄信向南洋方面报喜，讲明女儿取名"逢合"，同时讲抗战爆发后，家乡百物腾贵，家里米粮紧缺，请求丈夫迅速寄银回家救济。然而，四五个月过去了，陈国懋这才写信回家，告诉家人他在海外的情况。

抗战爆发后，为了筹集更多的经费抗日救国，菲律宾华侨抗敌委员会制定旅菲华侨按月定期缴纳捐款的"月捐法"，规定"店员职工每月至少须按薪俸抽捐10%，厂主店东则按其财力分为10等捐款"。陈国懋响应号召，踊跃纳捐。月捐完后又有其他杂项捐款，此外他还接到故乡地方政府为筹款购买救济粮食请求海外华侨捐款的来信。在这种情况下，他又捐了20元。此后，旅菲同埠的几位兄弟约定合股开办一间面包店。为谋求新的发展，他从一位旅外兄弟处借来吕宋银100元入股。就这样，他不仅囊空如洗，还欠下了一笔债务。在这种困境下，他收到妻子的来信，得知自己添了一个千金，心中甚为欢喜。然而，手上无银寄回家，怎么办？无奈之下，他采用"拖"字诀，拖了四五个月后才寄信回家。这封信里讲"有四五个月之久未有银付回，因身体不和"，我推测，这不过是一种善意的谎言，祈求让妻子原谅他。因为这是丈夫给妻子的家书，正常情况下，信内所述应"知无不言，言无不尽"，如果真的"身体不和"，应该讲出原因何在、病情如何、病愈与否等详细情况，才是合情合理的做法。但这封信对"身体不和"的原因避而不谈，违背了常理，显得非常搪塞。这与信后讲及他在菲律宾借钱投资等事时叮嘱妻子"在家亦不可疏言"等语的心态截然不同，前后矛盾。他直到经济状况有所好转，九月（应该是农历）中旬有钱寄回家，才决定不再"拖"下去，写下这封家书，仓促间编造出一个前后矛盾的善意谎言。

陈国懋在信中表达了自己喜得千金的愉悦，嘱咐妻子要小心谨慎照顾小女儿，在家如无钱用，可以先借一些来做生活费，迟些他再寄钱清还，体现了他对妻子的体贴和对儿女的关爱。

这里，我们可以分析一下陈国懋肩上的负担有多重。他出国后，首先担负养家的责任，特别是抗战爆发后，整个侨乡社会经济严重倒退，家乡粮食紧缺，全家老小都等着他寄钱救命。其次，故乡的地方政府、各种宗族基金会也不断向海外华侨发出筹款救济的倡议书，这些给家乡的捐款又是不可推卸的。再次是南侨总会号召的国捐，包括常月捐和特别捐，此外还有一些杂捐。由此看来，抗战时期海外华侨肩负着支援家庭、家乡和国家的重任。但在那个经济不景气的大环境下，华侨打工收入不多。有关资料显示，当年菲律宾普通店员的薪金每个月只有 4 元钱。普通华侨收入微薄，入不敷出，如何去平衡好家与国的关系呢？在陈国懋心中，国比家更加重要，于是他将有限的工资先交月捐，其次是给家乡捐款，最后才筹集养家的钱。这封银信，彰显了侨乡儿女先国后家的崇高品德。

抗战时期，像陈国懋这样的南洋华侨很多，他们都肩负着支援家国的重任，以国为先，竭尽全力，捐输常月捐。当年，蒋介石曾致电各华侨团体，指出"海外月捐，增加长期抗战力量，所关至巨"，要求各侨团务必努力促进。侨务委员会通告各海外华侨团体，要求全面推行常月捐，各地侨胞积极响应。据史料统计，1939—1941 年，菲律宾华侨捐款人数达 14 万，每月平均捐输数 70 万元（法币），每人每月平均捐输 5 元（法币），人均月捐数居南洋各国华侨之首位。到太平洋战争爆发前，分布世界各地的海外华侨常月捐达到 1 350 万元（法币），其中南洋华侨的捐输最多。1938 年 10 月南侨总会成立时，计划每月捐输 400 余万元（法币），结果大大超过预期，到 1941 年 12 月，实际每月平均捐输达 734 万元（法币）。

三、可恨寄身于海外，未能回国赴沙场

这是一封抗战初期美国华侨寄台山妻子的家书，全文如下：

瑞霞爱姊如晤：

　　顷接十贰（二）月五日来信，各情均悉。至云欢往香港暂居，以避战祸等语，弟远隔万里，国内与故乡之情况，不甚明瞭（了），不敢有所主张。况旅邸侨居，难免有人地生疏之感。若姊个人往香港居住，吾亦是放心不下。更且日机随处轰炸，交通定然阻梗，舟车来往，亦属危险万分。倘母亲或认姊等与姊一齐同往香港居住，则较为妥当。因认姊久居香港，熟悉当地之情境如何，方不致有特别之意外发生。总（纵）然如此，亦要体察舟车来往与（以）及交通安全否，方可筹设进行，以防不测。际此国难方殷，生死关头，在斯一举。凡属中国之人民，自应俱（具）百屈不挠之精神，以为政府之后盾，本无规避之可言。为父母者，勉其子，为妇者，劝其夫，从军杀敌，以卫社稷；男儿以身许国，战死沙战（场），则英雄有用武之地。妇女保存贞节而牺牲，万古留芳于竹帛。若人人如是，亦何惧凶暴之倭奴。若个个有坚决之苦心，吾相信中国复兴有日矣。以其忍辱苟存，何如（不）作壮烈之牺牲？恨吾寄身海外，未能立克（刻）回国，效力沙场，坐看大好河山，末碎于倭奴之手，此所以深引为憾者也。现时台山之境况如何，还请随时来信报及。书不尽意。谨复，顺问合家安好！

　　　　　　　　　　　　　　　　　　　弟：璇旺手复

　　　　　　　　　　　　　　　　　　　正月初九日

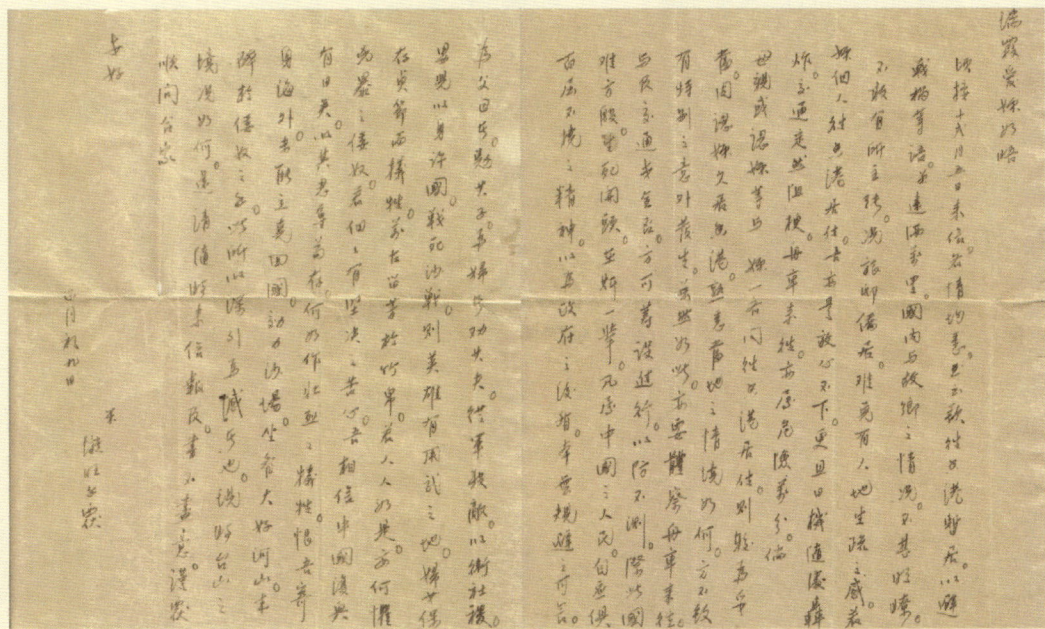

这封信虽然没有写上年份，但从信中内容可以判断写于 1938 年至 1941 年。书信作者李璇旺，是广东省台城西茂林村人，旅居美国旧金山，家乡有妻子、女儿、母亲等人。抗战爆发后，日军大举入侵广东。1937 年 10 月 15 日至 1938 年 1 月，日本飞机多次轰炸台山新宁铁路公益、斗山、水步、冲蒌、台城、大江等车站，火车、汽车、路轨、桥梁及其他建筑遭到严重破坏，新宁铁路实际上已经陷于瘫痪，只能分段行驶有轨汽车[①]。在这期间，日本飞机轰炸台山各地 70 次，出动飞机 194 架次，投弹 476 枚，炸毁房屋 281 间，炸死炸伤平民 354 人[②]。为了逃避战祸，大批邑人加入逃难人群，其中首选地是当时还比较安全的香港。台山侨妇瑞霞及其家人也想去香港避难，但主意未定，于是寄信去美国征询丈夫璇旺的意见。璇旺早年移居美国，因经济能力限制，多年未能回乡与家人团聚。抗战爆发后，目睹祖国不断被日军侵略，国人抗战力量又如此薄弱，在远隔重洋、爱莫能助的情况下，他写了这封回信。他说虽然当时很多邑人去香港避难，但去香港也不是上策，因此不主张，只给妻子等家人提了一个建议性意见。他在信中鼓励家人在此国难当头的生死关头不应该只想着怎样逃难："凡属中国之人民，自应俱（具）百屈不挠之精神，以为政府之后盾，本无规避之可言。为父母者，勉其子，为妇者，劝其夫，从军杀敌，以卫社稷；男儿以身许国，战死沙战（场），则英雄有用武之地。妇女保存贞节而牺牲，万古留芳于竹帛。"他认为，应该积极投身于抗日救国运动中，如果中国人人如此，万众一心，又何愁不能赶走残暴的日军呢？中华民族实现伟大复兴只待时日而已。他痛恨自己旅居海外，未能立刻回国效力沙场，只有奋笔疾书，给家乡亲人进行爱国主义思想教育，以激励家乡亲人奋起抗战。

结语

家与国是中国传统社会的两极，由家而国。在中国传统伦理道德中，家与国是相辅相成的。《尚书》中舜称赞禹时说："克勤于邦，克俭于家，不自满假，惟汝贤。"这里的"邦"就是国，国、家、自我，被看作一种递进的逻辑关系。在《论语》中，国与家也常被连在一起。孔子弟子问仁时，孔子就把"在邦无怨，在家无怨"作为标准之一；孔子又说："丘也闻，有国有家者，不患寡而患不均，不患贫而患不安。"在孔子的理念中，家与国是不可分的。孟子说："天下之本在国，国之本在家，家之

---

① 台山文史编辑部：《陈宜禧与新宁铁路》，见《台山文史》第九辑，台山：台山县政协文史资料研究委员会，1987 年，第 105 页。

② 台山县志编写组编：《台山县志》（1963 年版），台山：台山县档案馆，2000 年印行，第 132–133 页。

本在身。"可见，家与国融为一体的观念源远流长，为历代儒家学者所推崇。

抗战时期的五邑华侨，大多数出生在清朝末年和民国初年，长期以来，他们在家乡饱受四书五经等儒家的思想熏陶，家国观念扎根脑海。他们移民出国后，在侨居国受尽排华、种族歧视等折磨，明白国比家更重要，只有国强大，才有幸福的家。抗日战争爆发后，华侨目睹祖国山河破碎，大批同胞遭受日军残杀，一股正义之气从心头冉冉升起，一颗颗爱国之心在海外华人社会徜徉，凝聚成一股无穷的力量。在国家、家庭同时遇到困难的时候，他们一边寄银，一边苦口婆心地不断为家乡亲人灌输爱国主义思想。在能力有限的情况下，他们义不容辞地选择了先救国后救家，有的将自己所有的积蓄捐给祖国，有的亲自奔赴抗日前线，为抗日民族斗争的胜利献出一切。从伍丹谷的"孔子在陈"到"先国而后家"，从陈国懋的"先月捐杂捐"到"久未有银付回"，再到李璇旺的"恨吾寄身海外，未能立克（刻）回国，效力沙场"，都显示着五邑华侨有国才有家的崇高理念。在开平立园，我们可以看到泮立楼祖先神台上的一副对联："宗功伟大兴民族，祖德丰隆护国家。"立园园主谢维立将"宗"和民族、"祖"和国家连在一起，同时将"國"字里面的"或"写成"民"，寓意国以民为本、民以国为家。园主的家国观，既彰显了他的赤子丹心，又对子孙后代进行了爱国主义思想教育。五邑华侨这种家国观念，成为海外华人社会的主流。

舍家为救国，先国而后家，正是抗战时期海外华侨的最佳精神写照。像伍丹谷、陈国懋、李璇旺这样的五邑华侨为数不少，他们在国难当头时刻，为抗日民族斗争的胜利不惜奉献自己的一切，是中国取得抗战胜利的一股重要力量。

台山唐美邮路
——海上丝绸之路的印记

唐美村，位于广东省台山东南，是台山斗山镇边陲的一个村落，东与赤溪相邻，南临南海广海湾，西与斗山六福村相接，北与安南村相交，总面积7.5平方公里，总人口三千余人。唐美村李姓人口居多，是唐代西平王李晟的子孙后代。宋末唐美始迁祖李栩（字云峰，栋公五世孙）因逃避元兵追杀来到南海岸穷乡僻壤处，见前临茫茫大海，后有山峦叠翠，人烟罕至，认为这里山清水秀，渔樵种养皆宜，乃于现东山村定居开族。离东山村不远处的唐岭后山边，原有几户唐姓人家住在这里，后云峰公子孙繁衍，这几户人家迁徙他乡，云峰公后辈乃取此处村名为唐美。

清咸丰六年（1856）三月，新宁县土客械斗爆发，唐美村因与赤溪客家人相邻，被卷入这场械斗。同年五月，唐美村有壮丁数十人参与械斗。直到同治六年（1867），土客械斗才结束，广东巡抚蒋益沣为新宁县、赤溪厅两地定界，在唐美马山嘴立一界址，并督办"界址茔"。在残酷的长期土客械斗中，除了大量逃亡香港、澳门的人被人贩子诱骗出洋外，土客双方还把俘虏当作"猪仔"运出香港、澳门出卖——其中少数妇女被卖为妾为妓，多数人被卖出洋。长期的土客械斗，迫使大量台山人出洋谋生，大大加速了侨乡的形成。唐美这个土客边界的村落也成为台山著名的侨村。

一、唐美银信邮路的形成和发展

（一）水客时期的华侨银信邮路

从19世纪中叶新宁县土客械斗"卖猪仔"开始，到后来自发性的移民，台山沿海地区引发了一股"下南洋"的移民潮。早期下南洋的唐美人，以旅居南洋各国居多。他们从村前的小河搭船出发，进入广海湾，途经澳门、香港中转后到新加坡，然后从新加坡转去南洋各国。

1902年以前，新宁县未开办邮政，华侨寄递银信，由侨居国经水客送至香港中转，再由水路经广海湾进入邑内。唐美华侨寄递银信，由水客经唐美人出海之路将信银送给家乡的亲属。

清末民初，唐美没有邮政代办机构，唐美人寄递书信要到两公里外的镇口墟邮政代办所寄出。镇口墟成为新宁县边陲地区的金融、贸易中心小墟集。于是，一些在南洋赚到第一桶金的唐美华侨回乡，在镇口墟购置物业，开设商铺、当铺、金银号，经营各种南洋货物、苏杭丝绸，兼接理书信银两、找换等业务。据唐美人李经翔介绍，他的高祖父李崇禄，清朝末年旅居南洋马来亚，在怡保埠开办橡胶园，成为殷商，于

图1　台山镇口墟均荣银号（饷押）旧址

20世纪20年代初携巨资回乡，在镇口墟开设均荣银号（饷押）（见图1），经营华洋百货，接理华侨书信银两、汇兑按揭、金银找换等业务，生意兴隆。图2—3所示这封华侨银信，记录了该银号接驳银信的历史。这是壬申年（1932）美国旧金山寄台山唐美银信，十一月十八日由美国旧金山李仁倬寄出，经香港水客送入台山镇口墟均荣银号，再送唐美村李崇明转交黄氏收。信银港币130元，另加纸水，合计双毫银186.48元。银信封盖有朱砂红"台山镇口墟均荣银号代理信银，其银即交原人收讫"侨批印章（见图4）。

民国初期，新宁铁路开通后，华侨出国的路径有了变化。图5是唐美旅缅甸华侨李仁倬1928年回乡的账单，完整地记录了他回国的历程，原文如下：

图2

图3

图4

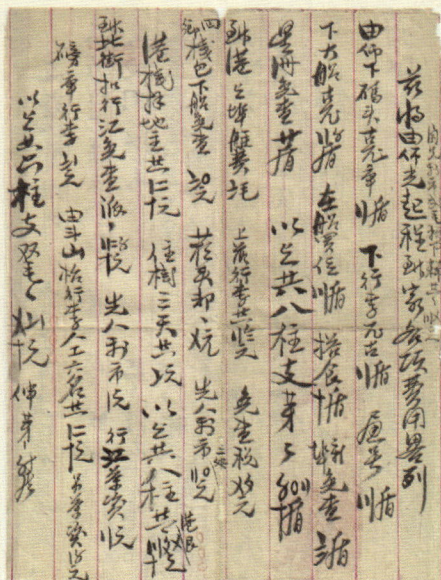

图 5

兹将由仰光起程到家各项费用略列：

由仰下码头古兀车 2 盾，下行李兀古 2 盾，画号 3 盾，下大船古兀 2.5 盾，在船买位 3 盾，搭食 10 盾，新埠免查 8 盾，星洲免查 20 盾，以上共八柱支芽：50.2（50.5）盾。

到港上埠艇费 7 毛，上落行李共 2.8 元，免查税 4.9 元。

回乡栈包下船免查 7 元，箱头邦（帮）4 元，先人利市二处 2 元，港栈拜地主共 12 元，住栈三天共 6 元，以上八柱共港艮（银）39.4 元。

到北街扣行江免查派 22.5 元，先人利市 1 元，行江茶资 2 元，磅车行李 7.1 元，由斗山枱（抬）行李人工六名共 12 元，另茶资 1.5 元。

以上共六柱支双毛：46.1 元，伸芽：50 盾。

从以上资料可知，从缅甸回唐美的水陆路为：从仰光搭船出海→新埠（马来亚）→星洲（新加坡）→香港→北街（江门）上岸，转搭新宁铁路火车→斗山，下火车后步行返回唐美村。李仁倬从海外带回大批洋货，装满一大箱"金山箱"，要请 6 个大汉从斗山抬到唐美村，可见其带回的洋货实在不少。

（二）邮政寄递银信邮路

1902 年 4 月 25 日（光绪二十八年三月十八日）新宁大清邮政局开办后，由于邮政机构发展快、网络完善，书信的传递速度加快，邮政机构迅速成为寄递银信的主要机构。

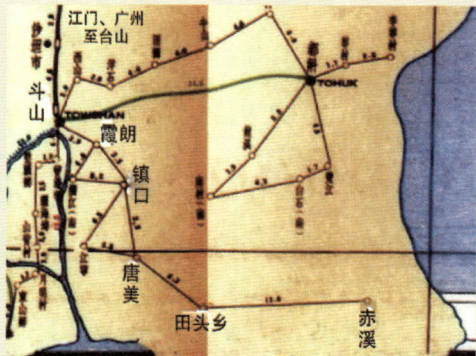

图 6

民国初期，大量海外华侨银信寄回家乡，加速了唐美邮政代办机构的形成。20 世纪 20 年代，中华邮政在唐美成立邮政代办所，为唐美人寄信提供方便，从此，唐美人可以在家门口收寄银信。所走的邮路为赤溪→田头乡→唐美→镇口→霞朗→斗山，由斗山二级邮局转出各地乃至海外（见图 6）。下面是几封华侨书信，记录了这一台山边陲村落通往国际的邮路。

　　图7—8是一封由唐美村李崇明寄缅甸的回批信，贴帆船1角邮票1枚，为国际平信邮资，销1927年12月1日"广东唐美"实线三格式日戳，水陆路寄出→12月1日斗山→12月20日缅甸仰光→12月22日缅甸捲秧拱埠→达利当铺交李仁任收，邮路全程22天。

图7

图8

　　图9—10是马来亚怡保埠寄唐美封，邮票已经脱落，销1930年4月3日怡保机盖波纹日戳，水陆路寄出→4月14日广州→4月16日斗山→4月17日唐美邮局交陈氏收，邮路全程15天。

图9

图10

图11—12是美国寄唐美航空邮简，邮资10美分，销美国旧金山1950年7月3日机盖波纹戳→7月9日广州→7月11日斗山→7月12日唐美邮局交收件人，邮路全程10天。

图11　　　　　　　　　　　　　　图12

从1927年到1950年，唐美邮路还是按照原来的传统路径经转，但随着邮政交通运输的不断发展，从陆路、铁路邮路到航空邮路，书信寄递速度不断加快。数十年间，唐美邮政代办所依然使用原来的那枚邮戳，只是新中国成立后，邮戳在中格年月日后面加镶一个"代"字（见图13—15），成了名副其实的邮政代办所。

图13　1927年12月1日　　　图14　1930年4月17日　　　图15　1950年"广东唐
"广东唐美"日戳　　　　　　"广东唐美"日戳　　　　　　美，代"日戳

20世纪50年代中期，唐美邮政代办所撤销，并入斗山邮政支局管理。虽然唐美邮政代办所经营时间不长，但它为当地人带来了很大的方便，为唐美村建设做出了贡献。它在漫长的邮政历史长卷中，留下了一个深深的烙印。

为寻找唐美邮政史迹，我多次前往唐美考察。据李经翔介绍，唐美邮政代办所原设在唐美期恻楼内（见图 16）。清末民初，台山贼匪猖獗，唐美村民深受其害，旅外华侨纷纷寄钱回乡，先后在该村兴建了崇敬楼、崇禄楼、期龄楼、期恻楼、均生园楼 5 座碉楼，防拒贼匪。期恻楼又名敦怡书室，由旅美华侨李期恻投资兴建，集碉楼、私塾于一身，成为唐美人避贼、求学的好地方。20 世纪 20 年代，中华邮政在唐美设立邮政代办点，在期恻楼内设置简易的邮政信箱，作为该村收寄和派送外洋书信的中转站。碉楼作为邮政代办机构，开创了侨乡邮政网点设置的先河，成为特定历史时期中国最具特色的邮政代办机构之一。

图 16　期恻楼

二、海上丝绸之路上的唐美人足迹

（一）旅缅甸唐美华侨

从上述几封唐美实寄封和其他资料可知，唐美华侨旅居世界各地。清道光年间，唐美人旅居南洋各埠者居多。晚清、民国初期，旅外之唐美乡侨，以缅甸仰光居多。仰光埠协英馆（李氏公馆）由唐美人创办，历届主席是唐美李崇协、李仁衢、李崇举、李崇广等人。抗战胜利后，由李崇杰主持协英馆。协英馆中文书记任职最长的是李殷松，在 1948—1990 年。

清光绪年间，李仁衢赴缅甸谋生，经过多年艰苦奋斗，创办酿酒厂，经营酿酒及兼营饮料。其由于经营有道，成为当地殷商，被缅甸政府称为"酒业大王"。

清光绪年间，李期龄赴缅甸仰光谋生，在缅甸经营杂货、木厂、当铺等，经营有道，成为殷商。后来他的四个儿子——崇举、崇邦、崇杰、崇仰移民缅甸，均事业有成。

光绪二十八年四月初一（1902 年 5 月 8 日），旅居仰光埠的李崇昭、李仁敬、李崇枢、李任焘、李仁立等人筹资 3 841 盾承典李勇南的人和堂药材店，改名同仁堂，开张经营药材生意；民国三年三月十一日（1914 年 4 月 6 日），他们又筹资 2 933 盾承典方亦华的中和药材店，改名中外春药材店，成为同仁堂的分店之一。

光绪二十八年八月初一（1902 年 9 月 2 日），李活堂、李仁敬、李崇枢、李崇昭、李仁立等人筹资 5 万盾合股开办同安、恒安两间当铺。

除了上述进军商界较成功的唐美人外，还有李活棠、李协崇、李维瀚、李崇榴、李伯裕、李达材、李殷松等唐美人有出色表现。其中东山村李活棠曾在缅甸仰光任政府官员；李殷松书画技艺出众，他在仰光负责修饰庙宇，得到中国艺术观光团好评，其书画集在仰光还得以出版。

（二）旅马来亚唐美华侨

我收藏一份马来亚怡保埠"侨商公司"1934年10月17日的账单，可见唐人在马来群岛的海上贸易往来印记，广告词如下：

本公司统办中国丝罗绸绉，顾绣服式，时装定衣，名厂纺织布匹，各种货物，欧美新奇化装用品，新款花布呢绒幔匹，金银时表，水晶眼镜，汇兑银两，环球货品，无美不备。各界惠顾，无任欢迎。

铺在怡保晓罗街，门牌九十五号至九十九号。

该"侨商公司"除经营中国的丝绸、服饰、布匹等货品外，还经营欧美各种洋货，兼办书信银两、汇兑等业务。该公司为何人创办已无从稽考，但可以肯定是五邑华侨创办的海外兼办银信业务机构。由此可知，当年华侨华人海上贸易往来遍布南洋、欧洲、美洲乃至世界各地。

在清朝末年"下南洋"的移民潮中，唐美人以移居南洋马来亚者最多，分布在吉隆坡、槟城、怡保、大小霹雳、新加坡等埠。民国二十年（1931），李长庚（字仁湘）在吉隆坡爪华街开办"庚泰药房"，经营各种中西良药，生意兴隆。李崇畅的儿子明坤、明山兄弟二人也在吉隆坡"红毛土库"打工，明坤人品好又精灵，被福建富商邱天保招为婿，成为殷商；李期集、李崇年于清朝末年移居槟城，为"义兴公司"领袖；李崇禄旅居怡保埠，开办橡胶园。他们在各自的侨居地做出了成绩，闯出一片新天地，成为著名的侨领，对侨居国和祖国均做出了杰出的贡献，南洋海上丝绸之路上，留下了他们珍贵的历史足迹。两年来，我多次进入唐美村，反复探索唐美邮路，寻觅唐美先贤足迹。其间，我幸运地遇上了图11所示书信的主人，挖掘出一些唐美先贤轶事，揭开了一段尘封的历史。

1. 义兴公司领袖——李期集

清朝咸丰年间，唐美族人卷入了土客械斗的旋涡，长期械斗导致大批当地民众流离失所，结队离开家乡，去南洋谋生。其中，李伯棠的曾伯祖父李期集（清加同知衔，讳遇贤）出走南洋，到马来亚槟城当佣工。他开始以出卖劳动力为生，当积累了一些钱后，自办一间首饰加工店，后来创办了一间"集源金铺"。他因得到英国人的赏识，生意兴隆，数年后成为当地的大富商。期集翁是槟城台山宁阳会馆（前身"宁邑馆"）的创始人之一。他生平慷慨好义，散财结客，凡是华侨倡办的公益事业，无不热心资助，因此许多当地华侨和土人都敬服他。

期集翁痛恨清王朝的专制统治，对于革命事业尤为热心，因此被槟城全岛华侨推选为义兴公司领袖。同治四年（1865），小吡叻孖蘫（Perak，又名霹雳埠）土人仇视华侨，与华侨争抢地盘，划分边界管治，许多华侨受害。于是，受害者将这事向期集翁申诉。他心怀桑梓，自己筹办军饷，购买军械，购置武装长龙艇数十艘，召集义兴公司党员数千人，亲自率领武装部队远征，同时派人潜入当地为内应，围攻小吡叻孖蘫，不出三日已完全占领此埠。此时，他又联合旅马来亚华侨惠州客家人叶亚来，择机而起，攻破吉隆坡埠，随即照会驻当地中国总领事，详细禀告中国政府，要求派兵前来驻守。此时，英国人也拥有一些疆土，他们提出折中建议：共同管治。然而，他想到当时中国兵荒马乱，清政府懦弱，恐怕难以兼顾，于是将所占领的疆土全部送给英国。英国政府为嘉奖他立下的大功勋，拜封他为督署参赞员，奖赏功牌一面，又赐英国军服，尊崇为英雄，他从此名扬海外，鲜少外国人敢说华侨华人无管治外国疆土的人才了。①

同治六年（1867），因土客械斗，逃往石叻（新加坡）的华侨有十多万人。他们常与土人发生矛盾，划分边界，争抢地盘，并引发械斗，死伤者无数。当地各行各业生意因此无法正常营业，英国政府官员束手无策，导致事态不断恶化，社会治安秩序混乱。于是，一些有影响力的土人向政府告状，说这些华侨意图造反，随后英军派遣战舰前来镇压。不料华侨众多，土人太少，虽然有战舰助战，所发挥的威力亦有限，最后黔驴技穷，当地治安无法安宁。在无计可施之际，一些政府官员深知期集翁德高望重，众人信服，在华侨中享有崇高的地位，于是派遣官员乘战舰，带着整齐的队伍前来他的住地邀请他参与调解。当期集翁到达目的地时，一大批英国政府官员列队迎接。一经他出面调解，双方便停止械斗，事件随即平息下来。为表彰他的功绩，英国政府举行了一个隆重的嘉奖典礼。在嘉奖仪式上，他身穿笔挺的礼服，文武官员列队两旁，以官礼相迎。英国政府特赐他金牌一面，还设筵席盛情招待。及至期集翁辞行之日，英国政府官员派出庞大的欢送队伍，前呼后拥，军乐齐奏，荣耀一时。他在石叻半岛远近闻名，为华侨华人争回了颜面，为中华民族争了光。

同治九年（1870），期集翁以英国籍民的身份荣旋故里，英国政府派贴身护卫随行保护。当他到达香港登岸之时，港督派员欢迎。想当初，为避土客械斗，流离失所，远走南洋，何等凄凉！看今日，尚未归家，已名噪海外，何等荣耀！

---

① 王逸棠：《李遇贤、李养二翁侨事特色略》。原为手抄本，由笔者收藏并译成现代文。

回乡仅两个月，他遍祭祖先，大摆筵席，款待村民，光宗耀祖，无限风光。随后他离家返回香港，努力寻找当地义兴公司组织机构以及党员同志，欲购运军械回内地，谋求革命，推翻清朝腐败统治。他在港驻足两个月，无奈内地呼应不灵，最后只好作罢，即返回槟城。

同治十一年（1872），槟城广东与福建两省华侨又发生斗殴，死伤无数，多名华侨因此被当地警察局拘捕，即将定罪判刑。眼看无法挽回之际，很多侨胞恳请期集翁出面调解，他一一应承。经他向当局求情的，全部获准释放。同时，他自愿担当"鲁肃"，让斗殴双方进行和谈，因他德高望重，调解有方，群情慑服，事件得到圆满解决。广东、福建两省华侨冰释前嫌，和好如初，从此在马来亚槟城安居乐业。

光绪四年（1878），期集翁在马来亚槟城仙逝，享年56岁。出殡之日，英国政府派大小官员及随行凭吊人员列队送柩，马来亚各界人士执绋送丧的有数万人，海外华人出殡从未有过如此之盛况。

2. 华侨权益保护者——李崇年

李崇年，讳养，台山唐美村人，年轻时移居马来亚槟城。崇年翁从小立志，刻苦学习英文，练就了一口流利的外语，被当地政府衙署聘为传达员，入职后工作突出，成绩显著。后来他又进入高等法律学校攻读，毕业后获得律师执照。他为英国政府官员赏识，被任命为衙署陪审员，接办各种案件。凡是华侨的公益事务，他无不倾力热心帮助。

光绪十一年（1885），崇年翁被当地华侨公开推选为广东义兴公司领袖。当时槟城港口有一本土医生心怀鬼胎，排斥华侨，捏造事件，诬告华侨患有流行病疫，当地政府随即将港口船只查封，凡是华侨及其货物一律不准往来。当时华侨愤愤不平，群情汹涌，但束手无策，只能动员华侨商场罢市抗争。崇年翁通过法律途径积极与法庭交涉，陈说事件真相，得到英国政府支持，使该造谣医生被撤职，港口重新开通，华侨得以自由出入，该事件平息下来。他厥功甚伟，赢得大批当地人的敬重。

光绪十四年（1888），一些槟城华侨奸商为牟取暴利，走私贩卖鸦片，被当地警察署发现后遭围捕。数位华侨为逃追捕，错手打死了一名警差，引来更大规模的围捕。事件中被拘押的华侨有十几人，即将被判刑。崇年翁获悉此事后，认为该事件影响侨胞声誉，有失国体。他竭尽全力在法庭为他们辩护，因辩护得当理直，成功使被拘押华侨释放。当地政府反而将违规的警差一律革职查办。

光绪十八年（1892），槟城岛一隅大力发展矿产业，兼开辟荒地，需要大批苦力劳工。当地负责工程的洋人认为华侨最具吃苦耐劳的精神，是他们心中最理想的劳工，于是出重资设法购买华侨当苦力劳工。个别华侨奸商唯利是图，为中饱私囊，漠视同胞的性命，打着去南洋掘金发财的旗号回国诱骗拐卖同胞，以卖给洋人当苦力劳工，不少华侨堕入"猪仔笼"无法逃脱，被称为"猪仔客"。崇年翁暗中了解这些情况后，报告当地警署，围捕"猪仔馆"，救出大批陷于水深火热之中的同胞，并上书当地政府，严厉打击"猪仔"头目，一时间华侨拍手称快。南洋"卖猪仔"之歪风得以抑制，崇年翁居功至伟，广为华侨称颂。

光绪二十三年（1897），崇年翁在槟城仙逝，享年46岁。出殡之时，槟城各界名望洋人、华侨侨领、普通华侨以及当地民众执绋送丧者人数逾千，英国政府派来乐队随行奏乐凭吊，是当时难得一见的出殡场面。

崇年翁一生致力于服务华侨，是华侨权益的有力保护者，深受当地各界人士的尊敬和爱戴。

3. 海上丝路之殷商——李崇禄

李崇禄，名伯志，台山唐美村人，是马来亚怡保埠台山会馆创始人之一。清朝末年，他旅居南洋，在马来亚经商，后来在怡保投资开办橡胶园，成为富商。民国初期，台山贼匪猖獗，唐美靠山临海，深受其害。李崇禄回乡独资兴建"李均荣堂碉楼"（又名崇禄楼，见图17），为村民避贼拒匪提供了一个很好的庇护场所。

20世纪20年代，李崇禄携巨资回乡，在镇口墟开设均荣银号，经营华侨银信业务。他又在村中租大量丘陵山坡，开办一个规模较大的农场——均生园。该农场位于离唐美东山村北部约3公里、五和村东部约2公里、马迹凹1公里的一片较平坦的山坡地，场地开阔，水源充足。李崇禄看到这里是可耕、可植、可养，可发展农、林、牧、副、渔的好地方，投入大量资金，在这里经营种养业数十年，直到辞世后交给孙子李鸿润管理。

据《唐美村志》记载，该农场在近水较平山地开发了30多亩耕种水稻、蔬菜、甘薯、黄豆、花生、果蔗。他在场内及山坡地大种果树，分片种龙眼、荔枝、黄皮、花稔、杨桃、树菠萝、菠萝、大果（橘子）、柑、橘等四五十亩；后山稍高地遍种松林（本地松）超过一百亩；场边用篱线围住，四周种上竹林，有沙竿竹、粉旦竹、石竹和大叶

图17　李崇禄独资兴建的"李均荣堂碉楼"

桉树；场内圈养黄牛、水牛、山羊数百头，养蜂数十窝；场边稍低近溪流处开一口鱼塘，养殖鳙、鳊、鲤、鲩等鱼；塘边设鹅、鸭、鸡棚寮，饲养大量三鸟，用一条条竹管连接起来，引溪水入场内酿酒，煮腐竹；在酿造场外一段距离处养了十多头母猪和数十头肉猪。为了维护农场安全，场内还养了十多条硕大的狗。场内数十名工人，分别从事推磨米粉、酿酒、煮腐竹、养殖、耕作、种果等，当时大多数是阳江人，还有海宴人和本地人。场内有一座碉楼，内设枪支弹药，用来防盗及供工人住宿。每逢夏、秋之交，大量果品成熟，除了批发给果贩外，每天还会运回本乡市场，廉价卖给乡亲。各种蔬菜及菜苗每天都运回本乡及镇口墟市场卖，为家乡提供了不少瓜菜新品种。

李崇禄在马来亚经营橡胶园积累了成功的经营经验，带回了新的种养技术，引进了大量果蔬新品种，在家乡开发农场，活跃了市场，为家乡发展现代农业做出了贡献。无奈在兵荒马乱的二十世纪三四十年代，只能惨淡经营。新中国成立前夕，竟荒芜不振。

李崇禄的儿子仁伦、仁修均移民南洋，接管他的物业进行新的发展。仁修是马来亚怡保埠台山会馆创始人之一。时至今日，仁修一家在马来亚的后人有40多人，他们活跃在马来西亚工商各界，为当地发展做出了贡献。仁伦在马来亚有保骞（字殷饶）、保安（字殷祯）二子。保安1923年5月生于马来亚。为照顾好乡下的老人，保住祖业，接继香火，把根留住，仁伦安排次子保安回乡，与一名赵姓女子结婚，并在唐美喜得长子经翔。抗战胜利后，保安在马来亚又娶一名当地女子古氏为妻，并喜得两个儿子。这样一个既照顾海内又兼顾海外的家庭，是当时五邑华侨富裕家庭的典型代表。

4. 尊师重教典范——李焕胜

李焕胜（1901—2003），出生于唐美禾仓里，18岁下南洋到新加坡谋生，初期当过学徒、店员和矿工，后来在马来亚开办矿场。他专心研究当地地质，改进开发技术，使矿场得到不断发展。许多当时在那里开矿井的人，由于矿藏量少很快亏本收盘。但他开采的矿井矿藏甚丰，因此生意兴隆，他很快成为当地的实业家。他极为重视子女教育，有三个儿子获医学博士学位。次子李国廉，出生于马来亚，毕业于澳大利亚昆士兰大学，精研中西医学，在澳大利亚威望颇高。三子李国康，出生于马来亚，毕业于澳大利亚昆士兰大学，又在英国进修麻醉专科，后在澳大利亚、英国讲学行医，声誉日隆。四子李国安，出生于马来亚，毕业于爱尔兰贝尔法斯特大学，后为医学博士，精研中西医学，在新加坡享有盛名。五子李国荣，出生于马来亚，毕业于英国伦敦理工大学，在英国建筑行业当工程师。

李焕胜身在海外，心系家乡，虽离家 80 多年，但对家乡建设和教育事业非常关心，先后捐巨款 10 万元建禾仓大会堂、唐美侨联大厦、唐美市场等，还主动倡议并捐资 10 万元为唐美学校设立教育基金，另捐资 4 万元为学校更新学生桌椅和修建舞台。最难能可贵的是，在他 100 岁寿辰时，家人劝他在家乡兴建一座"百岁亭"，但他说建亭是象征物，把建亭的钱款献给教育事业更有意义，最后把建亭款 10 万元捐给唐美学校。其高风亮节，为人所敬颂。

广东台山玉怀乡镶"柜"字邮戳使用始末

图 1

图 2

图 3

图 4

台山是"中国第一侨乡",华侨港澳同胞众多,分布在世界各地。华侨从世界各地寄回大量银信,加速了台山邮政事业的发展。台山乡村银信机构、邮政代办机构很多,邮戳丰富多彩,形式多样。这里,我介绍一种全国较为罕见的"广东台山·玉怀乡"镶"柜"乡村信柜邮戳。

玉怀是台山三合镇温泉村委会一个古老的村落,有15条自然村,现有人口600多户2 000多人,还有海外华侨、港澳同胞4 000多人。玉怀所涵盖的村落民众均姓陈,是典型的陈氏村落,他们来到玉怀建村已经几百年。民国初期,玉怀归三合三等邮局管辖。民国后期,中华邮政设立玉怀乡邮政代办所。本人收集的"玉怀乡"邮戳最早见于1948年1月,下面几枚实寄封,见证了该戳的演变。

图1—2是美国市作顿埠寄台山银信。1947年8月21日美国市作顿挂号寄→8月21日旧金山→8月29日广州→9月1日三合→交玉怀凤起村陈伯荣收,此封未见销"玉怀乡"邮戳。

图3—4是美国市作顿埠寄台山银信。1948年1月12日美国市作顿挂号寄→1月12日旧金山→1月22日广州→1月25日三合→1月26日销"广东台山·玉怀乡"戳→交玉怀凤起村陈伯荣收。"玉怀乡"戳为全点线三格式全中文邮政日戳,邮政局名字为楷体字,戳径27mm,是民国后期使用的戳式。

图 5—6 是广州寄台山平信，贴民国烈士像半分加盖金元 5 角改值邮票 6 枚，邮资合计 3 金元，1948 年 2 月 13 日广州寄→2 月 14 日三合—2 月 15 日玉怀乡→交（凤起村）陈伯荣收。该封销"广东台山·玉怀乡"戳，与图 3—4 封上销戳的戳式、戳径相同。

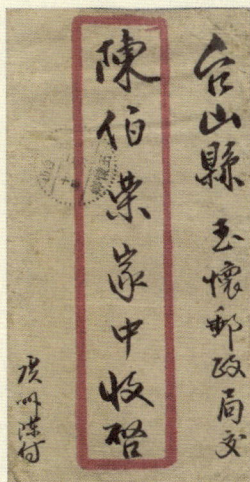

图 5

图 6

图 7—8 是广州寄台山玉怀乡平信，邮票已脱落，1949 年 7 月 x 日广州寄→7 月 7 日三合→7 月 8 日玉怀乡→交风（凤）起里（村）陈伯荣收。此戳为全点线三格式全中文邮政日戳，与上述两款"玉怀乡"戳的戳面基本相同，不同的是该日戳中间格日期栏后面加镶一个宋体繁体字"櫃"，成为一个乡村邮政信柜日戳。

图 7

图 8

图 9—10 是广州寄台山玉怀乡平信，邮票已脱落，1949 年 9 月 28 日广州寄→9 月×日三合→9 月 29 日玉怀乡→交风（凤）起里（村）陈伯荣收。此戳中间格仍然加镶"柜"字使用。

图 9

图 10

图 11—12 是香港寄台山玉怀乡封，贴乔治六世像 1 角香港邮票 1 枚，销 1950 年 5 月 27 日香港戳寄→5 月 31 日三合→6 月 1 日玉怀乡→交凤阁村陈文绍收。此戳仍镶"柜"字，由此可见，新中国成立后，这个民国时期的邮政日戳仍然沿用。

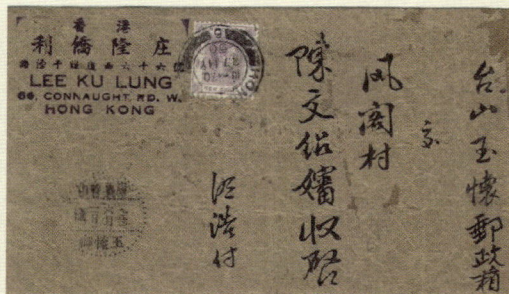

图 11

图 12

图 13—14 是台山寄玉怀乡封，邮票脱落，销 1950 年台山戳寄→1950 年 8 月 12 日三合→8 月 13 日玉怀乡→交风（凤）起里（村）陈伯荣收。此戳亦镶"柜"字使用。

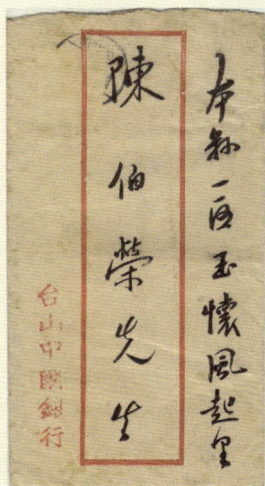

图 13

图 14

图 15—16 是香港寄台山玉怀乡封，贴英国女王伊丽莎白二世像 1 角香港邮票 1 枚，销 1955 年 7 月 5 日香港戳寄→7 月 7 日台山→7 月 7 日温泉市→7 月 7 日玉怀乡→交（凤起村）陈伯荣收。这时，"广东台山·玉怀乡"戳虽然还沿用民国时期的日戳，但中间格日期栏已经少了"柜"字。

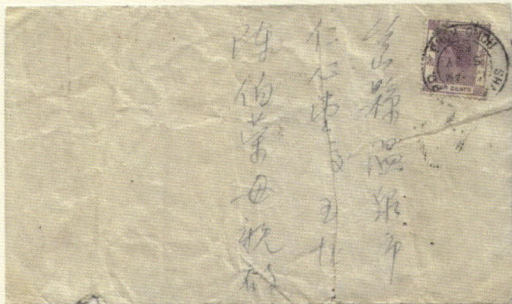

图 15

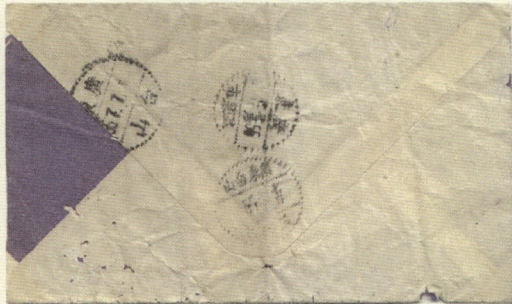

图 16

综上所述，"广东台山·玉怀乡"邮政日戳的最早使用时间应在 1947 年 9 月至 1948 年 1 月；1949 年 3—6 月，开始加镶"柜"字使用，此戳一直使用至民国政权更迭。新中国成立初期，玉怀乡邮政仍沿用此民国时期的镶"柜"字邮戳。到 1955 年 7 月，"玉怀乡"镶"柜"字日戳除去"柜"字后继续使用。1956 年以后，玉怀乡邮政代办所撤销，并入温泉市邮政所，此后再也见不到此邮戳的踪影。从图 17 可以看到这枚邮戳的发展历程。

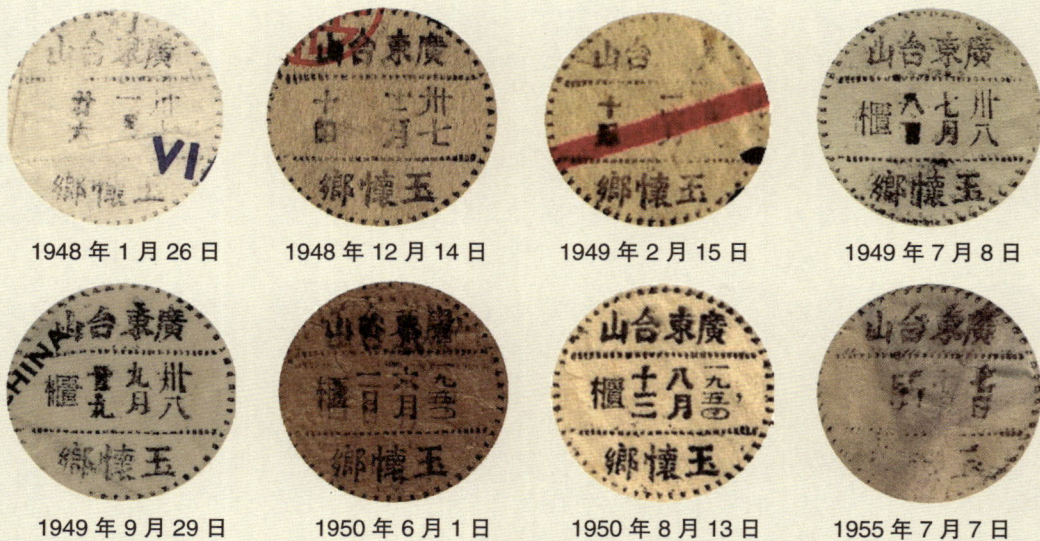

| 1948 年 1 月 26 日 | 1948 年 12 月 14 日 | 1949 年 2 月 15 日 | 1949 年 7 月 8 日 |
| 1949 年 9 月 29 日 | 1950 年 6 月 1 日 | 1950 年 8 月 13 日 | 1955 年 7 月 7 日 |

图 17

从上述邮戳对比可知，"玉怀乡"邮政日戳从启用到撤销都是使用同一枚邮戳，是全点线三格式全中文钢质日戳，戳径 27mm。那么，中途为何加镶"柜"字使用呢？据有关史料可知，1947 年是邮政改良时期，中华邮政在部分地区制作了邮政镶"柜"字钢戳，年月日齐全，将清代至民国时期各乡镇信柜自行刻制、形状各异、大小不一、无日期、不规范的木戳或牛角戳换了新貌。这种信柜邮戳实施不久后便遇政权交替。而玉怀乡这枚邮戳又与其他地区有所不同，开始使用时并没加镶"柜"字，与其他邮戳无异。由此判断，"玉怀乡"开始设立时是邮政代办所，约在 1949 年 3 月至 6 月之间降级为"次要邮局所"这一类邮政信箱，并在原戳中间格左边加镶"柜"字使用，图 11 封面通信地址写有"台山玉怀邮政箱"字样，也可印证该邮政机构的变化。新中国成立初期继续沿用这种戳式。

"广东台山·玉怀乡"邮政日戳从产生到停止使用历时数年，由于历史的原因，存世实寄封甚少，加上文献资料匮乏，无法考证该邮戳启用、加镶"柜"字、除去"柜"字和停止使用的准确日期，这为我们留下一些遗憾。据《国邮史记》第五期刊登的郑辉先生《珍罕的朱桑村"柜"字戳封》一文可知，中国邮政日戳中镶有"柜"字的实寄封全国仅见数件。而以往发现的镶"柜"字邮戳以新中国成立后沿用邮戳居多。"玉怀乡"这枚邮戳跨越中华邮政、中国人民邮政两个不同的历史时期，较完整地记录了这个邮政机构的演变，为五邑邮戳史增添了一种独特的戳式，实属难得。它为广东五邑侨乡邮史添上了精彩的一笔，为中国邮史增添了一道深刻的印记。

　　2017年初，在三合镇温泉老人会李振峰会长的帮助下，我找到了玉怀乡邮政代办所旧址。据李会长介绍，玉怀乡邮政代办所原设在玉怀凤翔里"嘉耀陈公祠"门口。凤翔里是陈氏在三合镇的始居地，观海公首先迁至这里定居。自观海公迁至凤翔里结庐之后，子孙繁衍，村庄不断壮大，围绕玉怀凤山建成了15条村。目前，凤翔里仍住着300多名陈氏子孙。在"嘉耀陈公祠"门口右侧，当年悬挂邮政信柜的大铁钉头依然保留在墙上。李会长告诉我，玉怀乡海外华侨、港澳同胞众多，为方便华侨寄递银信，中华邮政在玉怀乡"嘉耀陈公祠"门前设置了邮政代办所。新中国成立后，"嘉耀陈公祠"改为玉怀大队办公室，该邮政代办所仍然保留。20世纪50年代中期，玉怀乡邮政代办所撤销后，依然保留该邮政信箱，直到80年代后期才撤销。

图18　玉怀乡邮政代办所旧址（嘉耀陈公祠）

从 1847 年开始，大批华侨去到古巴谋生。古巴华侨虽然不少，古巴华侨银信存世量却不多，早期银信更是难得一见。古巴华侨银信成为集藏界的一种稀缺素材。探索古巴华侨银信之邮路，对于我们研究古巴华侨历史具有重要的意义。

一、清代古巴华侨银信邮路

（一）澳门中转邮路

清代古巴华侨书信极其罕见。我收藏银信数十年，虽然很努力地寻找早期的古巴书信，却难觅芳容。究其原因，大概是早期出国的契约华工抵达哈瓦那后，一般被卖到种植园，从事甘蔗生产。在西班牙殖民统治者和古巴种植园主的压迫下，华工掉进了苦难的深渊，能生存下来已是不幸之中的万幸了，哪里还有银信寄回家乡呢？自1877 年签署《会订古巴华工条款》以后，古巴华工成为自由劳动者，就有可能寄银信回家乡了。在 2012 年澳门举行的"第二届东亚集邮展览"上，我惊喜地发现一枚清代古巴银信（见图 1），随即把它记录下来。

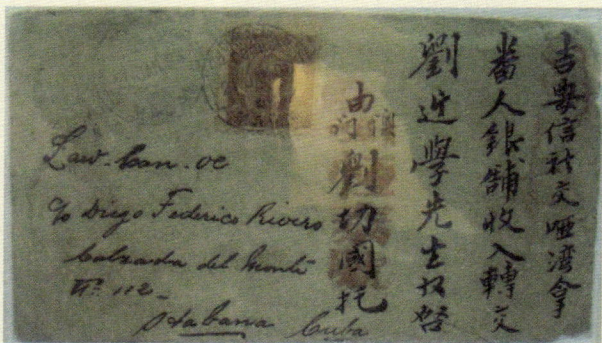

图 1

这是 1896 年澳门寄古巴的回批信，由澳门刘切国委托"澳门恒泰号"金山庄代办，贴路易一世像 100 Resi（利斯）澳门邮票 1 枚，销澳门邮政 1896 年 1 月 21 日邮戳寄往古巴，由哑湾拿（哈瓦那）番人银铺收入，转交刘近学先生收启。

从 1855 年开始，古巴人将贩卖华工的业务转移到澳门，并从中获取暴利[1]。澳门的劳工代理商会通常利用一些人贩子，深入广东和福建的村庄，诱骗年轻壮丁来到澳门，贩卖去古巴。清咸丰六年（1856）至同治六年（1867），新宁县爆发械斗，在残酷的长期械斗中，除了大量逃亡香港、澳门的人被人贩子诱骗出洋外，土客双方还把俘虏当作"猪仔"运到澳门出卖，多数人被卖出洋。久而久之，澳门的劳工代理商会成立金山庄，与古巴劳工代理商进行贩卖劳工以及相关的贸易往来。这封银信中的"澳门恒泰号"金山庄就是在这样的背景下形成的，而古巴的"番

---

① Evelyn Hu Dehart：《1847—1888 年贩卖华人苦力的中间通道》，见《"世界海外华人研究学会地区性非洲国际学术会议"论文摘译》，香港：香港社会科学出版社有限公司，2008 年，第 39 页。

人银铺"正是古巴劳工代理商开办的银号。在废除契约劳工制以后，华侨有了自由，他们急于找机构将自己积攒下来的血汗钱寄回家乡，而这些早期与华侨建立了贸易往来的西人银号抢占先机，开始了接驳银信业务。因此，清末及民国早期的古巴华侨银信，一般经澳门、香港中转，然后由水客送到广东五邑各地。

早期"契约华工"前往古巴的航程耗时约 85 天[①]。他们从澳门出发，穿过爪哇岛和苏门答腊岛之间的巽他海峡（Sunda Strait），横越赤道下面的印度洋，绕过好望角，在圣赫勒拿岛（St. Helena）补充淡水；从圭亚那进入加勒比海，经过特立尼达岛和巴巴多斯岛，从后下方抵达哈瓦那[②]。这也是早期水客所走的传统水路。

1884 年 3 月 1 日，葡萄牙人苏沙领导三名邮差成立了澳门邮政局，并加入国际邮联。早期经澳门邮政寄古巴的华侨书信，从澳门水路出发，跨越太平洋后送到古巴哈瓦那，然后转送古巴各埠。

（二）香港中转邮路

清朝末年，香港是英国的殖民地。1841 年，香港邮政署成立，通称香港邮政。香港邮政事业迅猛发展，为华侨寄递银信提供了方便。许多五邑华侨在香港开办金山庄，专门接驳外洋书信银两。清末民初，古巴华侨寄递银信，先由古巴寄到香港的金山庄，再由金山庄交巡城马（水客）带回国内。

图 2—3[③]是开平赤坎经香港寄古巴回批信，由"香港永乐街昌盛金铺"代办，贴香港 10 仙邮票，销 1915 年 1 月 22 日香港西区邮局日戳寄出。1 月 23 日经香港邮政

图 2

图 3

---

① Evelyn Hu Dehart：《1847—1888 年贩卖华人苦力的中间通道》，见《"世界海外华人研究学会地区性非洲国际学术会议"论文摘译》，香港：香港社会科学出版社有限公司，2008 年，第 41 页。

② Evelyn Hu Dehart：《1847—1888 年贩卖华人苦力的中间通道》，见《"世界海外华人研究学会地区性非洲国际学术会议"论文摘译》，香港：香港社会科学出版社有限公司，2008 年，第 41 页。

③ 张永浩：《中国邮史趣谈》，香港：中国邮史出版社，2005 年，第 131 页。

总局，转水路出海，3月2日抵达亚湾（哈瓦那），由"广源大宝号"交余懋中收。香港至古巴邮路全程40天。该封背面盖有"赤坎东埠悦祥号书柬"红色侨批章，说明该封先从开平赤坎悦祥号交巡城马带到香港昌盛金铺后，再经邮政寄到古巴。香港昌盛金铺是台山余和芳、余道生等余氏族人创办的股份制企业，开办于清朝末年，是一家侨汇公司，紧密联系美洲华侨，在香港、台山、开平等地设点接驳侨汇，信誉卓著。余和芳是昌盛金铺首任主席。①

　　图4—5是香港寄古巴回批封，销"香港均裕源金山庄"章（本银信由我收藏）。1927年1月6日贴香港10仙邮票寄出，2月2日到达古巴哈瓦那。邮路全程28天。均裕源金山庄原址位于香港德辅道283号，司理人李亨云是台山水步横塘人。书信部分内容如下：

心礽侄台如晤：

　　启者，现接来信并戾艮（银）叁拾元，已照交洪活收入，祈勿多念……

丙（寅）十二月初三日

　　从银信内容可知，这封信寄银戾30元，由香港均裕源金山庄交巡城马带到台山横塘交给收银人李洪活，然后由该金山庄寄回批信到古巴，告知该银信已经收妥，完成银信寄递全过程。由此可见，香港成为古巴华侨银信的中转枢纽。

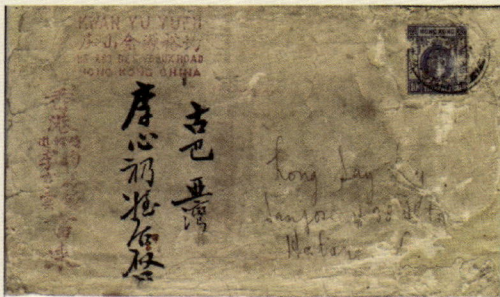

图4

图5

---

① 余杰锋：《香港和芳家族后人到荻海风采堂参观》，"名贤余忠襄公祠——荻海风采堂"网。

二、民国初期古巴华侨银信邮路

1901 年 12 月 15 日，江门海关北街邮政局成立。1902 年 2 月 8 日，江门埠邮政局成立。1902 年 4 月 25 日，新宁大清邮政局成立，[①]此后五邑各县相继成立大清邮政局。邮政局的开办大大提高了银信传递的速度，于是，海外华侨开始通过侨居国邮局直接将银信寄回祖国。从目前发现的古巴银信来看，民国时期从古巴邮政局直接寄回中国的银信居多，未发现清代从古巴邮政局直接寄回中国的银信。

图 6—7[②]是第一次世界大战期间广西怀集寄古巴回批信。贴帆船 2 分邮票 5 枚，合计 1 角，是国际平信邮资。1918 年 6 月 29 日销广西怀集日戳，由陆路寄出→6 月 30 日广东广宁县→7 月 1 日四会县→7 月 2 日广州，转水路出海→美军 2209 号检查员检查，贴美国检查封条→古巴哈瓦那上岸，转陆路→生于个镴埠（San Nicolas，圣斯皮里图斯）邮局→8 月 21 日交"广发昌宝号"转李坤显、李超蕃收，邮路全程 54 天。

图 6

图 7

图 8—9 是古巴寄台山朱洞长兴村红条封（本银信由我收藏）。1931 年 1 月 30 日由哈瓦那"亚湾怡益隆"号代理寄出，经美国转驳，封背盖美国 ROXBURY MASS 朱砂银信章，到台山后由"金源"号送至收银人，信银美金 200 元。

---

① 江门集邮协会编：《江门五邑集邮史》，广州：广东教育出版社，2012 年，第 13 页。

② "华宇拍卖"网。

图8

图9

　　图 10—12 是一封完整的三合一五邑银信，由外封（邮政挂号封）、内封（红条封）和家书组成（本银信由我收藏）。贴古巴 13 分邮票 1 枚。1934 年 8 月 14 日销古巴"啥（舍）咕埠"（Ciego）日戳，挂号陆路寄出→8 月 18 日哈瓦那，转水路出海→9 月 22 日广州，转陆路→9 月 30 日台山→西宁市"源益大宝号"转交李礽润收，信银港炭 50 元。该邮路全程 48 天。

图10

图11

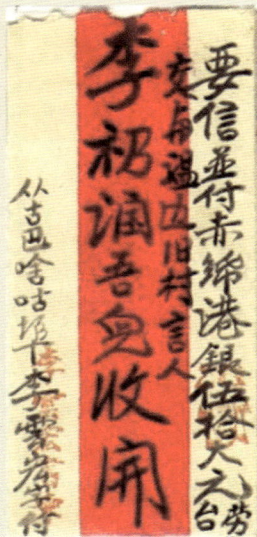

图12

图 13—14 是古巴哈瓦那寄台山银信（本银信由我收藏）。贴古巴 13 分邮票 1 枚。销哈瓦那 1935 年 4 月 22 日戳，挂号水路寄出→广州，转陆路→5 月 24 日斗山→5 月 25 日牛山→"春生堂"转交有庆村李世能收，邮路全程 34 天。

图 13

图 14

图 15—17 是古巴"李陇西"李氏公所寄台山银信（本银信由我收藏）。贴古巴 13 分邮票 1 枚。1937 年 2 月 20 日销古巴哈瓦那邮戳，挂号水路寄出→3 月 20 日广州→3 月 21 日大江邮局→3 月 24 日横塘"均和号"送交脑头村李优贵收，信银 50 元，邮路全程 33 天。

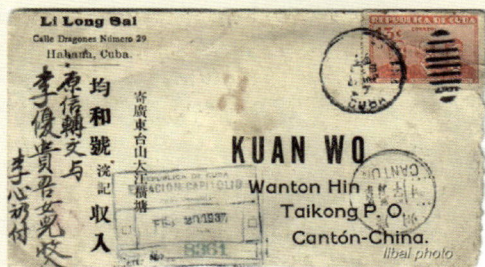

图 15

图 16

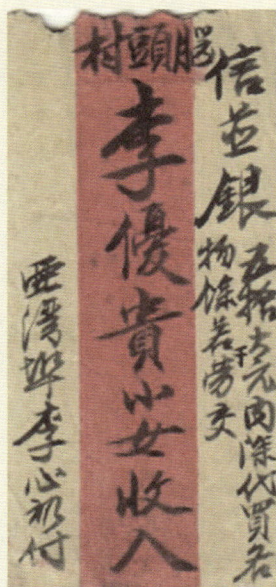

图 17

以上 5 封是 1918—1937 年的古巴华侨银信。民国时期，广东沿海轮船邮路以广州、汕头、海口、香港、北海为基点联结全国东部、北部及南部沿海城市，开通了上海—香港—广东沿线邮路。①抗战爆发前，广州是华南地区国际邮件交换中心，来自世界各地的邮件经此中转。广东五邑银信在古巴境内和中国国内所走的邮路均为陆路，而广州与哈瓦那之间的邮路为水路。中古之间的邮路从广州出海至香港，向北航向上海，东渡太平洋至日本横滨，再横渡太平洋，绕过美国后进入加勒比海，到达古巴哈瓦那港上岸，完成远洋邮运航程，该段航程耗时为 1 个月左右。

三、抗战时期古巴华侨银信邮路

抗日战争爆发后，日军大举入侵广东，1938 年 10 月 21 日，广州沦陷，广东邮务陷入空前的浩劫。但是，广东邮政员工艰苦支撑，不断开辟新邮路，努力维持广东邮务。

（一）滇缅公路邮路

自"七七"卢沟桥事变以后，日军迅速占领了中国北方的京津地区、南方的广东及汉口、上海、南京等华中、华东和华南地区，中国沿海几乎所有的港口都落入了日本人的手中。武汉会战以后，中日双方进入战争的相持阶段，成了持久战。对于中国来说，物资供应问题此时显得异常严峻。旅居海外的华侨得知祖国遭遇日本侵略后，纷纷捐款捐物，筹集了大批国内急需的药品、棉纱、汽车等物资。迫于抗日救亡的严峻形势，国民政府拿出外汇从西方购买了大量的汽车、石油、军火等，此外还有海外华侨寄回家乡赈灾的银信，这些物资都需要紧急运回国内。中国急需一条安全的国际运输通道。1938 年，中国政府开始修建滇缅公路。滇缅公路从昆明经下关、保山、龙陵、芒市、畹町出国，至缅甸的腊戌，全长 1 153 公里。其中从下关到畹町这一段全长 548 公里的路程全为抗战时新建。从 1937 年底开工到 1938 年 8 月初步通车，当时动员了 20 万人，在崇山峻岭中主要依靠人挑肩扛，在 9 个月内建成，可以说是一个奇迹。滇缅公路的建成，对于维系我国与外界的联系，输送国际援助的军需物资起了有力的作用，其重要意义，在滇越铁路于 1940 年 7 月中断以后，显得更为突出。它一时也成为国际邮件出境的重要通道。滇缅公路虽然早在 1938 年即已建成，但当时国际邮件经此路者很少，这主要是由于当时还有滇越铁路等出境通道可供利用②。据《抗战军邮史》记载，民国二十九年（1940 年）六月，滇越铁路阻梗后，七月至

---

① 广州市邮政局编：《广州邮政志》，广州：广东人民出版社，1994 年，第 96 页。

② 李柏达：《滇缅公路邮路与"当代花木兰"》，见《侨批故事》，广州：广东人民出版社，2014 年，第 101–102 页。

十月间滇缅公路又遭封锁，邮政总局乃派机务人员前往缅甸腊戍视察沿途情形筹备设站，嗣并呈准交通部特派李齐顾问及邮政总局霍锡祥副处长前往仰光，与缅甸邮政总局接洽转运邮件及公物等事宜，结果甚为圆满。故此路一经开放，立即于昆明、腊戍间拨派邮车运邮，先为五日班，继改间日班，最后改为逐日班。大批邮用公物如汽车、汽车零件、邮票等均由此路入口，其余如后方与联邮各国及川黔滇与沿海往来之轻班邮件亦均由此路经转[①]。可见，1940年底至1942年初是滇缅邮路的黄金时期，尤其是进入1941年以后，除少数邮件还经广州出海外，非沦陷区的大多数国际水陆路邮件经此邮路出境，滇缅公路由此成为五邑银信进出境的"咽喉"。1942年3月，日军侵占缅甸，英军撤退，仰光沦陷，滇缅邮路从此中断。

　　图18—20是古巴寄台山银信（本银信由我收藏）。贴古巴邮票3枚。销1941年9月1日舍咕埠戳寄→哈瓦那，转水路出海→缅甸仰光，第57号检查员检查，转铁路→腊戍，转公路→滇缅公路→昆明→重庆→10月19日台山→西宁市"源益大宝号"转交温边旧村（又叫"温边村"）李礽润收，邮路全程49天。信封正面加注"注意不经沦陷区"。

图18

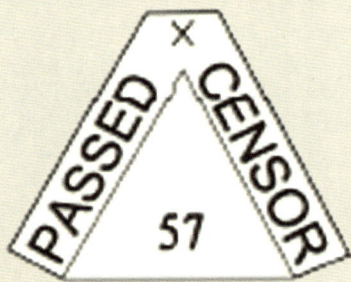

图19

图20　仰光第57号检查戳

---

① 安国基：《抗战军邮史》下册，台北：台湾邮政总局，1976年，第160页。

这封银信在太平洋战争爆发前顺利通过太平洋的水路，又在滇缅公路避过了日军的围追堵截，来到广东韶关，刚好遇上台山"九·廿"沦陷，待至 9 月 29 日，日军撤退，此后台山及五邑等地相继光复，10 月初邮路恢复正常，经过邮政步差的长途跋涉，于 10 月 19 日将该银信送到台山，历尽艰难险阻，最后幸运地送到李礽润的手上。它是一条成功穿越天罗地网的漏网之鱼，极其难得。

（二）"驼峰航线"邮路

从 1940 年末起，国际的陆上运输除中苏公路外，均被封锁，中国出口邮件的递送大受影响。1942 年 3 月，日军侵占缅甸以后，海上通道全被封锁。当时的形势十分严峻，不仅对中国抗日战争及太平洋战争产生影响，对世界反法西斯统一战线和美国的利益也产生影响。开辟通往中国的新渠道，运输急需的作战物资，是当时中美两国政府优先要解决的问题。时任国民政府外交部部长宋子文在给美国总统罗斯福的信中建议开辟一条从印度到中国的空中航线。经中国政府紧急要求，1942 年 5 月，美国总统罗斯福宣布"不计任何困难，必须开通到中国的路线"，从而中美两国开辟了从印度汀江到中国昆明的航线。这是中国抗日战争最重要的后勤补给通道。这条航线西起印度阿萨姆邦，向东横跨喜马拉雅山脉、横断山、萨尔温江（怒江）、澜沧江、金沙江，进入中国的云南高原和群山环绕的四川，航线全长 500 英里，地势海拔大部分在 4 500—5 500 米，最高海拔达 7 000 米。山峰连绵起伏，犹如骆驼的峰背，故称为"驼峰航线"。

"驼峰航线"分直线和南线。直线为汀江—葡萄—云龙—云南驿—昆明，航线距离 820 公里，最低安全高度 4 572 米，有时因天气原因，从汀江经葡萄、丽江到昆明，航线最低安全高度 6 096 米。南线为汀江—新背洋—密支那—保山—楚雄—昆明，航线距离 885 公里，最低安全高度 4 267 米。按当时条件，这条航线所经地区缺乏基本的航线保障，但这是战争的要求，是唯一的对外通道，美国空运指挥官汤姆斯·哈丁上任后下的第一道立即执行的命令就是"飞越驼峰，没有天气限制"。整个空运期间，不管结冰还是雷雨，也不顾从缅甸起飞的日机的拦截，真正做到了全天候飞行，中国进出口邮件则利用往返飞机分批运递[①]。"驼峰航线"自 1942 年 4 月至 1945 年 11 月历时 3 年多时间，是世界战争空运史上持续时间最长、条件最艰苦、付出代价最大的最悲壮的空运航线之一，人们把它称为"死亡航线"。

以下 2 封古巴华侨银信，刚好记录了这一航线。

---

① 杨浩：《驼峰航线邮史》，台北：集邮界杂志社，2010 年，第 3 页。

图 21—22 是抗战期间古巴寄台山银信（本银信由我收藏）。由"古巴湾城均安祥办庄"代办，销 1944 年 2 月 6—7 日哈瓦那挂号戳，2 月 7 日哈瓦那航空寄出→2 月 10 日美国→2 月 14 日迈阿密→迈阿密美军基地开封检查，加 30743 号检查封条→委内瑞拉，加盖圆形检查戳→印度加尔各答，4748 号检查员检查→"驼峰航线"→昆明→重庆→台山→4 月 28 日三合→三合墟"新亚商店"转交官步村朱锦栖收，邮路全程 83 天。

图 21

图 22

图 23—25 是古巴寄台山银信（本银信由我收藏）。1944 年 4 月 20 日此信已经写好，由于战时邮路时断时续，直到 5 月 23 日才由舍咕埠邮局寄出（挂号戳日期字钉错植为 5 月 25 日）→5 月 24 日哈瓦那→5 月 29 日美国迈阿密，美军开封检查→6 月 1 日迈阿密→委内瑞拉，加盖圆形检查戳→印度加尔各答→"驼峰航线"→昆明→重庆→10 月 9 日台山大亨市→交温边旧村李礽润收，邮路全程历时近半年。

以上 2 封银信都是从古巴哈瓦那出发，空运到美国迈阿密美军基地，接受美军检查员开封检查后，搭上美国航空公司飞机，先抵委内瑞拉，加盖圆形小树图检查戳后，绕道南美洲巴西贝伦及纳塔尔、非洲尼日利亚拉哥斯，转英国航空飞机到印度加尔各答，转中华航空飞机飞越"驼峰航线"至昆明，再送重庆，转广东送达台山。这条邮路需绕过四大洲（北美洲、南美洲、非洲、亚洲）和两大洋（大西洋、印度洋）[1]，航线史称"中—印—尼—美航线"，是世界历史上最漫长的航空邮路。图 23—25 所示银信邮递期间更是经历台山第三次、第四次沦陷，邮路历时近半年，银信最终能送到目的地，实在难得，它是一只成功飞越枪林弹雨的"鸿雁"。

---

① 杨浩：《驼峰航线邮史》，台北：集邮界杂志社，2010 年，第 222–230 页。

图23

图24

图25

四、抗战胜利后古巴华侨银信邮路

中—美—古航空邮路

  自 1902 年古巴独立后，古巴在美国的扶植下迅速发展，古巴邮政也借美国邮政之便大力发展。抗战胜利后，国际邮路恢复正常运转，开通了古巴—美国—中国的航空邮路。古巴华侨银信寄递邮程不断加快，成就了中国—美国—古巴邮路的黄金时期。

  图26—27是古巴舍咕埠寄台山航空挂号信（本银信由我收藏）。贴古巴 5 分和 1 比索邮票各 1 枚（部分邮票脱落）。1946 年 3 月 20 日寄→3 月 21 日哈瓦那→3 月 22 日迈阿密→旧金山→4 月 29 日广州→5 月 8 日台山大亨市→5 月 10 日温边旧村李礽润收，邮路全程 52 天。

图26

图27

图 28—29 是 1946 年航空担保银信（本银信由我收藏）。贴古巴航空邮票 2 枚，邮资合计 1.15 比索。8 月 5 日古巴舍咕埠挂号寄→哈瓦那→8 月 7 日迈阿密→8 月 8 日旧金山→8 月 26 日广州→8 月 29 日台山→革新路"启华行金铺"→9 月 2 日交温边旧村李维浓收，邮路全程 29 天。

图 28

图 29

以上两封信背面都印有英文："This envelope approved by the U.S. Post Office Dept. for Air Mail Only. Use for other purposes not permitted." 意为"这信封是经美国邮政部门核准使用的专用航空信封"。在古巴寄航空信要使用美国核准的专用信封，可见古巴邮政是在美国的控制下运作的。

图 30—31 是古巴寄台山都斛银信封（本银信由我收藏）。贴古巴 5 分、8 分、40 分邮票各 1 枚，邮资为 53 分。销 1949 年 4 月 12 日哈瓦那戳，挂号航空寄→4 月 22 日广州→台山→4 月 25 日都斛→4 月 26 日牛山→牛尾山墟"春生堂"转交有庆村李群波收，邮路全程 15 天。

图 30

图 31

这封银信与上两封的不同之处是信封上少了美国迈阿密、旧金山两个过境邮戳，虽然航线还是按照原来的路径走，但不需要经过美国邮局进行邮件交换，邮件的传递速度比原来明显加快，这种变化出现在 1948 年以后的银信封上，此后几年古巴银信邮递效率大大提高了。

五、新中国成立初期古巴华侨银信邮路

新中国成立初期，以美国为首的帝国主义对中国实行了严酷的经济封锁。美洲地区不准华侨寄挂号银信回国。美国还专门制定了条例，凡是华侨寄钱回国便以违犯法规处置，要判刑入狱。古巴政府历来亲美，也跟随美国禁止华侨汇款回中国内地。为打破困局，中国政府采取种种方法，冲破重重困难，接通海外侨汇：一是中国银行加强与国外及港澳地区联行的联系，分别在香港南洋银行和澳门南通银行设立转汇点，专门接驳海外华侨银信，大大便利了华侨和港澳同胞汇款。二是利用原有的私营侨批局，与国外和港澳地区接上关系，接驳侨汇。三是利用水客经常往来于中国内地和港澳地区，到国外一些偏僻地方向华侨收揽汇款，带回国内通过银行结汇交给侨眷。四是有的华侨在国外向外国银行购买汇票，直接寄回或经香港转寄内地亲属，向银行领款或办理托收。新中国成立初期，古巴寄台山的华侨银信，绝大多数是经香港转入邑内。①

图 32—36 是 1953 年古巴寄台山银信（本银信由我收藏）。1953 年 12 月 14 日，古巴华侨朱家东在古巴银行买美金晟 180 元、港晟 800 元，到哈瓦那邮局通过挂号信寄到"香港马绍章洋服"金山庄。12 月 30 日，金山庄司理人马绍章将此笔侨汇通过香港南洋商业银行汇到台山中国银行，书信和汇款通知书（封背写有编号：61455）则通过香港邮政寄到台山泡步乡官步里（村）。1954 年 1 月 2 日，马杏秀收到银信后，凭信到银行领取侨汇，完成该银信的传递，邮路全程 20 天。邮路前半程为：古巴哈瓦那→美国→中国香港，邮路后半程为：香港→广州→台山→南昌→官步里（村）马杏秀收。

新中国成立后至古巴革命前，古巴华侨银信几乎全部经香港中转，因此，香港成为五邑华侨银信的中转枢纽。

---

① 李柏达编著：《古巴华侨银信——李云宏宗族家书》，广州：暨南大学出版社，2015 年，第 164–165 页。

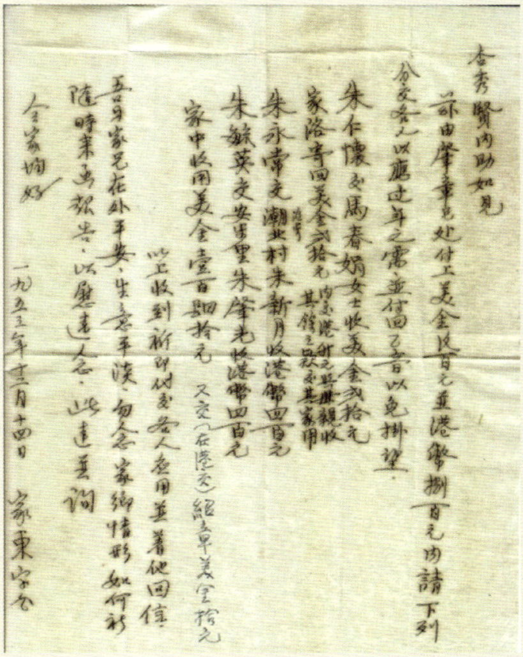

图 32

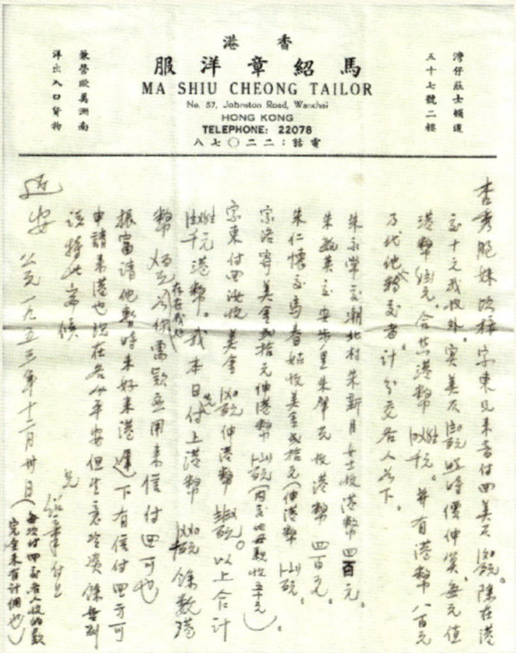

图 33

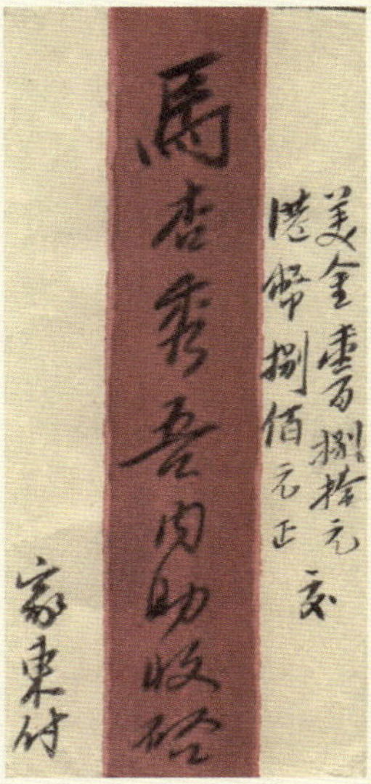

图 34

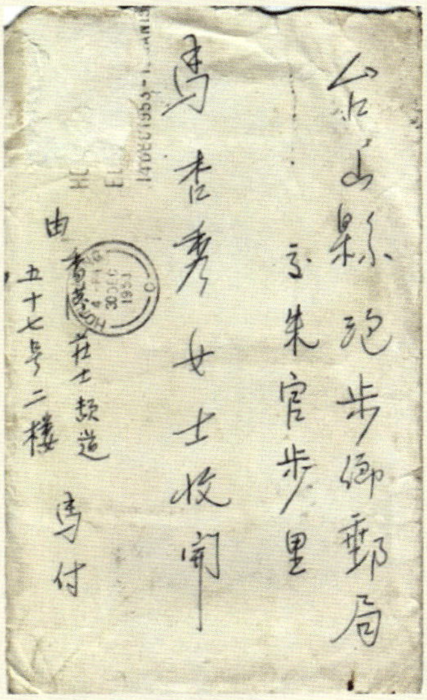

图 35

图 36

六、禁汇时期古巴华侨银信邮路

1959 年 1 月 1 日，古巴卡斯特罗领导的革命党推翻了巴蒂斯塔亲美独裁统治。1960 年 7 月，古巴同中国签订贸易协定，同时颁布法令征用美国人在古巴的财产，将价值约 15 亿美元的 400 多家美资企业全部收归国有。[①]1961 年，美国与古巴断交，并对其实行经济、贸易和金融封锁；1962 年，美国对古巴开始实施全面禁运；1963 年，两国直接邮路中断，邮件需通过第三国传递，包括加拿大、墨西哥和巴拿马等国。

（一）禁汇初期黑市汇款银信邮路

卡斯特罗上台后，古巴政府随即宣布禁绝侨汇。禁汇初期，许多华侨想尽一切办法通过地下钱庄将银钱先汇到香港的金山庄，然后通过香港南洋商业银行、香港中国银行或私营侨批局转汇回国内。

图 37—39 是古巴汇香港转寄台山银信（本银信由我收藏）。1960 年 1 月 26 日，香港"兆兴隆办庄"司理人朱灼云接到古巴哈瓦那朱家昌委托地下钱庄李长衍汇来信银 397 美元（折合港币 2 255 元），先储存在该金山庄，即寄信告知收银人，然后根据收银人的需要汇回内地。古巴至香港的汇路不得而知，香港至内地的邮路与新中国成立初期的邮路相同。

图 37　　　　　　　　图 38　　　　　　　　图 39

---

① 黄卓才：《鸿雁飞越加勒比——古巴华侨家书纪事》，广州：暨南大学出版社，2011 年，第 47 页。

通过地下钱庄汇款往往数额相当大，有孤注一掷的感觉。如香港雷竞璇教授的父亲雷炳勋，1959年7月底从古巴同发号关洸元处驳回来港银2万元，由香港德辅道中118号植生行转交。[①]这笔巨款见证了雷炳勋过人的胆识和战略性眼光。大多数古巴华侨却在彷徨、犹豫中错失时机，以致他们一生的积蓄付之东流。

（二）中古信汇邮路

1961年9月，中古建交；11月，中古签订经济技术合作协定。古巴政府通告，"旅居古巴外侨不准汇款出国，独念中华人民共和国援助浩大，乃许可每个华侨每年准汇一次"[②]。随着禁汇政策的逐步推进，古巴各种地下汇款渠道越来越少，到1964年以后，黑市汇路禁绝。

图40

图41

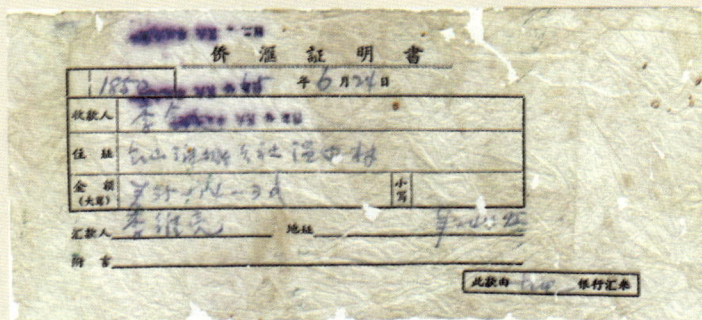

图42

---

① 雷竞璇：《远在古巴》，北京：中信出版社，2016年，第18页。
② 李柏达编著：《古巴华侨银信——李云宏宗族家书》，广州：暨南大学出版社，2015年，第177页。

图 40—42 是李维亮从古巴寄台山的银信（本银信由我收藏）。书信于 1965 年 4 月 15 日在甘玛伟埠（卡马圭）寄→广州→4 月 27 日台山→交温边村李焕麟收，邮路全程 13 天。此时，美国与古巴之间邮路中断，古巴航空邮件绕道墨西哥或苏联中转。而这笔汇款要李维亮亲自到哈瓦那中华总会馆汇出。因中国与古巴之间的侨汇是两国货物互换汇兑侨汇，中古货物贸易又以水路船运为主，轮船由古巴哈瓦那港出海，经拉斯维亚斯，横渡大西洋，绕道好望角或苏伊士运河驶入印度洋，穿越马六甲海峡后进入太平洋的南海，到达中国各大口岸[①]。水路航程遥远，速度较慢，故费时较多。此笔侨汇直到 6 月 24 日才收到，耗时 70 天。书信与汇款不同步。

1972 年，台山私营侨汇业全部撤销，五邑各地也相继撤销私营银信业，侨汇解送业务由国家银行负责。

随着社会的发展，不同时期古巴政府推行不同的对华政策，导致古巴华侨银信邮路不断变化，从 19 世纪末到 20 世纪 70 年代，邮戳在古巴华侨书信上留下一个个珍贵的足迹，组成了一部古巴华侨银信邮政史。

---

① 李柏达编著：《古巴华侨银信——李云宏宗族家书》，广州：暨南大学出版社，2015 年，第 173 页。

难得一见的梅花形信柜戳

清末民初，各地邮政信柜所刻制的戳记很多，形式多样，五花八门，以直式无框形、碑形双格或多格、碑形线式、方形双格、方形线式、圆形双格或多格、椭圆形单圈或双圈、椭圆形线式等较为常见。近年来，我收集到几枚较少见的信柜戳，外形似梅花，我称之为"梅花形信柜戳"，现整理出来与读者共赏。

第一封是广东开平赤坎寄新昌封，贴伦敦二版孙中山像 5 分邮票 1 枚，为国内平信邮资，盖"赤坎一"梅花形信柜戳，油墨为红色，再销 193×年 4 月 9 日赤坎日戳寄出。

第二封是开平赤坎寄美国市卡咕埠（芝加哥）封，贴香港大东版孙中山像 5 角邮票 1 枚，为国际平信邮资，盖"赤坎一"红色梅花形第一号信柜戳，销赤坎 1941 年 7 月 30 日邮政日戳寄出，8 月 11 日销广州戳寄美国市卡咕。

第三封是广东台山水步寄广州封，贴伦敦二版孙中山像5分邮票1枚，为国内平信邮资，盖"水步一"红色梅花形信柜戳，销水步1936年12月17日邮政日戳寄出，12月18日广州投递。

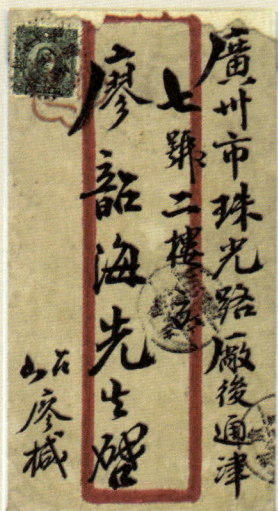

上述3封信，有国内信，也有国际信，赤坎、水步两个不同地方的信柜戳，戳形相似，均为梅花形状；戳面文字由地名加信柜号码构成，字体为楷体字，戳色为红色朱砂油墨，盖戳方法都是先销信柜戳后再销邮政日戳，邮政操作程序相同。翻阅张恺升著《中国邮戳目录（1872—1949）》，未见收录这种戳式。而孙君毅著《清代邮戳志》第214页有一枚"石岐十一"梅花形信柜戳，与上述3枚戳相似，其他地区未见使用这种戳式。由此可见，这种梅花形信柜戳式在清朝末年已开始使用，流行于民国年间，仅在广东邮区使用。赤坎、水步、石岐都是清末民国时期广东有名的墟镇，华侨港澳同胞众多，侨汇收入也较多，墟市繁荣，因此与外洋之间往来的邮件很多，邮政部门在繁荣的乡镇墟市设立这种邮政信柜，亦不失为一种便民措施，为邮政史留下了珍贵的记忆。

从"三朝元老"水楼乡邮戳说开去
——探索太平洋铁路建设之台山李氏先侨

在长年累月的集藏研究中，我发现了几枚较少见的台山大江水楼乡邮品，从而萌生探索寻根的念头。

图1—2是一封美国寄台山侨信，贴美国25美分航空邮票，1956年1月16日由纽约航空寄→广州→1月22日公益埠→×月×日水楼乡邮政代办所→龙江里李昌锦收。这封信的特别之处是销"水楼乡"横框中文日戳，这是一种清代邮政日戳戳式，戳径29mm。据张恺升著《中国邮戳目录（1872—1949）》可知，干支横框中文日戳最早于丙午年（1906）五月开始使用。因此，这枚邮戳经历了清代、民国到新中国成立，可谓邮戳家族中的"三朝元老"了。

图1　　　　　　　　　　　　　　　　图2

图3—4是香港寄台山侨信，贴英国女王伊丽莎白二世像1角香港邮票1枚，1956年1月7日香港平寄→1月8日公益埠→1月9日水楼乡邮政代办所→龙江里李永振夫人收。该信同样盖"水楼乡"横框中文落地戳。

图3　　　　　　　　　　　　　　　　图4

图5—6是香港寄台山侨信，贴英国女王伊丽莎白二世像1角香港邮票1枚，1957年8月17日香港平寄→公益埠→8月19日台山大江（处乙）→8月22日水楼乡邮政代办所→龙江里李彬占收。

图5   图6

根据《中国邮政局所名录汇编》记载，1956年9月，水楼乡邮政代办所已经撤销，并入大江墟支局管辖。从以上3封书信看，水楼乡邮戳在1957年8月前仍然沿用（见图7—9）。然而，我翻查过一些1958年1月以后的书信，水楼乡邮戳已经无影无踪，取而代之的是"广东台山大江（处乙）"点线三格式的中文邮戳。可见，从1958年起水楼乡日戳已经停止使用。这枚"三朝元老"水楼乡邮戳终于完成了它的历史使命，走进邮政博物馆。然而，它在中国邮政史上留下的珍贵足迹，引起了我的遐思。

图7

图8

图9

从上述书信看，水楼乡族人有的移民美国，有的移居香港等地区。那么，到底水楼人是何时开始出国的呢？因参与编修《台山李氏族谱》，2016年4月底，我首次踏入水楼乡。

水楼乡在大江墟镇南部，与陈边、沙浦、水步、长塘毗邻。耕地面积2 163亩。人口有745户2 613人。明清时期属文章都，民国期间为台山县第二区陇海乡，1958年称水楼大队，1986年改称水楼管理区。管理区委会驻龙会村，在台城至公益公路旁边，距台城约12公里，辖龙会、潮庆、草朗、凤冈、海潮、锦波、龙江、蟠龙、山园、龙聚、南庆、龙庆、龙北、向南、向北

15 个自然村。除 2 个村为黄姓外，其余的自然村都是李姓族人，分别为尚书房和栋祖伯公后人，其中又以尚书房占绝大多数。据敬修文化促进会李畅健副会长介绍，尚书房十五世前沙祖约于明嘉靖二十至三十年间（1541—1551）从公益东头沿河南行放养鸭，来到凤林里（草朗）附近，见这里风水好，就在池塘中搭一楼房养鸭，并繁衍开族，故得名水楼。现在凤林里村前有前沙纪念堂、国贤李公祠、国赞李公祠等祠堂。该村前是由三行花岗岩砌成的近百米长的笔直村道，足见该村历史之悠久。

我们来到村委会后，该村党支部书记李敬生宗长小心翼翼地捧出一箱旧族谱给我们看。我打开后不禁惊叹，这是我修谱以来见到最完备的族谱（见图 10）。据李敬生宗长介绍，这套族谱是光绪二十八年版《李文庄公家乘》，共 46 卷，是 20 世纪 90 年代旅美芝加哥宗亲李振俊寄给他的，可是他收到后发现其中有 4 本缺失，便一一去走访各村，把缺失的几本都复印了，凑齐全套。李敬生宗长做了大量的抢救工作，把该套族谱完整保存下来，实属难得。在旧谱的基础上，他还将自己的家谱完整地续写至现在，精神可嘉。

在李敬生宗长的指引下，我打开这套台山李氏族谱，在《李文庄公家乘》家谱松庵房支系很快找到了在建设美国太平洋铁路和加拿大太平洋铁路过程中李氏家族的李天沛、李天宽，李祐芹，李奕德三代（二十四至二十六代）包工头的名字。这些李氏先侨，是台山李氏族人移民海外的拓路者，他们都来自台山水楼乡。

据五邑大学梅伟强副教授考证："估计青壮年的李天沛应该是在美国淘金潮期间（1848—1860年），与自己的同族兄弟离开家乡。铁路公司让在美华人回国招工。而挖了几年金矿有了一点积蓄的李天沛，正在唐人埠做小生意。他在同胞中颇有威信，白人业主就委托他招募华工。""当时绝大多数人根本买不起最便宜的船票，李天沛就

图 10　水楼乡现存完整的尚书房族谱《李文庄公家乘》

台

山

银

信

档

案

及

研

究

提出路费可以先欠着，之后分期连本带利归还。他们还承诺说，华工在美国可以随时给家里寄钱、写信。要是意外身亡了，同乡会也会负责将他们的遗骨送回家乡。"梅伟强说："很快，李天沛就招募到了预期数量的筑路华工。1865年的夏天，一艘艘满载着筑路华工的船只向美国驶去。"

据《广东台山华侨史》记载："1863年（清同治二年），美国中央太平洋铁路西段在加州萨克拉门托破土修筑，台山人李天沛招募大批新宁等四邑华工前往筑路，最多时达1.2万人。""1865年2月，中央太平洋铁路公司决定大量招募华工，并把这个任务交给了在美国波特兰开公司的台山人李天沛。于是台山人被大量招募来修筑西段铁路。""1880年（清光绪六年），加拿大修筑太平洋铁路，台山人李天沛、叶连生等人大批招募台山籍华工前往筑路。""1881年后，承建加拿大太平洋铁路最艰巨的西段，招募华工的生意交给了台山华侨承包商李天沛负责。李天沛与同乡族人李祐芹、李奕德和李天宽，共组联昌公司，专门为铁路公司招募华工。台山另一位承包商叶春田（叶生、叶连生）也为铁路公司招募华工7 000名。"由此可见，水楼乡以及五邑其他地方的台山人在1865年后大量移民去美国、加拿大修筑太平洋铁路。

那么，当时跟随李天沛去美国修筑太平洋铁路的还有哪些人呢？带着疑问，我努力地去寻找。十几年前，年近耄耋的父亲将一个铁皮箱交给我，说这是我们家的传家宝，要好好地保管它。三年前，我开始编著《古巴华侨银信——李云宏宗族家书》。为寻找素材，我打开那个尘封锈黑的铁皮箱，发现里面有家谱、新宁铁路股份簿（见图11）、新宁铁路股东大会入场券、光绪三十三年金山正埠（旧金山）李陇西堂百子会执照（见图12）和账簿等文物。我对这批文物进行多年反复研究，终于发现了其中的秘密，也找到了与太平洋铁路相关的史料。

一本清光绪六年高祖父手迹《李俊衍书柬》账簿，

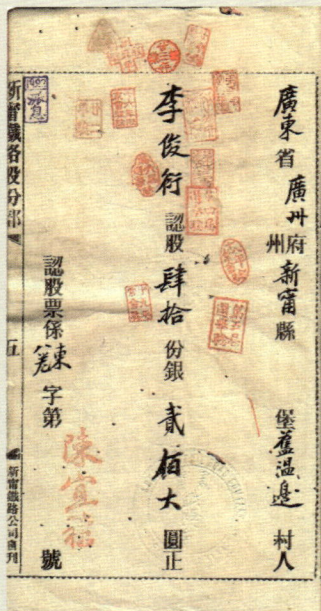

图11

图12

记录了他当年在旧金山的足迹：

光绪五六年时秀广叔做烟行问取金钱艮（银）拾大元。

二十六年十月廿四日代付归贰佰元，除来另代支长二元四毛五。

二共欠金钱艮（银）一十二元四毛五。照回唐时价四五/^①，伸七二艮（银）二十七元。

二十九年兆鸿数

四月初五日代付归七二艮（银）拾元，四二二五/，伸金艮（银）四元二毛五，另信资艮（银）一毛。共支得艮（银）四元三毛五。

十一月廿七日付来艮（银）贰元，谓做猪会，时不及，故转代付，时十二月十八日代付归艮（银）五元，交煜衍收妥，时四四七五/，伸金艮（银）二元二毛五。除支长艮（银）二毛五。

二共尚欠艮四元六毛，四五/，伸七二艮（银）一十元二毛五。

光绪二十二年四月十六日林举邦兄欠福食美金艮（银）六元二，面结。

同日李锦年兄欠福食美金二元六角五，亦面算。

三十二年李长华四月初二借美金艮（银）叁拾大元，至五月十四日又借美金拾大元。又至五月十五日借美金艮（银）贰拾大元。

以上共该美金艮（银）陆拾大元，至回唐时价汇四五/，伸七二（银）兑壹佰叁拾叁元叁毛，每月每元壹分算，此系港纸艮（银），应收。

宣统贰（二）年十月廿二日清广叔欠过关金艮（银）七十八元九毛五。伸回唐时价四五/，伸港纸艮（银）一百七十五元五毛。此系应收港纸艮（银）。是五月初四日收回双毫子艮（银）一百八十五元。收完。

云宏三十一年十二月初三日到巴梳埠

三十二年正月十四付巴梳埠艮（银）十元，又闰四月初六日付艮（银）四十元，闰四月十七日付过亚湾城交美金壹佰元，同日又付巴梳埠艮（银）三十五元。

以上合共付艮（银）一百八十五元金钱银。

从以上资料可知，光绪五年至宣统二年，高祖父李俊衍借给兄弟亲朋的钱共164.85美元。光绪三十一至三十二年，付给李云宏去古巴的费用共185美元。宣统元年购买新宁铁路股份200元，折合90美元。另外宣统年间回乡建了一间新屋，时值

---

① 四五/：银元与美元的汇率，即1银元兑0.45美元。

约500元，折合225美元。可见，从1880年至1910年的30年间，高祖父积攒了665美元，这笔钱在那个年代算是一笔不小的财富了。那么，高祖父是如何积攒这么多钱的呢？

小时候，父亲曾讲过祖辈去金山修铁路的事，但没有详细的资料。综合上述资料以及父亲生前的留言，可以大概描绘出高祖父去金山的经过：

高祖父李俊衍，名福英，是台山李氏栋祖伲公二十三世孙，生于清道光二十九年（1849）己酉九月二十二日，籍贯广东新宁县温边村。其父亲李业广是一个农民，生有四子，分别为俊衍、佐衍、杰衍、信衍。清朝末年，朝廷腐败，民不聊生。业广祖居新宁县城东的温边村，该村前不近海，后不靠山，发展农业的空间受到严重的制约。多子虽说多福，但对于地少屋少的农民来说，也带来了不少烦恼。业广祖眼看四个儿子一天天长大，常为儿子们的未来担忧。

1865年，台山李氏宗族李天沛回乡招募华工去美国修筑太平洋铁路。正在犯愁的业广祖听到消息后喜出望外，决定让16岁的大儿子跟随其五叔父秀广一起去美国掘金，期望儿子闯出一片新天地。1869年5月10日，太平洋铁路这一被誉为世界铁路史上一大奇迹的横贯美国东西的大动脉建成。太平洋铁路建成后，俊衍留在美国，用积累多年的血汗钱做小本生意。1879年到1880年，五叔父秀广见侄子的生意不错，也萌生了做小商贩的念头，但资金不足，于是向侄子借了10美元，开办一间烟行。

经过在美国15年的奋斗，俊衍积攒了一笔小钱。1880年，他年届31岁，首次从美国回乡省亲，并于当年年底与高祖母雷氏举行婚礼。1881年10月17日，高祖父喜得长子云宏，之后返回美国；1885年至1886年他第二次回乡省亲，1886年喜得二子云宽，之后又返回美国；此后他多次返回唐山，迎来三子云昌和四子云宾的诞生。

光绪二十二年（1896）四月十六日，林举邦兄在高祖父的小店欠下伙食银6.2美元。同日，李锦年兄也在高祖父的小店欠下伙食银2.65美元。

光绪二十六年（1900）十月二十四日，五叔父秀广委托高祖父代寄信银200元回乡。

光绪二十九年（1903）四月初五，兆鸿委托高祖父代寄信银10元，用去美金4.25元，另付寄信邮资1毛；同年十一月二十七日，兆鸿交来美金2元，用来寄回唐山做猪肉会经费，因不能及时汇款，高祖父于十二月十八日将此笔信银转寄给堂兄弟煌衍收，用去美金2.25元，超支0.25美元。

20世纪初，正是美国排华高潮期，高祖父不是美国土生公民，无法让自己的几个儿子移民去美国。从1880年以后的25年间，他多次来往于中国与美国之间，自己也在美国掘到第一桶金。眼看几个儿子一天天长大，长子云宏已经成家立室，又喜得两个孙子（礽润、维亮），但他在家乡的物业只有半间祖屋，怎么办？1902年，与美国相邻的古巴独立，中古两国随即建立了外交关系。古巴经济在美国的控制下迅速发展，城乡经济持续繁荣，就业机会很多，古巴成为美洲华侨华人聚集的中心。在去美国之路行不通的情况下，选择让儿子移民古巴算是当年的上策了。1905年末至1906年初，高祖父为长子云宏办理移民古巴商务护照，共花了185美元。

光绪三十三年（1907）七月八日，高祖父在美国旧金山李陇西堂（李氏公所）购买"金山正埠李陇西堂百子会"股份一份，参与李氏宗族事务。

1909年，高祖父在美国旧金山。此时，由旅美华侨陈宜禧先生倡办的新宁铁路在家乡建设得如火如荼。陈宜禧先生提出"不用洋人，不招洋股，不借洋债"及"勉图公益，振兴利权"等口号，激发了海外华侨强烈的民族自尊心。因为高祖父早年去美国修建太平洋铁路缔结了铁道情结，他决定购买新宁铁路股份40股共200元，支援家乡建设铁路。

宣统二年（1910）十月二十二日，温边村宗亲李清广叔父去旧金山，高祖父为他代办过关手续，代付过关费用78.95美金。这一年，高祖父61岁，他在美国拼搏了45年，名成利就，于是告老还乡，与高祖母雷氏及儿子、孙子等家人共享天伦之乐，回乡后在温边村建了一间新屋，分给云宽、云昌、云宾各一份，因云昌早年夭折，后由云宾的儿子国份过继，而长子云宏一家则住在温边村的半间祖屋。此后，他为二子云宽娶了媳妇。1915年，他又为二子云宽借钱办理移民古巴手续，后来又敦促云宏让云宾移民古巴。民国九年（1920）三月初九，高祖父在家乡安详地离开了人世，享年71岁。作为太平洋铁路的开拓者之一，他在海外拼搏近半个世纪后，魂归天国，实现了落叶归根的凤愿。这也是一代太平洋铁路开拓者的历史缩影。在漫长的历史长河中，太平洋铁路建设者的功勋逐渐被时光的流水冲褪。在华工赴美修建铁路150多年后的今天，祖辈的这批珍藏让我们再现了他们在美国打拼的足迹。感谢祖辈为我们留下这批史料，它们是研究太平洋铁路历史的宝贵文化遗产。

参考文献

1. 《李文庄公家乘》，广东新宁，光绪二十八年（1902）。
2. 温边派李氏族谱编委会：《温边派歃圆李氏族谱》，广东台山，民国十年（1921）。
3. 《李俊衍书柬》账簿，光绪六年（1880）。
4. 张恺升编著：《中国邮戳目录（1872—1949）》，1995年。
5. 梅伟强、关泽锋：《广东台山华侨史》，北京：中国华侨出版社，2010年。
6. 李柏达编著：《古巴华侨银信——李云宏宗族家书》，广州：暨南大学出版社，2015年。

台山原名新宁县，建于明弘治十二年（1499），建县时就开始有邮件传递活动。据明嘉靖二十四年版《新宁县志》载，全县设有7个"铺舍"进行书信传递，它们是：县前总铺（在县署东侧，现县前路上）、陂塘（在现水步镇）、李凹（在现大江镇）、山背（在现四九镇）、那颜（在现冲蒌镇）、都鹿（在现斗山镇）、古隆（在现赤溪镇），各设铺司1名、铺兵2—5名。清道光十九年（1839），县志记载的"邮铺"有6个：李凹、陂塘、县前、山背、李村、那颜，六铺共设兵丁20名、马7匹。邮铺的任务是传递官府文书和护送财物，因而它不是现代意义上的邮局。台山民众只能通过民信局（转递县城至广州的信件、钱和物品）和巡城马（转递本县和周边各县信件、钱和物品）投递邮件。到光绪二十八年（1902），邮铺裁废，改设邮政局。1917年10月3日，广东省邮政局发文通知，取缔全省民信局和巡城马，各类邮件由邮政局专营。

"新宁大清邮政局"戳　　"新昌大清邮政局"戳　　　　　　"新宁一"号码戳

台山县第一间邮政局开办于光绪二十八年三月十八日（1902年4月25日），地址在台城正市街1号，名称是"新宁大清邮政局"，隶属广州府邮政局，是二等邮政局。1912年改称新宁邮政局，1914年改称台山邮政局。1902年，台山县陆续开办新昌、冲蒌、三合、五十、大江、广海、海口埠、上泽等乡镇邮政局，1904年开办斗山、都斛、公益邮政局，1905年开办端芬、水步邮政局和四九邮政代办所，1906年开办白沙、沙坦市、三八邮政局。

到1911年6月，台山有新宁、冲蒌、五十墟、海口埠、广海、荻海、上泽、潮境、大江墟、冲云、三合、华安墟、西门、都斛、那扶、礼边、白沙、浮石、沙坦市、麦巷、四九、西廓、东坑、田头乡、万福寺、石龙头、汕底、桥头墟、海晏①、板岗、水步、牛山、斗山、平岗、深井、庙边市、镇口、安和、白沙新墟、那泰、沙栏、镇海、新安墟、墼寨、公益、三八、汶村、莘村、新昌、赤溪厅等50间局所。

"新宁"三格式干支邮戳

1916年1月1日，台山那金邮政局开办。民国二十年（1931），台山县已有台山、新昌、斗山、冲蒌、广海、都斛、白沙（东）、公益8间二等邮政局，汕底、三合、三八、海晏、五十墟、大江墟、沙坦市、新荣市8间三等邮政局，还有邮政代办所83间，邮政局所合计99个。

到1949年10月台山解放，全县有邮政局15间、邮亭1间、代办所137间，邮政职工64人、临时工22人、代办所人员137人，是当时全国邮政网点最多的县之一。

1956年，台山县邮政局为三等邮政局，下辖三八、三合、广海、大江墟、大海、上川、上泽、斗山、五十墟、水步、白沙、公益、汀江、四九、石龙头、田头、安和、那金、冲蒌、汶村、沙坦市、赤溪、南昌市、海口埠、海晏、深井、都斛、岗美、潮境、端芬30个支局和下川、中山路、那扶、沙栏、宝兴、陡门6间代办所。

明清时期，台山用"步行肩挑"的方法运送邮件，邮路只有两条：一条由台城经陂塘、李凹转新会，再由新会转发全国各地；另一条由台城经山背、李村、那颜至广海。

1902年新宁大清邮政局成立后，县内建立二级邮路，县境与县外的邮件交接建立经转关系，一是开平单水口邮政局（后改为公益邮政局）为经转局，二是新昌邮政局为经转局，靠潭江干流水运传递邮件。民国二年（1913），全县开设乡村邮路12条，单程长度255公里，其中水运邮路1条，单程长度15公里。二级邮路除广州至新昌线靠水运外，还开通新宁铁路火车专列交换邮件，县内邮件沿新宁铁路各车站交换。公益至斗山铁路段邮路全程59公里，沿线经麦巷代办所、万福寺代办所、石桥代办所、大江邮政局、陈边代办所、新荣市代办所、山塘代办所、板岗代办所、新宁邮政局、五十邮政局、四九代办所、永安代办所、冲蒌邮政局和沙坦市邮政局，陈宜

---

① 海晏：早期用法，后改称"海宴"。

禧签发了 4 张免费乘车证,供邮政局传递信件用。民国十九年（1930），增办汽车邮路。民国二十七年（1938），台山邮政局利用县内铁路、公路交通运输之便，全县乡村邮路发展到 28 条，总长度 742 公里。民国二十七年（1938）十二月，台山县政府奉命"毁路抗日"，全县铁路、公路全部遭到破坏，邮件出入口集中于新昌邮政局，依赖水路经转，县内邮运方式倒退到原始的"步行肩挑"方式。民国三十三年（1944）六月，台山第三次沦陷，邮路全部中断。

民国三十七年（1948），县内公路恢复通车，汽车邮路复兴，台城至公益邮路全程 23 公里，出入口邮件由公益邮政局经转，全县乡村邮路发展到 32 条，总长度 746 公里。

台山侨乡国际邮件特别多，以往国际邮件由水陆路传递，一封信要走两三个月。1924 年 5 月 11 日，台山邮政局开始收寄寄往美国的航空邮件，由海路送往加拿大域多利（维多利亚市），再由飞机转送美国各地。

新宁大清邮政局开办之初，每封国内平信资费为洋银 1 分。1948 年 11 月 5 日，每封国际平信资费为金元券 1 角（30 万法币）；至 1949 年 4 月 27 日，一封国际平信的资费恶性涨至 11 000 金元券，半年内通货膨胀 11 万倍。民国后期，由于邮资涨得太快，中华邮政总局来不及印制适合寄信邮资的邮票，往往要用一大堆旧邮票代替。

据说，约 1949 年 5 月初，一位台山妇女去邮政局寄一封国际信，邮资为 120 万金元券，营业员给她一大版邮票，这位女同胞不知道是该把邮票贴在信封上，还是把信封贴在邮票上。这成了当时报纸上一则叫人哭笑不得的新闻。我收集到一封 1949 年 5 月 2 日由恩平金汎墟寄出的国际航空信，上贴 1 万元面值的孙中山像金元邮票 30 枚、5 000 元面值的孙中山像金元邮票 44 枚，邮资合计 52 万金元券（折合 0.52

基数银元)。因为邮票太多,这位寄信人急中生智,将邮票分开 5 大块,除封面空白的地方贴满邮票外,将余下的 4 块邮票叠起来,一端贴在封底一边,另一端不用胶水粘贴,这样既解决邮票无处贴的问题,又可以让邮政局人员翻开各页计算邮资,不失为一个"好"办法。

1949 年 10 月 22 日台山解放,台山县军事管制委员会于 24 日接管了台山邮政局和电信局。1951 年 6 月 1 日两局合并为台山县邮电局,并按照"人民邮电为人民"的宗旨,迅速发展县内邮电通信事业。1956 年,台山实现区区有自办邮电机构;1957 年,实现乡乡通邮。1985 年县内有邮电支局 21 间、邮电所 22 间,1987 年发展到邮电局所 46 间,职工 636 人,邮路 37 条,长 1 227 公里;农村投递路线 148 条,总长 4 121 公里,信报投递到达率 99.35%。

1992 年 5 月 28 日,台山撤县设市,台山县邮电局更名为台山市邮电局。1998 年底,国家邮政与电信业务分离,国家邮政局成立,台山市邮政局也随后成立。

参考文献

1. 何福海、郑守昌主修:《新宁县志》,广东新宁,光绪十九年(1893)。
2. 台山县志编纂委员会编:《台山县志》,广州:广东人民出版社,1998 年。
3. 曾晟主编:《中国邮政局所名录汇编》,2010 年。

银信邮史掇�569

"驼峰航线"上的台山"虎将"

2015 年是世界反法西斯战争暨抗日战争胜利 70 周年。抗战时期，台山华侨虽然身处国外，但心系家乡，积极参加抗日救国运动。为了抵抗侵略者，广大华侨有钱出钱，有力出力，甚至亲身投入到了这场空前的救亡抗争当中，谱写了一曲侨乡儿女抗日救国的英雄赞歌。现在，让我们翻开一封封发黄的银信，揭开一个个尘封的抗日故事，打开一段段珍贵的历史记忆。

位于台城通济桥头的台海旅店旧址

这是一封抗日战争期间从台山寄美国的回批信，封面贴孙中山像邮票 6 枚，邮资合计 16.6 元法币，盖红色"台山城西门墟通济路台海旅店"（民国时期是兼营银信业务的机构）章，1944 年 2 月 12 日销台山邮局戳挂号寄出，由步差 2 月 28 日送至桂林，再经重庆，搭乘"驼峰航线"飞机，经过印度的加尔各答，盖上印度八角形 2 号检查戳，再经英军检查后乘英国海外航空运至尼日利亚拉各斯，经南美巴西转运美国迈阿密，4 月 25 日到达美国纽约邮局，4 月 26 日交到收信人手里，全程耗费 75 天时间。

为何银信寄到美国要耗费那么长的时间呢？原来，1941 年，太平洋战争爆发，日军进攻香港，12 月 25 日香港沦陷，五邑地区银信进出口的最后一条生命线中断了。同年，台山两次沦陷，1943 年又出现大饥荒，侨乡民众陷入了苦难的深渊。据统计，台山在战时饿死了 15 万多人。汇路中断，家乡沦陷，让海外华侨心急如焚，他们成立了抗日救国团体，纷纷参加抗日救国运动。抗战 14 年，全美洲华侨捐献了大笔款项，很多在美国的台山华侨为了打通汇路，更是独自捐献了 30 余架飞机支援抗战。1941 年 8 月 11 日，中国空军美国志愿援华航空队正式成立，由于该队在 P-40 战斗机身前用凶悍的虎鲨为标志，故名"飞虎队"；同年 9 月 10 日，第一批中国空军美国志愿援华航空队飞行员历尽艰辛从美国旧金山向中国、缅甸、印度战区挺进，这支实力强悍的队伍中，95%为美籍华裔。1941 年 12 月 8 日，中国航空公司开辟重庆—昆明—腊戌—加尔各答国际航线，重新开通了美洲银信进入侨乡的通道。1942 年 4 月 29 日，日军攻占了缅甸腊戌，上述航线改为重庆—昆明—印度汀江—加尔各答国际航线，即在世界航空史和军事史上被称为"死亡航线"的空中战略运输线——"驼峰航线"。"驼峰航线"开辟后，许多美国华侨回国参加对日空战。据统计，"二战"期间曾在美国军队服务的华裔总共约有 2 万名，以台山人居多，其中参加空军的台山籍飞行员有 50 多人。这些回国参战的华裔是怎样去参军的呢？我从一封银信里找到了答案，银信原文如下：

父亲大人膝下：

　　敬禀者，违别尊颜，时怀孺慕，惟愿慈躬清泰，所谋顺遂，生意兴隆，财源日广，足慰下怀。家中各人均安好，勿劳锦念。去岁年尾，得接大人从中国银行付回壹万叁仟元，及上次付回款项，均已收妥，请勿遥念。昨孟信兄从美国寄回一信，内言及在外中国人抽签当兵，其中有戴洪哥中签去当兵，未知是否，乞大人寄信回家，俾一方面以安家中各人，一方面以释其妻女在家悬念之心，是为万幸，肃此敬请

金安

男：飞熊叩禀
卅三年二月十二日（西）

由此信可知，美国华裔青年当时要求回国参战的热情高涨，华侨抗日救国团体在无法取舍的情况下，采取了抽签当兵的办法，来平衡大家求战心切的心情。用抽签方式当兵，也开创了侨乡儿女抗日救国的新篇章，他们在对日空战中，英勇作战，不怕牺牲，沉重打击了日军的嚣张气焰。

　　飞虎队上尉林民安，是台山旅美旧金山

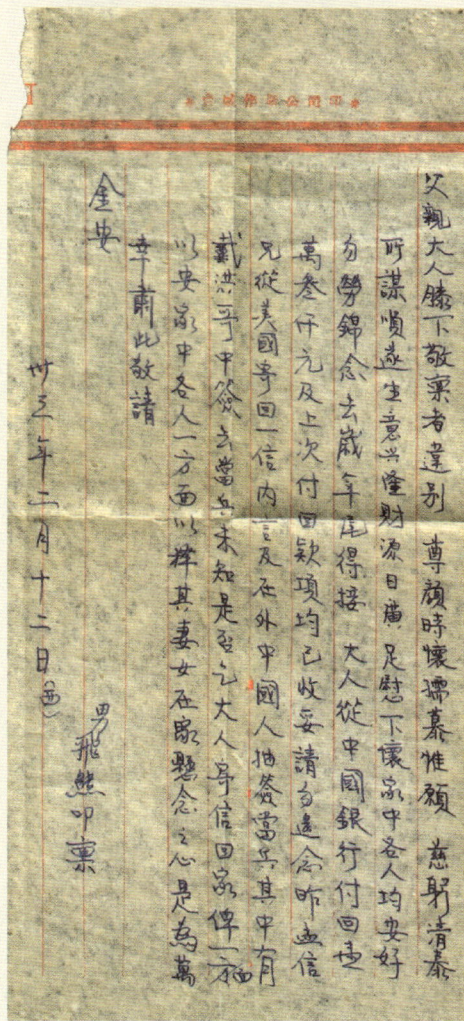

林民安在部队参加射击训练（1942 年）

华侨，又是林家的独生子，家人都反对他当兵。为了加入抗日救国的行列，他毅然瞒着家人报名参加旧金山华侨集资兴办的航空训练学校，接受飞机驾驶员训练，毕业回国后在云南昆明接受陈纳德的考核，以全优的成绩通过，正式成为一名光荣的飞虎队队员。在第二次世界大战期间，他驾机杀敌英勇。

据记载，抗战期间，中国空军飞行员 34 人共击落日机 63 架，其中台山籍飞行员黄新瑞、陈瑞钿、马庭槐、苏英祥、马国廉、伍国培、余平想等人共击落日机 22 架，另与僚机合作击落日机 8 架，合计 30 架，涌现了众多"空中飞将""虎将""女飞将""空中英雄"，如陈瑞钿、黄新瑞、马俭进、李月英、黄桂燕等。坐落在广州的广东省航空纪念碑上，刻有 255 名广东航空英烈的名字，当中有 79 名是华侨子弟，其中台山籍就有 31 人。台山航空人才之多、贡献之大，在全国是首屈一指的，台山因此被誉为"华侨航空之乡"。

"驼峰航线"自 1942 年 4 月至 1945 年 11 月历时 3 年多时间，是世界战争空运史上持续时间最长、条件最艰苦、付出代价最大的最悲壮的空运航线之一。飞虎队队员的军旅生活鲜为人知。一名飞虎队队员寄给远在台山老父亲的一封家书，揭开了他们的军旅生活之谜。书信原文如下：

父亲大人膝下：

　　敬覆者，今天接到尊谕，详情明白。儿到达此地以来，幸赖一路平安，在处天气和暖，正是训练新兵良好之地。惜在处甚少见有华人经营等项，是以有时亦觉无聊。在处每日教以军旅常识，约一月训练，再迁别处实习三月方作完满。膳食三餐亦甚丰富，惟可惜肉类与牛奶短少，不及在所力之富有也。儿亦得悉名重兄因疾回大埠休养。对于担（赡）养费，儿亦擅妥，可惜要有证实结婚书方准。儿即寄信家中嘱家人将日前交姻纸寄来以并（便）能否领收也，余无别禀，敬请
金安

儿 仕炘字上

三月七日

父親大人膝下敬禀者 今天接到
尊諭 詳情明白
兒到達此地以來 幸賴一路平安 此處天氣和暖
正是訓練新兵良好之地 惜此處甚少見有華
人經營菜蔬 是以有時亦覺甚麻 此處多由教
以軍旅常識 約一月訓練 再遣別處實習三月
為作兒滿餐三餐亦甚豐富 惟于惜肉
類與牛奶頗少 不及甚耐力之富有也 兒亦得
悉各會兒因疾個大埠伕養 對于担養費兒
赤檀安可惜要有証實結婚之方準 兒即尋伕家
中喝家人得日前交婚証實寄來方能領收也

餘容別章敬請
金安
三月七日
兒 仕新字禀

　　从信中可知，飞虎队训练基地天气和暖，队员初入伍时训练时间为 1 个月，实习时间为 3 个月。队员们膳食不错，每日三餐，各种食物丰足，可惜肉类和牛奶少了一些。未婚队员没有赡养家属补助，已婚的队员则可以凭结婚证明书领取家眷赡养费，可见部队里面管理比较严格。

　　我还收集到一封空难银信，记下了侨乡儿女最悲壮的一幕。这是一封台山城"宝

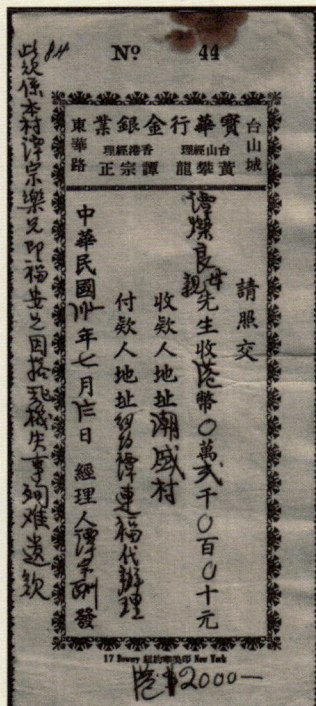

华行金银业"接驳的格式化银信，1947年7月18日由纽约谭连福代理汇出，经香港接驳，8月4日寄到台城宝华行转交潮盛村谭灿良收，批银2 000元港币，全程耗时18天。批单左侧写上一行字"此款係本村谭宗乐兄即福安兄因搭飞机失事殉难遗款"，由此可知，这位谭宗乐是抗战时期飞机失事的死难者，抗战胜利后，香港这个五邑银信交通枢纽恢复运转，汇路接通，他留在美国的遗产由同村兄弟谭连福代为寄回给家乡的亲人。批单上简短的一行字，不禁让人心酸落泪。

"烽火连三月，家书抵万金"，邮品载历史，银信记英雄。一封封小小的银信，载着海外华侨的血汗钱漂洋过海飞入侨乡，飞到亲人的手中，他们中的一些人却再也不能与亲人相见，生死两隔。

银信，记录了由飞虎队队员开辟的"驼峰航线"轨迹，记载了一个个台山华侨航空先烈在抗日战争中的英雄故事，为中国航空史、邮政史和抗日民族战争史册谱写了光辉的篇章，值得侨乡人民自豪。

奔波在滇缅邮路上的"花木兰"李月美

"七七"事变后，日军迅速占领了我国北方的主要大城市，95%的工业、50%的人口都深陷日本侵略者的铁蹄之下。更为重要的是，中国沿海几乎所有的港口都落入了日本侵略者的手中。武汉会战以后，中日双方进入战争相持阶段。对于中国来说，物资供应问题此时显得异常严峻。

一、公路邮路开通，众华侨鼎力援助

旅居海外的华侨得知祖国遭受日本侵略后，纷纷捐款捐物，筹集了大批国内急需的药品、棉纱、汽车等物资，支援国内的抗日战争。迫于抗日救亡的严峻形势，国民政府拿出外汇从西方购买了汽车、石油、军火等。这些利用外汇购买的抗日物资，以及海外华侨寄回家乡赈灾的银信，都需要突破日军的封锁紧急运回国内。

为此，中国政府于1938年开始修建滇缅公路。滇缅公路从昆明经下关、保山、龙陵、芒市、畹町出国，至缅甸的腊戍，全长1 153公里。滇缅公路的建成，对于维系我国与外界的联系，输送国际援助的军需物资提供了有力的保障，同时它也成为国际邮件出境的重要通道。太平洋战争爆发后，五邑银信主要依靠滇缅公路进出口，滇缅公路成为传递五邑银信的咽喉之地。

在滇缅公路开通后，许多海外华侨机工参与了运输工作，滇缅公路上一共抢运回国1.3万多辆汽车。虽然有了汽车，但是司机严重缺乏。这时，旅居东南亚的华侨向祖国伸出了援手，当时的华侨领袖陈嘉庚多次捐出巨资购买抗战物资。他还利用自己在东南亚侨界的影响力，为抗战募得大量钱款和物资，并组织大批华侨青年回祖国参战。

二、决心出力报国，"花木兰"乔装从军

在滇缅公路上忙碌的华侨机工中，有一位来自台山的巾帼英雄——李月美，她被誉为当代"花木兰"。

李月美，又名李月眉，祖籍广东台山都斛，1918年生于马来亚槟城一个华侨家庭，父亲李荣基是一位台山华侨商人。李月美自幼在当地华侨学校读书，学习成绩优异。1938年底，陈嘉庚以南侨总会名义招募3 200余名华侨机工回国服务，在滇缅公路上抢运抗战物资。李月美会驾驶汽车，有心报国，便兴致勃勃地前往当地筹赈会报名，却因对方不收女性被拒之门外。于是，李月美效仿中国古代的"木兰从军"，穿上弟弟的衣服，女扮

男装到另一处埠头报名应征，结果与弟弟双双入选机工服务团。翌年，李月美瞒着父母悄悄地随机工服务团启程回国。

回国后，经短暂军训，李月美被分配到总部设在贵州的"中国红十字会"当司机。她常常冒着敌人的炮火抢运伤员、救死扶伤，还经常在滇缅公路上抢运药品和军用物资。一次，李月美因公出车，在滇缅公路一急转弯处不慎翻车，身负重伤，脑部受到震荡。幸好一位路过的海南籍南侨机工杨维诠及时发现了她，把她从压扁的驾驶室中救出来。李月美被送到医院急救时，人们才发现这位司机原来是女儿身，无不为之动容。此事经媒体披露后，轰动一时，李月美因此被誉为当代"花木兰"，何香凝还曾题词"巾帼英雄"相赠。此后，她改当护士，成为一名白衣天使，直至抗战胜利后回到马来亚。

1954年，当周恩来总理访问缅甸时，李月美作为华侨代表参加了座谈会，受到周总理的亲切接见。当缅甸侨团介绍她是当年女扮男装回国参加抗日的当代"花木兰"时，周总理连连称赞她是"巾帼英雄"！

中西合璧的侨乡特色婚礼

广东台山，地处粤西沿海，土地贫瘠，交通落后，向来有"风头水尾"之称。据1913年《新宁杂志》第12期载："在咸丰以前，最为闭塞，是鄙俚之县，盖交通不便，人皆闭关以自守也。"为谋求生计，自清朝末年开始，大批邑人漂洋过海去海外谋生，他们将积攒下来的血汗钱通过银信寄给家乡的亲人。大量的侨汇收入，带来了西方发达资本主义国家的物质和精神文化，也引起了台山物质生活、文化生活、传统习俗和社会制度等多重领域的变迁，加速了侨乡社会的形成和发展，影响深远。下面以一封民国初期的回批信讲述民国时期台山华侨家庭婚礼仪式的变化。

这是民国八年正月廿六日（1919年2月26日）台山寄美国旧金山的回批信，书信全文如下：

父亲大人膝下：

敬禀者，叩别慈颜，寒暑数易，伏维起居康宁，履趾呈祥，福如东海，寿比南山，生意兴隆，财源顺遂，诸凡如愿，儿厚望焉。现家中人口大小，托赖平安，请勿锦念。

培嫦姊于正月十二已经过门，乘四人抬之大轿，兼有先生书友锣鼓架护送，随路烧炮仗，男女见者，无不喝彩。亲家搭酒厂用银四百余元，新宁中未有如此之大。当初母亲意欲不用四人抬之大轿并锣鼓架，但亲家定意要用，至人工银皆亲家所出，非我家所出。培嫦姊去归一切辛苦工不做，虽煮饭扫地亦不准做，甚至装饭亦是婢女装梅（埋）①而后食，虽千金小姐未有如此之爽也。非培嫦姊懒惰，乃是其安人不欲其劳力也。门户真难有，惟培嫦姊年少而已。去归并无辛苦工做，食饱饭但知读书，亦不足怪其年少，请父亲无容挂念。

再者，儿二人今年跟姊夫去读书，离姊夫家下二里路之远，随时可能来往，今年十（实）必勤恳读书，定莫负大人所嘱之语，兼兔（免）母亲时常劳气。况且一人生于世界上，不识一字，亦难寻食，儿今自知改过，请大人勿挂念可也。谨此敬禀，敬请金安

民国八年正月廿六日
小儿：炳超、炳聪同跪禀

---

① 装梅（埋）：台山方言，意为"装好"。

再者，母亲亦知嫦姊年少，非是粗心肝嫁归，亦见均锡极至丰富，好难得如此之门口，是以母亲一心应承，就此村中男女老幼皆欢喜好门户。故母亲就放心嫁培嫦姊去归。结婚日行文明结婚礼，如番人交印一式，不如旧俗又上阁又唱歌，培嫦姊一概革清，极至简便。又非如耶稣样子，不过革除陋习，略学文明礼法而已。去年付银壹（佰）伍拾大元回来，均已收妥，请勿远念。

民国八年正月廿六日（1919 年 2 月 26 日）台山寄
美国旧金山回批信，经香港裕昌兴号转接

清末民初，台山旧式传统婚礼仪式比较复杂，小时候我经常听父亲讲他的婚礼仪式，当时听得津津有味，但未真正见识过。十几年前，一位台山爱国华侨马炳康先生回乡娶新妇，按照传统习俗举办了一个旧式婚礼仪式，令我大开眼界。旧式婚礼仪式大致可以分为匿阁、出阁、迎亲、踢轿、拜堂、抢床果、宴会、闹洞房等过程。台山华侨出国后，买田、起屋、婚姻嫁娶等大事都是他们肩负的责任。长期生活在海外的华侨，受西方文化的影响，他们回到家乡办婚事，也不免注入西方文化元素，体现了华侨思想的变化。

台山金山阿伯梁芳荣于民国八年正月十二日（1919年2月12日）嫁女，娶亲方组织了一个庞大的迎亲队伍到宁城南门外南安村梁家迎亲。新人上轿后，由一位年长的老先生引路，诸位友仔（伴郎）陪伴，四位穿着大红马甲的轿夫抬着大红花轿，八音锣鼓乐队随行护送，嫁妆成行，鞭炮鼓乐齐鸣，浩浩荡荡向男家进发。途经新宁县城时，城南街巷看热闹者人山人海，所经之处，欢呼声、惊叹声、喝彩声此起彼伏，纷纷称赞这是新宁县难得一见的喜庆大场面。亲家在村中搭建了一间大型的喜宴酒厂，大摆筵席招待各方来客，所贴大红喜联对仗工整。据亲家说，单搭建喜宴酒厂的费用已花了400多元，整个婚礼的开支更是花费巨额金银。这个婚礼仪式保留了传统婚礼迎亲、宴会的全过程，原汁原味，重点是向诸乡邻里炫耀金山阿伯迎亲的豪华气派。而匿阁、拜堂及其他婚礼程序注入西方文化元素，采用"文明礼法""结婚日行文明结婚礼"，采用像洋人交印一样的模式，取消了匿阁唱"女哭歌"、拜堂三跪九叩等复杂的习俗，非常简捷，但与西方基督教信徒的婚礼仪式又有所不同。

在封建思想浓厚的台山家庭，新人过门后大多会受到家婆的严格管教，稍有做得不妥之处就会受到责备。而这个新娘"培嫦"过门后，"亲家安人"非常溺爱她，她一切辛苦的工作都不用做，连煮饭、扫地等轻便的家务也不用动手，每顿饭均由婢女装好端上才吃，空余时间则让她读书，多学习一些知识。从这里可以看出，这个华侨家庭受西方思想的影响，对待新过门的媳妇与传统做法不同，将新媳妇当自己的儿女一样平等对待，说明华侨家庭已经渗入了西方"自由、平等、博爱"的理念。该回批信通过这些婚后的生活细节，重点展示了华侨家庭金银满屋、书香满门的豪华气派，强调了门当户对。台山金山阿伯梁芳荣嫁女，亲家也是金山阿伯，正是豪门对豪门。

民国初年的侨乡台山，因中西方文化碰撞产生了中西合璧的侨乡特色婚礼，"炫耀身价、效法西方文明礼法、展现自我"成为邑人的新时尚、新思维，也成为当时侨乡社会的潮流，为台山的发展注入了一股强大的动力。"破除陋习，改革开放"的新思想在侨乡大地广泛传播，加速了侨乡社会的转变。融合中西方风格于一体的侨墟、学校、碉楼、洋楼如雨后春笋般在侨乡大地涌现，城乡交通、通信等各项事业建设一日千里，西方的新文化、新潮流渗入千家万户，彻底改变了原来"人皆闭关以自守"的局面，逐步形成了远近闻名的具台山特色的侨乡社会。在二十世纪二三十年代，台山在全国县城中实属佼佼者，享有"小广州"的美誉，并逐步发展为"中国第一侨乡"。

添丁喜上眉梢，取名忌引歧义

五邑华侨家庭，夫妻长期分居是极其普遍的。丈夫旅居海外赚钱赡养家眷，妻子留在乡下生儿育女，照顾一家老小，这是具有五邑特色的华侨家庭写照。下面是我收藏的一封古巴华侨银信，里面讲述了一个发生在"中国第一侨乡"——台山的有趣故事。

这封银信是古巴亚湾（哈瓦那）"Li Long Sai（李陇西堂）"公函封，李陇西堂即古巴李氏公所，是一种姓氏组织的宗亲会社。受中国人宗族观念影响很深的美洲华侨，即使不同宗，只要姓氏相同，就会被认同，从而亲密起来。同乡华侨周末相聚、相互投靠、贫病相扶，互相传递消息，久而久之，便构成同姓团体。这些以姓氏为基础的宗亲会社，实际上是美洲华侨中较原始的基层华侨组织。这些华侨组织，也是代办银信业务的海外机构。

该信1937年2月19日写好，由古巴亚湾李陇西堂寄广东台山县大江墟均和号转交，贴古巴13分邮票，2月20日由古巴亚湾挂号水陆路寄出，经过长途跋涉，于3月20日经广州，3月21日到大江墟，3月24日由均和号送交脑头村收银人李优贵，信银50元，并托银信机构代买各种物品。这封银信外封（邮政挂号封）、内封（红条封）、家书和实物银信封齐全，是难得一见的四合一五邑银信。家书全文如下：

黄氏贤妻得知：

启者，今接来函，各情知足矣。云及添有儿子，大小均皆平安，则我十分欢喜。但据取名家沪，实不合理，乃犯俗语。父亲者乃称家父，此取名字料系妇女辈未得智识，故此而改（取）法也。务宜改取，免犯俗句，祈为知之。现由尧时公处付来信银伍拾大元，委托他代买北鹿茸一份，并腊鸭二个。如尧（时）公买有送到妥收，早日回音，免望可也。至于炖茸，十分至（之）一彼（给）小女幼（优）贵吞食，以壮身体，免气弱也。对于家庭支用，凡事虽（须）要从俭取办，不可浪耗，为夫在外求获甚难，不过挪移付回应清还人家。总至（之），居家大家和平，用心供养小孩，常取谨慎卫生，方成合格康健。昨前付有银返家，系还债务，谅必一了妥收，依照而行也。今付来此款，除买各项外，余交（收）到若干亦注明信说及。目下我旅湾幸叨安泰，不用担忧，愿妻汝等各人在舍康宁，不胜翘企致之，此复

佳安

小孩子择取名家宏

民国廿六年旧历元月初九日夫君心礽字付

1937 年 2 月 20 日（正月初十）古巴哈瓦那寄台山银信

这是一封担保银信，贴古巴 13 分邮票 1 枚，1937 年 2 月 20 日古巴哈瓦那寄挂号→3 月 20 日广州→3 月 21 日大江墟→大江横塘均和号→3 月 24 日脑头村李优贵收，邮路全程 33 天这封家书的作者李心礽是台山县水步镇横塘脑头村人。1919年，李心礽结婚后不久就出洋去古巴亚湾谋生。

这封银信的特别之处是，除了寄银钱之外，还有北鹿茸、腊鸭等高档食品。清末民国时期，五邑银信机构很多，业务遍及广东省（特别是五邑）和港澳地区，许多邑侨委托巡城马带洋货回乡，洋货成为当时侨乡生活的奢侈品。

寄该封银信的一年前，李心礽从古巴亚湾衣锦还乡，与家人团聚。出洋17年后，他终于有机会回到唐山，与母亲、妻子、女儿共聚，同时带回了大量洋银洋货，在村里摆酒款待同乡兄弟、叔伯、婶母，可谓风光无限。他这次回乡除了省亲外，还肩负着一大重任，就是要为李家添一个男丁，完成传宗接代的任务。一年之后，他的妻子如愿怀胎，他迫不及待地盼望着新的小生命降临。可是，天意弄人，这时，第二次世界大战爆发，中国的东北地区已经战火弥漫，日军践踏神州大地，如果不及早返回古巴，以后可能很难回去，更无法逃避战祸。因此，李心礽怀揣着复杂的心情，洒泪离开了妻子和未出世的小宝宝，再次踏上返回古巴的旅程。

不久，李心礽接到家乡妻子黄氏的来信，得知儿子降生，喜上眉梢。出洋18年后，终于喜得一个男丁，完成了传宗接代的任务，这是他最大的心愿，也是一件光宗耀祖的大喜事。他心花怒放，随即寄银50元回乡，并委托银信机构"尧时公"代买北鹿茸、腊鸭等食品回家，作为慰劳妻子和女儿的滋补品，嘱咐妻子每次将一份北鹿茸的十分之一炖好后给女儿优贵吃，表达了对妻女的体贴和关爱之情。同时，他告诉妻子，自己在外赚钱非常艰难，每次寄钱都是借支挪移来的，告诫妻子在家一定要与各人和谐相处，一团和气，办一切事务"虽（须）要从俭取办"，不要铺张浪费，还要"用心供养小孩"，才能使孩子健康成长。

传宗接代是大事，为儿子取名也是大事。当他知道家人为儿子取名"家沪"（台山话"沪"与"父"同音）时，即指出家人取这个名字不合理，"家沪"容易被人理解为"家父"，即父亲。怎么能将儿子称为"家沪（父）"呢？如果要众人称呼他为"家父"更是违背常理。为儿子取这样的名字容易引起歧义，是治家一大禁忌，应该迅速重新改名。作为父亲，他建议给儿子取名为"家宏"，意为"家庭兴旺，事业宏达"。他虽然身在海外，但心系家庭，对家乡的亲人体贴入微，大至为儿子取名的大事，小至炖北鹿茸给女儿吃的分量，事无大小，都一一吩咐，可见其一片苦心。

在五邑侨乡社会，华侨家庭夫妻之间、父母子女之间分离的时间多、相聚的时间少。"一叶轻舟去，人隔万重山"，如何维系这种"一水隔天涯"的夫妻感情呢？这封银信给了我们一个很好的答案。书信里面虽然没有夫妻间的甜言蜜语，但整体充满温馨的家庭色彩。作为丈夫的李心礽，在处理家庭大事上非常果断，当他得知家人为儿子取名不妥时即指出错误，并为儿子取了一个自己满意的名字；在家庭经济上，他多想办法寄银钱回家，维持家庭正常的开支；在生活上，他对家乡亲人体贴入微，当得知妻子生了儿子后，即托人买两只腊鸭给妻子坐月子，还买北鹿茸给女儿补养身子；在思想教育上，他不断嘱咐妻子要勤俭持家；在处理家庭婆媳、邻里关系问题上，他嘱咐家人要一团和气，并与他人和谐共处，还要细心呵护小孩。这些看似琐碎的语句，体现了丈夫对妻子无微不至的关爱之情。当你细心品味这封家书时，你会感受到侨乡男儿浓重的家庭观念和暖心的情感流露。在特定的历史时期里，银信成为维持侨乡家庭生存和发展的情感纽带。

难筹船票钱回家，见相片即见亲人

　　"相见时难别亦难，东风无力百花残。"这是唐代诗人李商隐的千古名句。在有"中国第一侨乡"美誉的台山，这种现象非常普遍。清末民国时期，邑人前赴后继出洋谋生，男儿在外洋拼搏，赚钱寄侨汇养家，妇孺老小留在家乡，夫妻、父母子女长期分居的现象非常普遍。团聚、落叶归根，是海外华侨最殷切的期望，他们思乡、思亲，形成了缠绵不断的乡愁。然而，在没有广播电视、电话、互联网等多媒体工具的那个年代，如何消解乡愁呢？一封古巴华侨银信，给我们找到了答案。下面是1940年12月9日我的曾祖父李云宏从古巴寄给我祖父李礽润的一封银信，书信全文如下：

男儿知悉：

　　启者，昨日得接来音，一一详明悉矣，吾见德（得）吾孙焕麟相片，吾心可喜可贺也。吾居处佢（俱）各平安，见字不可锦念也。又云是日并付来赤纸一张，伸国币叁佰大元，祈查收入，应家用也。吾居处本埠银行不能汇港艮（银）也，见字谅知。又云现下古巴世情什份（十分）难也，各行冷淡，无工可做，各勿（物）行（腾）贵，吾年老迈，工不能固（顾），手上无文所存，难以取船费回家也，见字谅知可也。倘若得收此信艮（银）两，将家中人口仝梅（同埋）①影一只相片，付来吾见也，吾心皆欣慰也，即相见也。余言不尽，好音再申，倘若迟他日有黄金到手，再付多少回家应（用）可也。此请
大安

云宏字示

男礽润收读

中华民国廿九年十贰（二）月七号

旧历十一月初九日

---

　　①　仝梅（同埋）：台山方言，意为"一起、一齐"。

原信尺寸：292mm×255mm

这封银信于 1940 年 12 月 7 日写好，12 月 9 日由古巴舍咕埠寄挂号→1940 年 12 月 10 日古巴哈瓦那→1941 年 2 月 9 日台山→西宁市源益大宝号→2 月 17 日温边旧村李礽润收小时候，乡下流传着一句流行语："家里贫穷去亚湾，去到亚湾实艰难。"清末民国时期，台山人去古巴谋生者很多，最高峰的时候超过 2 万人，仅我的乡下温边村族人就有 30 多人。他们长期旅居古巴，境遇堪忧，很少有机会回乡和家人相聚，即使有机会回乡，不久也会因金银用尽又要远渡重洋返回古巴。自 1929 年开始的 10 多年，古巴刚挨过资本主义世界经济危机，又堕入由第二次世界大战带来的全球经济衰退的阴影之中。1940 年 7 月，巴蒂斯塔当选古巴总统。同年 10 月，虽然国会通过了一部比较进步的资产阶级宪法，但长期在美国笼罩下的古巴依然无法走出困境。此时古巴经济萧条，各行各业生意冷清，物价高涨，无工可做者比比皆是。这一年，曾祖父已经 60 岁了，他在古巴舍咕埠经营一间洗衣馆，生意极其冷清，已经很难维持下去，加上年纪老迈，无法做工，身无分文可存，连维持自己的基本生活也成问题，更无法筹钱买船票回家乡。眼看回乡团聚的愿望又落空了，他思绪万千，一股寄人篱下的凄凉感涌上心头。万里重洋相阻隔，何时方能与亲人重聚首呢？怎么才能摆脱乡愁的苦楚呢？在这种困境下，老一代的海外华侨，只有寄望于飞越太平洋的"鸿雁"——银信带来家乡亲人的音讯，他们渴望见到从家乡寄来的家书和亲人的相片。

李云宏

可以想见，当曾祖父接到家乡的这封来信时，必定喜出望外。他迫不及待地拆开信封，发现里面竟然有孙子焕麟的相片。他用贪婪的目光细心欣赏着，嘴角挂着甜蜜的微笑，可真想不到，当年骑在自己背上的小娃娃如今已经长成一个英俊少年，还在学校当上了童子军。儿孙是他的希望，是祖国的未来，此刻，一股甜滋滋的感觉涌上心头，激动的泪水模糊了视线，他的耳边好像传来天真活泼的孙子的呼喊："阿爷，我返馆啦……"见到亲人的相片，就像和亲人相聚一样，一切愁闷此刻烟消云散，他喃喃自语："好孙仔，你好好读书吧，阿爷全力支持你……"于是，他随即寄信银国币 300 元回家，作为家乡全家生活和孙子读书的费用，同时嘱咐儿子召集全家人到台城的照相馆拍一张全家福寄来古巴，以解万里相思之愁。

李焕麟 (摄于 1940 年)

然而，曾祖父想见全家亲人的相片这个极小的愿望也无法实现。曾祖父寄这封信的时候，抗日战争已经全面爆发，台山陷入了战争的苦难泥坑之中。祖父收到这封信后，还来不及去台城的照相馆拍全家福，就陷入了走难逃荒的旋涡。1941年3月3日，日军入侵台山，台山第一次沦陷。1941年12月，太平洋战争爆发，进出五邑侨乡的国际邮路相继中断，乡音隔绝。台山沦陷期间，曾祖父的小女儿、我的长姑婆金足在走难逃荒途中失踪，曾祖母在战乱、贫病饥饿的折磨中突然离世。抗战胜利后，虽然海外邮路接通，但再也无法寄出全家福，曾祖父的夙愿最终还是落空了，这成为他终生的遗憾。正是：有家难归难不断，乡愁欲解愁更愁。

　　百多年来，台山华侨与家乡亲人分离的时间多，共聚的时间极少，以见亲人的相片消解乡愁，是海外华侨社会的一种普遍现象。这种现象催生了台山摄影行业的蓬勃发展。民国时期，台城各种照相馆很多，摄影设备先进，多为海外进口的先进摄影器材，摄影行业生意兴隆。

　　古时有"望梅止渴"的故事，"见相片即见亲人"，其意境与"望梅止渴"相似。"见相片即见亲人"，虽然只是权宜之计，但在没有其他办法的情况下，也只能用此种办法去解乡愁。无论是身居海外的华侨，还是在家乡的侨眷、侨属，他们都有一个共同的愿望——团聚。"但愿人长久，千里共婵娟。"

日军滔天罪行，华侨银信见证

　　一封战后的银信，勾起了一段辛酸的往事。一封回批，记录了日军当年在侨乡台山的滔天罪行。现在，我将这封信整理出来，让我们的子孙后代永远铭记这段历史。

　　这是我的祖父李礽润1946年1月7日寄给旅居古巴的曾祖父李云宏的回批信，全文如下：

父亲大人膝下：

　　敬禀者，昨接来书乙（一）封，谈及居外俱各安慰，吾心可喜也。信内说及民国卅三年四月中旬，由中国银行电汇来国币壹仟大元，另政府津帖（贴）壹仟大元经已收妥，不可远念。但民国卅年十一月尾由西宁市源益宝号汇来香港银贰（二）佰大元，连付来银信不见收到，请大人居外追查银行该港银收回，免至（致）误后可也。自本国胜利，儿居家乡均皆安康，不可甚望。自旧年五月初六日本仔沦陷台山①，日本仔上村乡抢劫财物，但（单）我新屋天面破怀（坏）两处，及小门口②走龙（栊）③大门被废烂，又及大门口边房门、两边走水窗④被废烂，我屋财物被（劫）失些少，不及仟元。但旧年日本仔沦陷我家乡，上村抢劫财物，小儿走难被走伤坏只脚，至今未得痊愈，不能庸（佣）工维持家庭粮食。至于各物，日续价高，白米每斤130元，生油每斤500元，上味⑤每斤60元，猪肉每斤640元，土布每套五六仟元，各物俱价高，未能尽录。旧年敌人沦陷（我家乡）时至今两年，生产田禾谷⑥及杂粮收割甚少，无法维持粮食，合家酌议愿将实业田按揭国币六萬余元，取来救急（买）粮食，免至（致）饿死生命。每日两餐食粥捱日，救回合家各人生命安全。至于环境，来年米价重高涨一倍，见字请速付银回家购米

---

　　① 五月初六日本仔沦陷台山：1944年6月26日，崖西日军百余人穿过台新边境的玄谭迳，进占五十乡塘田村；同日，日军两千余人从单水口渡江，占据了公益埠；另有一股日军千余人，由天亭过平迳，占据了沙浦乡的莲塘村。台山第三次沦陷。

　　② 小门口：台山民居是典型的汉族岭南民居，住宅方形、左右对称开门口。靠近村头的一边门口较大些，叫大门口；靠近村尾的一边门口较小些，叫小门口。

　　③ 走龙（栊）：又叫"趟栊门"，一种古老的防盗门，左右开启，既通风，又保证了基本的安全，是岭南大屋建筑中非常特别的元素。台山侨房大门由三道门构成：第一道是屏风门，土名叫"门仔"，像两面窗扇，挡住了外面路人的视线，这道比较轻巧，方便开关。第三道门是真正的大门，也不特别，旧建筑多半是这种门。最具特色的是第二道门，即趟栊门，台山话又叫"走栊"，整个看上去就是一个大的木框，中间横架着十几根圆木（台山话称"栊子"），一般采用较坚硬的坤甸木材制成。趟栊关上时，既可以将屋里和屋外的空间隔开，又方便与屋外联络，凉风、清新空气和光线可进屋，兼有通风、采光、保护隐私和保障安全等方面的作用。

　　④ 走水窗：台山旧式民居左右两边房间一般安装木阁作夹层，木阁上面留一个可供一个人出入的透气窗子，由窗走出去就是天面的露台。

　　⑤ 上味：台山人称食盐为上味。

　　⑥ 禾谷：稻谷。

粮之要用也，现小孙焕麟年尊长大廿贰（二）岁，合格成家室，儿在家无法积艮（银）办事，请大人居外营谋设策，助银为事至望。合家俱各平安，见字不可劳念，覆此敬请金安

　　但儿家庭粮食不敷，来年欠缺四个月米粮，见字请速付艮（银）回家购米用为要。

民国卅四年旧历十二月初五日

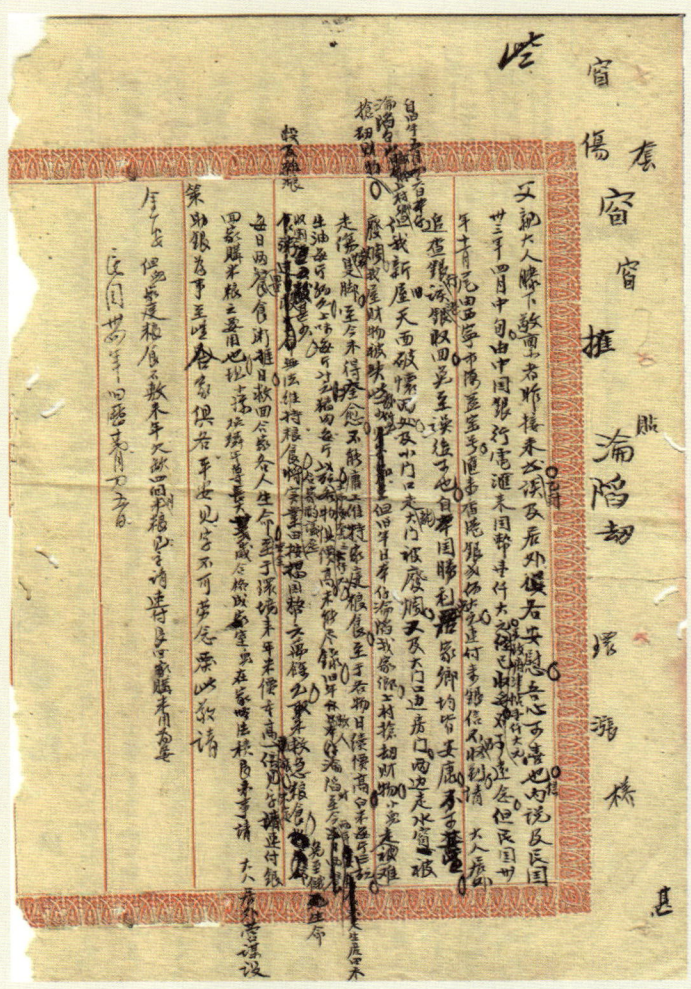

原信尺寸：185 mm×270mm

　　这是1946年1月7日台山寄古巴舍咕埠的回批信，也是抗战胜利邮路接通后我家的第一封寄古巴回批信

　　回批，是侨眷收到银信后的回信，五邑地区的回批信一般是一封银信一封回信，这与潮汕地区总包式回批有所不同。在正常情况下，邑人收银后要立即回信，否则就会引起寄银信人的担忧。但抗日战争期间，银信进出侨乡的邮路异常凶险，经常中断，以致旅外华侨乡音隔绝，失去和家乡亲人的联系。直到抗日战争胜利后，邮路恢复正常，才能寄回信。因此，祖父1944年10月收到银信后，等到1946年初才寄回批，这是特定历史时期的特殊产物。

　　这封回批信没有落款，但从字迹可以判断是我的祖父李礽润寄给曾祖父李云宏的回信。信纸边上"沦陷劫""伤套窗""捱""环涨""甚"等字词特别引人注目，字迹血泪斑斑，向我们诉说着台山人民在沦陷时期的悲惨遭遇。信中清楚地记录了日军入侵侨乡的滔天罪行以及战后侨乡人民的悲惨生活。

　　抗战胜利后，曾祖父寄了三封信回家，但直至1946年元旦过后，家里才接到古巴寄来的信。祖父怀着复杂的心情提笔回书，告知全家人平安，说明民国三十三年四月中旬由中国银行电汇的信银国币1 000元已经收到，但民国三十年十一月尾由西宁市源益宝号寄来的香港银200元在沦陷期间丢失，请曾祖父在古巴通过银行追回信银，同时痛斥日军的滔天罪行。

　　民国三十三年五月初六（1944年6月26日），台山发生"六二六"事变，第三次沦陷。日军由汉奸带路，挑夫随从，到台城城东各乡四处劫掠财物。在日军每次进犯的过程中，我的家乡温边村自卫队壮丁均给日军迎头痛击，但因寡不敌众，最后只能放弃家园撤离。日军随即杀进村内，到处烧杀掳掠。1925年曾祖父回乡建的新屋也是他们搜刮的主要对象之一。小时候，父亲曾经给我讲过日军拆

台山侨房常见的趟栊门

屋的详细情形：我家新屋是用青砖建造的，墙体新净，门口安装了具有台山侨房特色的趟栊门，非常坚固，因此被日军认定是侨房，成为破门的主要对象。日军先在小门口动手，拆烂"门仔"后即用大刀拼命地砍趟栊门的栊子，企图砍烂趟栊门进屋。由于栊子用进口坤甸木材制成，栊子之间的距离很小，采用大刀砍栊子无从发力，刀锋不断穿过栊子插入衫木制造的大门，大门也"血肉模糊"了。一个时辰过去了，日军无论怎样砍也砍不断趟栊门的栊子，不得不放弃破门入屋计划。但日军不甘罢休，随即狗急跳墙，爬上天面，拆烂天面两个走水窗木门，企图通过走水窗入屋，但又遇到钢筋大窗柱的阻拦。最后，他们只有选择暴力破开屋顶瓦面，砍断拆烂数条桁桷，从天面破口进入屋内，将我家存放在大厅的谷物全部抢走，又撬烂两边房门，将房内的值钱财物全部掠走。

写信者李礽润

这次台山沦陷 70 多天，在走难过程中，祖父的一只脚不幸受伤，因无药医治，患上烂脚之症，一年半过去了，烂脚没有好转的迹象，令他无法做工。这一年，我家人口有 6 人（2 男 4 女），其中祖父因烂脚无法做工，3 个姑母未成年，祖母要负责照顾刚满 2 岁的小姑母，只有依靠父亲一个人打工来维持全家的生活。由于日军经常四处骚扰，农田根本无法正常耕作，那两年收获很少，加上战时侨汇中断，各类物价高涨，粮食非常紧缺，在此情境下，全家商议将两斗多田和半间旧屋变卖，买回些许粮食救急，每天吃两餐粥挨过战乱和饥荒，保住全家人的性命。预计下一年粮食将更加紧张，米价将成倍大涨，全家全年还缺四个月的口粮，因此请曾祖父迅速寄钱回乡购买米粮。

收信人李云宏

信中讲到我的父亲当年已经 22 岁，已到成家立室的时候，但在当时的环境下，办婚礼这等大事根本是无能为力的，只有请旅居古巴的曾祖父想办法了。在五邑侨乡社会，买田起屋娶媳妇，都是海外华侨肩负的重任，无论如何也要想办法完成。在侨乡台山，人们经常会遇见大摆排场、比阔气、吹吹打打的豪华婚礼场面，在一片欢声笑语中，海外华侨辛劳的汗水和痛苦的经历似乎被忘记。

正是：沦陷劫，破窗恨，阿爷走难脚伤残。侨汇断，物飞涨，全家老小盼信银。

阴阳相隔唤母亲

　　1945 年，是不平凡的一年，全世界人民将这一年永远铭记。8 月 15 日，日本政府宣布无条件投降。9 月 2 日，日本天皇和政府代表在停泊于东京湾的美国战舰"密苏里号"上签字，向包括中国在内的盟国无条件投降，徐永昌代表中华民国在日本投降书上签字确认。9 月 3 日，日本于南京向国民政府递交投降书。

　　抗战胜利，举国欢腾，全球华人也不例外。1945 年 10 月，国际航空邮路恢复正常运转，"驼峰航线"从此停航，古巴与中国之间的交通、通信也恢复正常。得知抗战胜利的大好消息，身在古巴的二祖父李维亮喜出望外。自太平洋战争爆发后，家乡音讯中断已经数年，现在终于又有机会通音了。得知此消息，二祖父心里非常激动，已经多年没有写信的他，压不住心头的兴奋，于 1945 年 12 月 14 日提笔疾书，其笔迹有如行云流水，一气呵成，喜悦之情尽在笔墨之间显露，同时寄上国币 200 元，作为孝敬慈母的一点心意，表达对家人的关爱之情。银信原文如下：

母亲大人膝下：

　　敬禀者，兹并付来国币贰（二）佰大元。祈查照收与应用，儿在外俱各平安，切不可挂念可也，谨此并请

金安

中华民国卅四年旧十一月十日

新十贰（二）月十四日

儿维亮字禀

　　这封银信的寄信人是旅居古巴的二祖父李维亮，收信人是我的曾祖母邓氏，寄达地是广东省台山县温边村，附寄信银国币 200 元。此信是一封战后平安家书。

　　可是，二祖父还不知道，抗日战争期间，台山五次沦陷，为日军所践踏。

　　1941 年 3 月 3 日，日军 1 000 余人在飞机掩护下，分两路入侵南海之滨的台山广海城，广海、斗山相继失陷；同日下午 4 时，台城第一次沦陷。在这次沦陷走难过程中，我的长姑婆金足走失，下落不明。

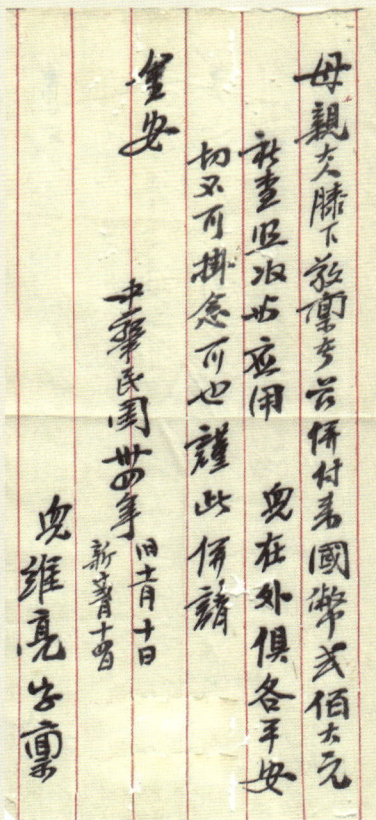

1941年9月20日，天刚亮，日军10余艘电船载着300余人向广海疾进，在飞机的掩护下登陆，与国民党守军展开激战，广海失陷。同日，日军800余人进犯三夹海口，保七团排长苏立辉与士兵8人勇敢抗击，杀伤敌人20余人后全体殉国。22日，日军在飞机的掩护下，越过三娘迳攻陷台城，台山第二次沦陷。

1941年12月7日，太平洋战争爆发。12月8日，日军攻陷九龙，12月25日，香港沦陷，五邑银信进出口的最后一条生命线中断。侨汇中断后，台山侨眷、侨属处于水深火热之中，我们这个长期依赖侨汇维持生活的古巴华侨家庭，粮食紧缺，经常无米下锅，一家六口人处于饥寒交迫的状态。1942年，台山各乡村的竹子全面开花，村民喜出望外，争相采集竹米充饥。1943年，台山又遇上了百年一遇的大旱、大饥荒，侨乡人民的苦难又加深一重。

1944年6月26日，日伪军4 500余人从新会、开平兵分三路入侵台城，台山第三次沦陷。日伪军一侵占台城、三埠就四处骚扰，由汉奸带路，挑夫随从，破门入屋，劫掠财物，强奸妇女，纵火烧村，无恶不作。

1944年9月13日，日伪军头目陈子容派便衣队潜入台城为内应，并与日伪军黄求部互相勾结，打着"抗日救国"的旗号，瞒骗群众，偷袭台城，国民党守城军警毫无防备，台山第四次沦陷。

1945年4月21日，日军为防抗日盟军在台山登陆，即调1 000余人、战马100多匹，乘木船从新会牛湾驶向公益埠。下午4时，大江墟失陷。4月22日凌晨，驻大江日军300人经凤江村渡河入侵新昌，其余700人及骑兵80人侵陷水步，进犯台城。日军来势凶猛，兵力充足，特别是骑兵，往来驰骋，势不可当，上午10时许，台山第五次沦陷。

从1937年末开始，经过8年抗战，五次沦陷的侨乡台山已经是满目疮痍、遍体鳞伤。五邑侨乡的交通大动脉新宁铁路在战争中被摧毁，只留下一段段破路残桥。城乡各处，残墙败瓦遍地，市场萧条冷清，毫无生气；台城东郊温边村及其他村庄，常遭日军践踏，烧毁的房屋、破坏的门户、残留的

抗战胜利后，无人居住的侨房在台山随处可见

书信作者李维亮（摄于古巴）

灰烬，见者泪流；侨眷、侨属，不是家破人亡，就是妻离子散；宁城内外，饿殍遍地；城东珠峰山下埋人坑内，枯骨嶙峋，乌鸦哀鸣。苦难民众，欲哭无泪。

我们李氏家族也没能逃过劫难。我的二曾祖父李云宽一家五口，除了他自己在古巴健康平安外，他的妻子伍氏、儿子礽毓均在战争和饥荒中饿死，他的两个女儿逃难出走，下落不明，家乡的房屋人去屋空，一片萧条。1942 年 5 月 15 日，我的曾祖母、李维亮苦命的母亲邓氏，在贫病饥饿中突然去世，终年只有 58 岁。可怜的曾祖母，一位典型的台山古巴侨妇，42 年的侨妇生涯，只有短短数年能与夫君相聚。数十年来，她天天抱着与丈夫、二儿子团聚的心愿，为养活一家大小，为子孙后代美好幸福的明天默默耕耘，直到生命的最后一刻。她悄然离世，甚至连一张遗照也没有。由于抗战时期邮路不通，台山与古巴之间的通信中断，自母亲邓氏去世三年半过去了，旅居古巴的二祖父根本不知道他慈祥的母亲已无法看见儿子寄来的墨宝，也听不到儿子的声音。当祖父打开这封银信，一字一句地读着家书里的文字，全家人听了不禁潸然泪下，泣不成声。一封战后从海外飞来的银信，一封平安家书，本来可给家乡的亲人带来无限的欣慰和喜悦。可是残酷的战争，害得二曾祖父家破人亡，毁烂了我家的祖屋，卷走了长姑婆，夺走了曾祖母的性命。在这本来是抗战胜利的大喜日子里，全家却再也找不到心中的喜悦，陷入了痛苦的追忆之中，仿佛见到二祖父阴阳相隔呼唤母亲的凄楚一幕。但这封战后从海外寄来的平安银信，总算告慰了曾祖母的在天之灵。

正是：海外忽闻通乡音，孩儿雀跃寄银信；国破家亡别离恨，阴阳相隔唤母亲。

20 世纪 60 年代，古巴实行禁汇政策，禁止一切外侨往国外汇款，唯独允许华侨每年每人按照限额寄一次侨汇。这个时期，古巴实行社会主义计划经济模式，民众打工或者经商受尽各种限制，毫无自由。由于古巴采取的经济政策不当，加上美国的经济封锁，国内各种物资缺乏，当时实行各种生活用品凭证供应制度。那几年，古巴经济环境不断恶化，华侨赖以生存和发展的餐饮店、杂货店等难以维持，老侨逐年老迈，新侨几乎断绝，在这种经济环境下，有能力寄钱的古巴华侨越来越少。我的二祖父李维亮于 1921 年去古巴，旅居古巴数十年，早年有些积蓄，后来在古巴甘玛伟埠（卡马圭）开一间小餐馆，在各种生活物资紧缺的情况下，餐馆的生意冷清，难以维持生计。虽然他处境不佳，却从没怨言，还不断想办法给家乡的亲人寄侨汇。每一封银信，他除了写明侨汇的数额和分配情况外，还常教育家乡的亲人。他的每一封家书，都成为我们的指路明灯。下面是二祖父 1965 年 4 月 15 日寄台山我父亲的一封信，书信全文如下：

焕麟贤侄知之：

启者，兹于四月十五日经在侨汇处汇古币壹百元，到祈查收。应交您长姑金足着古币五拾元，侄您着古币五拾元。如若收到此款，预先通知您长姑到来您家中，即将驳人民币若干交他（她）带返阳江，以应家庭之用。我旧岁也曾接您长姑金足从阳江县北惯圩捌拾陆号门牌住宅寄来之信，报告家庭非常和好，组（都）系时世变迁。凡为人类各执一艺，力谋进取，希望发展图强，知之也。我叔侄寄留海国，每获康健，勿容过虑。谨此示嘱。

广东阳江县北惯圩捌拾陆号门牌，通讯得收无误，金足来函知之。

侨汇额定：如赡养父母妻子女能汇一百贰（二）（十元），如兄弟姊妹能汇壹百元，如伯叔侄孙能汇五拾元。

我所汇之款，侬您长姑名字放（方）能汇壹百元，如若邮差带款到时，千祈以妇女照应为是。

壹九六五年四月十五日

叔维亮　字示

这是 1965 年 6 月 24 日李焕麟收到古巴寄来的侨汇证明书。这笔侨汇由李维亮于 4 月 15 日汇出，直到 6 月 24 日李焕麟才收到，耗时 71 天。因中国与古巴之间是以两国货物互换汇兑侨汇，中古货物贸易又以水路船运为主，故费时较多

　　1965 年 4 月中旬，二祖父按照这年的侨汇配额汇款回家。这年的侨汇政策与上一年有些许不同，赡养父母妻子女能汇 120 元，比上年增加了 20 元，其他亲属关系的亲人侨汇额不变。二祖父这次用金足的名额汇款 100 比索，兑换成人民币 244.95 元，长姑婆（祖姑母）和我父亲各占一半，作为家庭生活费用。自从古巴实行禁汇后，政府执行政策越来越严厉，为防止华侨造假，古巴政府要求中国的收汇人必须核对身份，本人签收。因此，二祖父在信中叮嘱我父亲要预先通知长姑婆来到老家，等

收到侨汇后才让她带回阳江去。如果邮差上门派送侨汇，一定要让家中妇女去照应收汇，否则会露出破绽，引起一些麻烦。

1964年底，二祖父收到金足姑婆来信，得知她在阳江的住家地址，以及她在抗日战争期间逃荒去阳江，战后嫁入当地一个农民家庭。新中国成立后，金足姑婆一家人积极参加生产劳动，用自己勤劳的双手，实现自给自足、丰衣足食、家庭和睦。后来她生了几个儿子，生活得很好。二祖父由此感叹，以前认为去阳江就是做牛做马作贱人，岂料时势变迁，新中国成立后，在中国共产党的领导下，政通人和，国泰民安，百废俱兴，诸业竞荣，人民生活水平逐步提高，阳江也成为宜居之地。二祖父旅居外洋数十年，祖国的变迁让他感慨万千。二祖父在这封信中激励家乡的亲人要珍惜现在，努力学好各种知识，掌握一定的专业技能，"力谋进取，希望发展图强"，齐心协力，共同创造祖国幸福美好的明天。

我父亲是一位乡村小学教师，他时刻谨记长辈的教导，每年收到古巴寄来的侨汇，知道这些侨汇来之不易，都会精打细算，不敢轻易使用，同时教育我们这是二祖父的血汗钱，要学会感恩，勤奋读书，发愤图强，努力学习科学知识，不要辜负二祖父的期望。我父亲身体力行，充分利用业余时间到台山教师进修学校接受再教育，丰富自己的知识，掌握更多的教学本领，为更好地培养祖国未来的人才增强了自身的实力。

二祖父希望家乡的亲人力谋进取，发展图强，这是他旅居海外数十年，接受中西方文化的洗礼，目睹祖国由千疮百孔、遭人欺凌到独立自主，逐步走向富强的变迁之后，得出的具有深远意义的结论。他希望侨乡人民摆脱依赖侨汇过日子的传统观念，解放思想，奋发向上，锐意创新，通过自身的努力，建设一个富裕文明的社会主义新侨乡。

写信者李维亮

独立自主，开拓创新，发展图强，建设一个富强、民主、文明的中国，这是二祖父的心声，也是海外华侨共同的梦想。邓小平在南方谈话中提出"发展才是硬道理"，党的十八大强调"发展仍是解决我国所有问题的关键，必须坚持发展是硬道理的战略思想，决不能有丝毫动摇"。发展是永恒的主题，富强是最终的目标。2012年11月，习近平总书记在参观"复兴之路"展览时，提出了实现中华民族伟大复兴的中国梦，这是实现海外华侨强国梦的延续，"这个梦想，凝聚了几代中国人的夙愿，体现了中华民族和中国人民的整体利益，是每一个中华儿女的共同期盼"。

收信者李焕麟（振华）

一封家书，一份祖辈的遗训。祖辈的谆谆教导，我们要永远铭记，要力谋进取，发展图强！

舍近求远、曲折迂回的南洋银信邮路

在现实生活中，舍近求远的做法并不可取。然而，在邮政史上，舍近求远的现象偶有出现，我所编的《广东五邑银信（1896—1949）》邮集中一个 20 世纪 20 年代台山寄南洋的银信封，就有这样一段曲折离奇的经历。

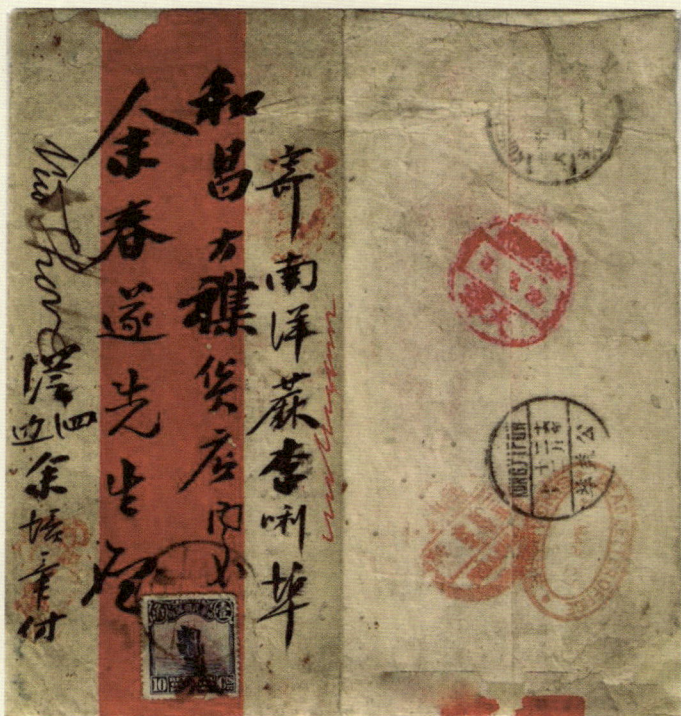

这是一个由台山寄南洋嘛李唎埠"和昌大杂货店"转交的回批封。贴民国帆船 1 角邮票，为国际平信邮资。销 1927 年 2 月 12 日广东陈边戳寄→2 月 12 日公益埠→3 月 3 日新加坡死信局→×月 1 日天津→8 月 23 日广州府→×月 25 日公益埠→退回原寄信人。

陈边邮政代办所设在陈边墟，开办于民国初年。陈边墟是台山大江镇的一个侨墟，也是新宁铁路沿途的一个站点墟市，因新宁铁路通车而兴建，又因陈姓聚居而得名"陈边"。

廣東陳邊十六年二月十二	→	KUNGYIFOW 公益埠 十六年二月十七	→	DEAD LETTER OFFICE 3 MAR 27 · SINGAPORE
TIENTSIN 天津 1 27	→	CONTON 廣州府 十六年三月廿八	→	KUNGYIFOW 公益埠 廿五十六

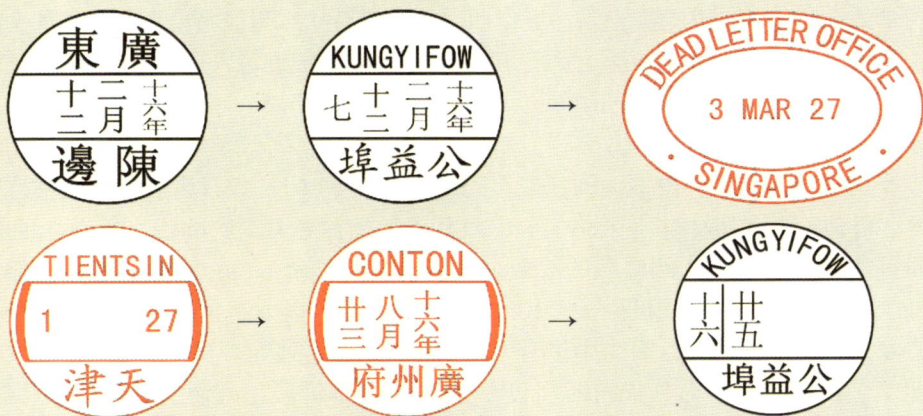

公益邮政局设在台山北端的公益埠，开办于 1904 年。1902 年，新宁大清邮政局成立后，县内建立二级邮路，县境与县外的邮件交接建立经转关系，一是开平单水口邮政局为经转局，二是新昌邮政局为经转局，靠潭江干流水运传递邮件。公益埠现属大江镇所辖，在清朝地属文章都，该地初定名为"宁海埠"，建立较迟，后称"公益埠"，意在"公共得益"。其兴起主要得益于原在其旁边经过的新宁铁路。清光绪三十一年（1905）新宁铁路公司投资 20 多万元，在此建筑公益埠分局大楼、机器厂、停车场、电灯厂、码头、长堤等项目，从而吸引了大批华侨和外地富绅落户投资，很快就掀起了建设热潮。公益埠按照纽约城市建筑布局规划建设，街道按繁体字"無"的形状纵横交错设计，最上面的笔画是横盘形的笔直街道，下面的一横是埠东的一条小河，四点是苏杭、中兴、维新、南华四条街及与河相交的四条跨河石桥。公益埠是台山出入各地的交通咽喉，地理位置重要，由此兴旺成墟。公益埠开埠后，新宁县与境外邮件的交换局由"单水口邮政局"改为"公益邮政局"。自此，公益邮政局成为台山银信出入境的交通咽喉。

嘛李唎埠是南洋某小埠英文名的台山话译音，民国时期，侨乡人民文化素质不高，很多人不懂外语，"台山话英语"应运而生。该信寄信人用汉语写上南洋银信局名址后，忘记写上英文地址就寄了出去。新加坡为南洋地区的邮政枢纽，收到此信后，邮政局工作人员也不知此"嘛李唎埠"为何处，唯有盖上一个红色的新加坡椭圆死信局戳（DEAD LETTER OFFICE）以示责任，随即退回中国。该信经过天津死信局，然后转到广州府死信局，最后退回到台山。全程耗时 6 个多月，经过 3 个死信局，极其罕见。

广州邮政局是国际邮件交换局，五邑地区出入境邮件一般经过广州邮政局进行交换。

按照正常的南洋邮路，此信应由新加坡退回广州，然后从广州退回台山，但为何舍近求远，先到天津然后再转回广州呢？翻开历史的一页，我们或许可以从中找到答案。

据记载，1927 年 4 月，蒋介石在上海发动"四·一二"反革命政变后，指使从上海回广州的李济深和留守广州的古应芬、李福林、钱大钧等人，以"清党"为名，组成五人特别委员会。该委员会由钱大钧任戒严司令，下令于 4 月 15 日凌晨 2 时起对广州进行戒严，并派军队包围中华全国总工会广州办事处、省港罢工委员会、苏联顾问住宅；解除黄埔军官学校和工人纠察队的武装，搜查、封闭革命工会、农会、学生和妇女组织，捕杀共产党员、工人积极分子 2 100 多人，邓培、萧楚女、熊雄、李启汉、刘尔崧等共产党人被杀害。4 月 22 日，中华全国总工会广州办事处等号召广州工人举行政治总同盟罢工，以反抗反革命分子的摧残和"白色恐怖"。许多工人涌上街头，不畏强暴，张贴标语和散发传单："恢复被摧残的工会！""释放被拘捕的工友和革命分子！""农工商学联合万岁！""工人团结胜利万岁！"革命的呼声席卷了整个广州城。

面对敌人的屠杀，罢工纠察队队员和广九、广三、粤汉铁路工人等曾奋起与反动军警激战，但因寡不敌众，终被镇压。

"四·一五"反共政变后，广东的国民党反动派在大力加强其统治的同时，还对各地的工农群众运动实行种种限制，先后在佛山、江门、肇庆等地实行血腥镇压，广东大地到处笼罩在"白色恐怖"之中。广州军政当局强制规定，凡公共团体举行集会"须得到警备队和公安局的许可"，并禁止任何形式的罢工。面对国民党反动派的"白色恐怖"统治，中共广州市委等为了恢复工人群众的斗争，采取了一系列措施和行动。6 月 19 日，广州市委和省港罢工委员会组织了 2 万工人召开纪念省港大罢工两周年大会，并在会后举行了示威游行。23 日，省港罢工委员会和广州工人代表大会又联合举行了 3 万人的群众大集会，纪念"沙基惨案"两周年，强烈抗议当局禁止工人罢工的反动规定。然而，广州军政当局对日渐高涨的群众运动继续实施高压政策。29 日，他们在广州进行了第二次"清党"大搜捕，建筑业、金属业等的 50 多个工会及中山大学等高校被军警包围搜查，全市被捕的共产党员、学生和工人约有 200人。群众的革命斗争再次被反动派以武力镇压下去。

这封银信在回归过程中，正好遭遇"四·一五"反共政变以及广州工人大罢工，期间广州水陆交通瘫痪，邮路受阻，进而北上先到天津，待广州邮路恢复正常后才转回广州，1927 年 8 月 23 日经广州邮政局，再退回台山，历时半年多。其邮路曲折离奇，实属罕见。

一封银信，一段奇特的邮路，隐藏着一段惨痛的历史，记录了革命先烈浴血奋战的悲壮篇章。我们研究银信，以银信回顾历史，对于缅怀革命先烈，发扬革命传统，弘扬爱国主义精神，激励后人，提升侨乡城市文化品位，具有重要意义。

台山银信记邮路，永盛碉楼话侨史

数年前，在一次国际通讯拍卖会上，一批加拿大寄台山永盛村的华侨银信引起了我的注意。虽然想尽办法，我只拍到其中的数封，但总算是有点收获。经过多年研究，我终于揭开了这些银信的秘密，打开了一段尘封的历史。

一、传递于加拿大太平洋铁路邮路的银信

图1—2是加拿大寄台山永盛村的银信。销"很吆李同记"金山庄印章，贴加拿大3分、5分、10分邮票各1枚。1938年6月22日由加拿大坎莫尔（Canmore）"很吆李同记"号到邮局挂号寄出→6月22日卡尔加里（Calgary）→6月22日C&V.R.P.O. B.C.→6月22日温哥华（Vancouver）→7月16日广州→台山冲蒌邮局→东昌大宝号→交永盛村李奕豪、李基荣收。

图1

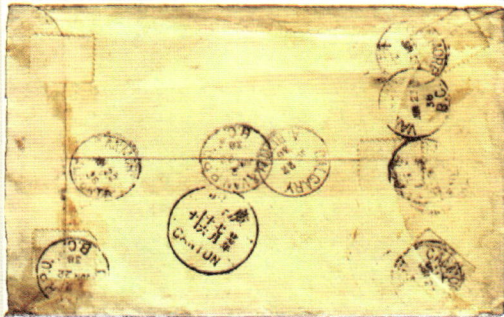

图2

这封信寄出地坎莫尔，台山话译音很吆埠。它是落基山上的一座小镇，地处南部的弓河峡谷（Bow Valley），位于卡尔加里至班芙途中，距班芙30多公里，为加拿大太平洋铁路卡尔加里西方的第一个据点，距卡尔加里80多公里。1879年，加拿大联邦总理麦克唐纳（John A. MacDonld）决定修建一条连接加拿大东西部的太平洋铁路。1883年，加拿大段太平洋铁路从东向西翻越落基山脉时修到这里，碰巧发现了煤矿，这对于当时以蒸汽机车为动力的铁路运输来说，可谓得天独厚。该地因成为采煤中心而发展成小镇，大批五邑华侨因修建铁路和开采煤矿而移居这里。这封信从加拿大坎莫尔邮局出发，搭上太平洋铁路的火车，穿过卡尔加里（太平洋铁路总部），越过C&V.R.P.O. B.C.，来到温哥华，转水路出海，绕过太平洋，途经香港，在广州沦陷前送到广州国际邮局中转，再运至台山，由冲蒌墟东昌大宝号转交永盛村收银人，邮路全程约1个月。该银信在加拿大境内所走的邮路，记录了太平洋铁路多个站点邮局，是一个罕

见的太平洋铁路邮路的历史见证者。当年大批五邑华工在铁路建设中担负最艰险的工作，正是华工的汗和血，铺就了这条促进加拿大统一和经济繁荣的大动脉。铁路沿途的唐人寄递银信，经此铁路邮路从温哥华出境。

　　然而，对该银信的代理机构东昌大宝号和寄件人、收件人，我却无从知晓。2016年初，我多次到永盛村调查，在李夏榆宗长的热心帮助下，这些谜团才一一解开。

　　据了解，东昌大宝号前身为同益丰商号，原址位于台山冲蒌墟大同路70号（现冲蒌建材五金店），楼高三层，开办于20世纪20年代，由冲蒌永盛村李祐（佑）启（李夏榆曾祖父）创办，主要经营油糖粮酒、日用杂货，兼营接理外洋书信银两业务，信誉卓著，是永盛村及附近村庄海外华侨寄递银信的重要中转机构。1935年李祐（佑）启去世后，同益丰商号由其侄子李奕孔接管，改名为"东昌大宝号"继续经营，发展各项业务。至民国后期，李锦泮（世煊）接过父业。1956年，李锦泮移居加拿大，东昌大宝号停止营业。

　　加拿大段太平洋铁路通车后，铁路公司解聘了筑路华工。失业的华工在铁路沿途流浪，一些华工用自己多年积攒下来的血汗钱在铁路沿途的小镇开杂货店，以维持生计。久而久之，形成了华侨聚居的小镇。这封银信的代办机构"很吆李同记"金山庄也是这样形成的。李同记是否永盛村人不得而知，但可以肯定他是台山李氏族人，与

图3　1930年李祐（佑）启家族合照

李祐（佑）彩同宗。寄信人李祐（佑）彩，名连安，冲蒌永盛村人。1898 年，李夏榆的祖父李奕深漂洋过海去加拿大谋生。李祐（佑）彩与李奕深年龄相当，估计是同一时期出国的。民国初年，台山贼匪猖獗，永盛村民深受其害。1924—1925 年，在一次山贼劫村行动中，李祐（佑）彩的长子李奕豪被掳作人质，几经周折，其家人用了 300 银元才将其赎回。这件事震动了该地区海外华侨的心灵，他们纷纷寄钱回乡建造碉楼，以防匪患。1927 年，李祐（佑）彩携银回乡，与其堂兄弟李祐（佑）业合资兴建一座 5 层的碉楼，名为"彩业别墅"，后因银钱不足，拖延了建楼的施工期，当时常在李夏榆家里借住。李祐（佑）彩的长子李奕豪抗战后期去当兵；次子李基荣，字奕庆，新中国成立初期移居香港，后移居美国。

二、永盛碉楼

"古楼碧野望天远，旧垣花草爱日晴。春闻蛙声闹长夜，秋有稻香绕院庭。"这是永盛村李夏榆宗长作的《乡间寄庐》。细品诗句，我们犹如置身于古色古香、美轮美奂的碉楼上，时而欣赏着春意盎然的田野，聆听那呱呱的蛙声，时而闻到秋季遍地金黄的稻香，倍感心旷神怡。这看似遥不可及的人间仙境，却在我们身边不远处，那就是冲蒌永盛村。诗中那如梦如幻般的美境令我向往。2016 年，趁编修《台山李氏族谱》之机，我多次走进永盛村。

永盛村是台山市冲蒌镇白岗村委会下辖的一个自然村，现有居民 270 多人，侨居海外的有 300 多人，分布在美国、加拿大、马来西亚等国家和地区。全村人口均为李乔木公春辉房族人。清康熙年间（1682—1692），二十世祖兆位公率家人由大江上冲迁到永盛村，奠基开发，繁衍子孙。在永盛村头，一座光绪甲辰年（1904）兴建的青砖、琉璃瓦檐"兆位李公祠"见证了该村悠久的历史。祠堂门口的石柱上，一副"祠对青山，恰似天开龙虎榜；门环绿水，居然地接凤凰池"的楹联，似在向人们诉说着该宗族的兴旺。

永盛村村民勇于开拓，艰苦创业。19 世纪 80 年代初，加拿大联邦政府兴建太平洋铁路，铁路公司把招募华工的生意交给了台山华侨李天沛负责，李天沛与同乡李氏族人李祐（佑）芹、李奕德和李天宽共组联昌公司，专门为铁路公司招募华工。大批台山人跟随着李天沛等人前往加拿大谋生。李夏榆的曾祖辈李祐（佑）俊、李祐（佑）悦、李祐（佑）沛及同村许多同龄人就是在那时前往加拿大的。1898 年，李奕深、李祐（佑）彩等人前往加拿大谋生。1911 年，李奕海出洋前往加拿大。此后，李奕宋、李奕操、李奕荣、李奕滋、李奕孔等人先后移居加拿大。据不完全统计，该村清代、民国时期移居加拿大的有 46 人，移居美国的有 41 人。他们漂泊海外，风餐露宿，吃苦耐劳，将积攒下来的血汗钱寄回家乡，赡养家眷，买田买地起新屋。一间间青砖瓦房、一幢幢碉楼由此拔地而起。民国年间，村中建有3层以上的洋楼17幢，其中村北5幢建于1924年以前，村南12幢建筑年代稍晚。除了其中2幢为3层之外，其余均为5层，并且有11幢洋楼三列分布，建造齐整，每列之间距离适中，每幢之间紧密相连，组成一个气势磅礴的建筑群（见图4）。经过岁月的风雨侵蚀，洋楼的墙体斑驳，正面顶部的楼名题字如今已经无法辨认，村中老人们只记得其中几个名字而已，如"三省寄庐""东山寄庐""扳杨寄庐""超然寄庐""彩业别墅"（寄庐也就是居庐，是别墅、洋楼的意思）等。11幢洋楼环环相扣，互相呼应，自成一个防御系统，如果其中一幢受到攻击，对面楼上的窗口就会伸出枪支射击。最前一列洋楼的走廊上还有向下的枪口，以保护门口的安全。每幢洋楼的大门、窗户都由很厚的钢板做成，每层楼的门上方都留有枪口，在大门被攻破后可以保护楼上人员的安全。

图4　冲蒌永盛村碉楼群（摄于2016年）

　　李夏榆宗长告诉我们，他的祖父李奕深17岁就去加拿大，在一间洋人餐厅做厨工。1926年，他回乡兴建一间新的砖瓦平房。建房期间，因常遇山贼劫村，他心里极其不安，于是与李奕海、李奕宋两位弟弟合议建造碉楼，保卫家园。1927年冬，李奕深携一个硕大的金山箱（见图5）及加币9 000元（折合银元1.8万多元）回乡，要雇请多名粗壮的挑夫将洋货、洋银从冲蒌墟挑回永盛村，其景况可想而知。回乡后，他在村南买地择吉日兴工。民国十七年二月吉日，洋楼上梁喜封金顶，一幢全用洋银、洋材料建造的 5 层洋楼高高矗立村前。从此，他们有了一个舒适、安全的家。洋楼除一楼和五楼共用外，三兄弟各占一层，名为"三省寄庐"。"三省"就是三兄弟回乡省亲的意思，每次他们回乡都会住在这幢洋楼里。村南 12 幢洋楼中，有 5 幢属李夏榆家族。1929 年，李夏榆的父母李世焯、刘兰爱结婚后，常在三省寄庐居住。1937 年抗日战争爆发后，为逃避战火，李世焯与村中 10 多名年轻人移居南洋马来亚谋生。李世焯在马来亚怡保埠帮助姨母刘兰好管理矿山和橡胶园，初期赚了一些钱。可是好景不长，1941 年 12 月 7 日日本发动太平洋战争后，旋即展开了对马来亚的进攻，翌年 2 月 1 日占领柔佛，马来半岛全部沦陷。沦陷期间，李世焯被日军以拉夫为名赶去矿山做苦力劳工，1943 年累死于矿山。抗战时期，台山沦陷，侨汇断绝，村中女多男少，妇女们毅然肩负持家重任。刘兰爱与村中的婶母一道从事担挑搬运工，从冲蒌肩挑重担步行至台城，往返一趟近 40 公里，赚取微薄的收入以维持一家五口的生活，艰难度过了沦陷、饥荒时期。抗战胜利后，侨汇接通，在海外祖辈的帮助下，李夏榆入读台山县立中学。1950 年 10 月，李夏榆光荣地应征入伍，成为新中国的人民子弟兵，曾任中国人民解放军某部政治教导员，后任中共佛山市委党校副县级调研员。

图 5　李奕深从加拿大带回的金山箱

　　退休后，李夏榆回到永盛村，与其母亲在乡间安度晚年。他花费了数年时间，逐家逐户登门走访，将海内外亲人的家谱收集整理好，并筹集经费，于 2000 年编印《广东省台山市冲蒌镇永盛村李氏族谱》，分发给海内外亲人，让子孙后代记住宗族源流，永怀乡恩。2012 年，在李夏榆等人的倡议下，该村成立"兴建水泥大道（牌坊）

筹委会"，由李夏榆担任会长，发动海内外乡亲筹资 90 多万元，在村出入口建起一座牌坊，铺设长 1 420 米的水泥村道，贯穿永盛村主路南北，村容村貌焕然一新。2015 年末，李夏榆得知编修《台山李氏族谱》工作开始后，又将该村李氏族谱编修补充至今，成为我们收集到的最完整族谱之一。

"积善成德，而神明自得，圣心备焉。"正是由于李夏榆宗族世世代代付出了不懈的努力，永盛村成为台山乃至全国著名的侨村。1984 年，反映侨乡生活的电影《加州来客》拍摄组到这里来取景，当时拍摄方北京南海影业有限公司正是被该村的洋房吸引，慕名而来。2005 年，在外出生的旅加女导演李家慈专程回乡，以其父亲爱国怀乡事迹为题材，拍摄了一部 26 分钟的纪录片《老爸同志》，此片在第 48 届德国莱比锡电影节中获得好评。

李夏榆陪伴着母亲在乡间过着休闲、宁静、幸福的生活，今年他已 83 岁，思维敏捷，平易近人，乐于助人，且笔耕不辍，得知我要写永盛村的故事，即兴作诗一首与我共赏："雕檐画梁家乡语，飞燕呢喃故人情。戎马半生多感慨，归田还喜绿树荫。"李夏榆母亲刘兰爱今年 106 岁，生活自如，见我来访，笑颜相迎。如果说银信与洋楼是永盛村的文化遗产，那么李夏榆与其母亲就是该村的一部活村史。正如他所作的《童趣盎然》诗一样："古楼木梯咚咚响，孙儿嬉笑相争攀。忆起孩时同样事，知我传人代代安。"

（此文作于 2016 年 9 月）

图 6　李夏榆与其母亲合照（摄于 2016 年 9 月）

广州湾邮路与华侨抗战将领

广东省湛江市旧称"广州湾"（Kwangchowan），前身是法国租借地（殖民地）。"广州湾"此名称形成于明清时期，因南三岛有"广州湾"村坊而得名。1898 年，法国军舰"白瓦特号"为避台风闯入广州湾，法国人为这一深水良港而动心，欲租借广州湾，并由此揭开了广州湾殖民地历史的序幕。1898 年 4 月，法国侵略者强占海头汛（今湛江市霞山区），并向内地拓展，遭到当地人民长达 1 年多的抗击。1899 年 11 月 16 日，清政府与法国签订了丧权辱国的《中法互订广州湾租界条约》，将租界内地域统称"广州湾"，租借与法国 99 年。[①]

抗日战争爆发后，中国沿海港口相继沦陷，寄往世界各国以及香港、澳门地区的海外邮路受阻。1938 年 10 月 21 日，广州沦陷。为维系国际邮件的运送，中华邮政总局与港英方面洽商，于 1938 年 12 月 22 日在香港成立广州邮局香港分信处，处理进出口外洋邮件。广州沦陷后，广东邮政管理局先撤至广宁，11 月再迁至遂溪，1939 年 5 月搬至广东战时省会曲江。遂溪是广东南部的交通要道，比邻广州湾，东达香港，西通越南海防，有利于国际邮件的通行。1939 年初，遂溪成为国际邮件互换站。据《抗战军邮史》记载，广州湾遂溪线邮路遂溪以上均用旱班邮路与各地相通，邮件由遂溪运至广州湾后，交轮船运至香港或上海。但广州湾邮局仅允许转运轻类邮件，故运量较小。1939 年 7 月，曲江与广州间邮件统发由广州湾经转。1939 年 8 月，新会睦州沦陷，西江各邮局出海邮件由广州湾经转。为加快邮件运输速度，玉林与遂溪间邮路将自行车与夜班混合组成昼夜兼程班。1940 年 3 月，前山沦陷，导致通往港澳的邮件中断，邮件改发广州湾经转。1940 年 7 月 8 日，军邮局派驻麻章视察的冯乃骉电报称，该处情势严重，敌机载监视员已抵赤坎，敌舰亦窥视西营，为预防计，遂溪局票款已转移至安全地带，出海邮路恐难继续利用。1941 年 2 月间，日军攻陷沙鱼涌，香港至曲江的重要通道被切断，这时能寄出广东自由区的只余下遂溪一处有国际邮件互换局，香港货物大批转道五邑的三埠及广州湾，经转遂溪流入华南地区。1941 年 9 月，军邮第 17 局在开平第一五六师师部成立；10 月，军邮局迅速恢复自台山以下沿海一带邮局，保存西线邮路通邮。太平洋战争爆发后，广州湾至香港邮路中断。此时，广州湾成为我国通往海外的唯一吞吐港，大批难民、游资涌入，对外贸易和经济发展繁盛一时。

1943 年 2 月 16 日，日本侵略军约 1 600 人、汉奸武装约 300 人在飞机掩护下分乘舰艇于广州湾通明港和海康下岚港同时登陆，占领海康县城，19 日控制遂溪，20 日进驻广州湾。2 月 21 日，日、法签订《共同防御广州湾协议》，广州湾被日军

---

① 360 百科网。

占领。

从以上史实可知，广州湾是当时我国与国外交往的重要口岸。广州湾经转邮路不仅是抗战初期的军事秘密邮路，也是海外华侨银信进入广东的最重要邮路，是中国抗战前、中期重要的生命补给线。军邮局和中华邮政工作人员在维护广州湾经转邮路上做了艰苦卓绝的工作，成就了这一著名的抗战邮路。

我收集到一封抗战时期的银信，刚好记录下这一段邮路。这封银信贴伦敦一版孙中山像 2 角邮票 2 枚、香港大东版 3 角邮票 2 枚，邮资合计 1 元，是国际水陆路挂号邮件邮资。由开平"楼冈金祥源"号交邮局，销 1941 年 1 月 1 日楼岗戳挂号寄→1月 4 日新昌→1 月 10 日水东→1 月 12 日遂溪→广州湾→香港→2 月 20 日美国旧金山→2 月 24 日纽约，邮路全程 55 天。此信特别之处是经过电白水东后转遂溪再由广州湾出海。何故？原来，1940 年 10 月间，香港有轮船往广州湾附近的水东，班期不定。水东这个时期突然遭到日机的多次轰炸，而邮路所需力夫及驳船已迁避一空。此信本来想从水东出海，但当送至水东后，没遇上往返香港的轮船，于是转送至遂溪，由广州湾出海。

香港沦陷期间，一位台山的爱国华侨从香港乘船经广州湾逃出日军的"虎口"，最后成为著名的华侨抗战将领，他就是旅美华侨黄谦益。

黄谦益（1893—1988），生于广东省台山县雁沙乡南隆村。其父黄嵩龄是 1894 年广东举人，康有为门生。黄谦益受到父亲振兴中华思想的熏陶，从小立志要积极参与国家的现代化建设。他于北京唐山工学院（后称国立交通大学唐山工学院）毕业后在铁路系统做工程师，职务是测量员。由于工作关系，他去过全国很多地方，看到处于深重灾难的中国人民生活的困苦，深刻领会到中国正处于一个需要改革的紧要关头。

1921 年，黄谦益到美国深造，先后在加州大学伯克利分校、斯坦福大学、哥伦比亚大学攻读"城市与海港设计"等专业。

黄谦益有敏锐的观察力，勇于迎接挑战。他在美国学习期间，发现唐人街的华侨由于语言、文化等障碍，遇到很多生活上的困难。例如，没有充足的医疗设备，华侨生病不能到美国的医院去治疗，华侨即使在美国的医科大学毕业也不能在美国医院工作，只能在唐人街挂个牌子行医。于是，黄谦益向当地中华会馆呼吁兴建一座华侨医院，来解决华侨看病的难题。他努力在美国筹款，并亲自设计、监工，在旧金山建成了中国人的第一座医院——东华医院，并当了三年院长。

黄谦益

1928年，广州市政府派伍智梅、黄谦益赴美洲募捐，筹款兴建广州中山图书馆，共筹得30余万元。1929年，黄谦益回国，担任广东省珠江水利局总工程师。他经常在珠江上巡视，针对每年雨季珠江水灾泛滥的问题，重新设计、引导河道，挽救了许多人的生命财产，为南粤民众造福。

抗日战争初期，黄谦益到香港创办了一份宣传抗战的《中国晚报》，并任总编辑，旗帜鲜明地宣传抗日救国。

1941年12月7日珍珠港事变，不久香港沦陷。1942年，日军要扩建九龙的启德机场，求助于南京汪精卫伪政府。当时伪政府里有很多广东人，他们知道黄谦益是工程方面的人才，就派代表到九龙找他，要他主持扩建九龙启德机场工程，以满足日本军用飞机的需要。当时在日本人统治下，黄谦益不敢当面拒绝，只好说给他7至10天的时间做准备。为了逃避日军征用，他想方设法买到假身份证，乔装打扮带着全家人乘日本船"白银丸"号，逃到法租界广州湾。上船后，他们一家挤在没有窗户、空气非常污浊的大舱里，挨了三天后才到达广州湾。到广州湾后，黄谦益在当地某医院院长帮助下安顿下来，再设法从广州湾转到广西桂林，在桂林卖茶叶，成为一个中国茶叶公司的站长。

抗战后期，美军来华参战，与我军联合成立盟军。盟军的陆军找到黄谦益，请他做联络顾问。蒋介石委派黄谦益协助盟军作战，并授予其少将军衔。

黄谦益在第二次世界大战中立了一个大功。由于他有丰富的地理知识，又懂得多种地方的语言，他的战略方案做得很出色，战绩辉煌。他在国民党军队里面挑选了一些优秀士兵，教会他们使用美国的军械。他带领盟军在广东、江西两省作战，深入敌后去打游击，为维护抗战后期广东至昆明的绿色邮路立下了汗马功劳，又为陈纳德的飞虎队扫清了地面障碍。后来，他还带领这支军队代表盟军在广东省接受日本军的投降。

1945 年 8 月 15 日，日本投降，但日本军队没有马上撤退。日本军队虽说投降了，却依然在中国土地上横行霸道。当时，黄谦益带队从广东东部的基地连县乘船去广州。黄谦益部队在途中遇上了日本军队阻止通行，他就叫日本兵传话说请他们的司令上船来吃饭。后来，日军司令果然上船来，这时他让两个美国兵在两旁举枪对着日军司令，要他下令放行。日军司令无可奈何，只能传下放行令，令日军士气大挫。

"二战"结束后，美国杜鲁门总统创立总统自由勋章，以表彰在"二战"中有杰出贡献的平民。1946 年，黄谦益领到了这一总统自由勋章，当时获得该奖章的中国人仅有 50 人。

黄谦益为民族抗战做出了杰出贡献，得到了世人的承认，并荣获美国的总统自由勋章，这不只是他个人的荣誉，也是侨乡人民的荣誉，值得我们骄傲！

台山香雁湖村委会雁沙乡南隆村黄谦益祖屋现状

参必咕埠银信与台山华侨抗战英烈李炳辉

2016 年 4 月，我在深井镇井西村委会新庄村进行族谱调研时，听到该村宗亲李英俊夫妇讲述他们的四叔（公）——旅墨西哥参必咕埠（参壁固）华侨李炳辉烈士的抗战英雄故事，非常感动。然而，我翻查了许多资料，都无法得知参必咕埠为墨西哥何处。最近，我收到一封墨西哥银信，终于解开了这个谜。

这是一封民国时期台山寄墨西哥的银信，封上写有"此门牌寄墨国参必咕埠陈锡文收入"和英文"Chong Lee ycia, Apaitado No：909, Tampico Tamps. Mexico."字样。该封英文名 Tampico，普通话音译

坦皮科，台山话音译参必咕。据了解，坦皮科是墨西哥中东部的一个小城，位于墨西哥城东北约 400 公里，人口约 30 万，是塔毛利帕斯州最大的城市，也是墨西哥湾的重要海港。19 世纪末，随着周边石油资源的开发，这座西班牙殖民者 16 世纪初创建的古城进入了发展的黄金期。市中心武器广场周围耸立的大教堂、章鱼亭、海关大楼、电报大厦见证了古城往昔的光辉岁月。

早在 20 世纪中叶，华人便辗转来到坦皮科市，高峰时曾达到近 1 万人，其中有不少是台山人，李、陈、谭等姓氏族人都有。在坦皮科市的发展历程中，华侨功不可没，华侨时至今日仍是坦皮科市的重要族群，重大节庆活动时的华侨彩车游行已成为当地一道亮丽的风景线。尽管经过几代人的繁衍生息，许多华裔已经不会说中文，但血脉乡情的联系和与生俱来的故国情怀永远无法割舍。如今，坦皮科市的华侨已成为中墨友好的民间使者。

在台山华侨史文献资料中，关于墨西哥华侨的史料很少。然而，历史不会湮灭，在为编修《台山李氏族谱》进行调研时，我走进了一个旅墨西哥参必咕埠的华侨家庭，挖掘出抗战英烈李炳辉的英雄故事。

李炳辉，字礽显，台山李氏伯祖第二十三世族人，1905 年 10 月 19 日出生于广东省台山深井镇新庄村。李炳辉长兄李礽富，清朝末年移居墨西哥。李礽富出国后在墨西哥参必咕埠经营一间咖啡店，生意兴隆，积攒了一笔财富，便先后将二弟李礽厚、三弟李礽超、四弟李炳辉、五弟李礽达接至墨西哥。由于兄弟同心合力，生意非常兴旺，成为当地华人社会的富裕家族。于是他们在当地购置十几间铺面，连锁经营咖啡店，购置数十辆车专门送咖啡，为当地人所称赞，其咖啡店所在的街区被当地政

府称为咖啡街。同时，他们还寄钱回乡建新屋，又买了60多亩田地。李炳辉当时年纪较小，性格好动，甚为顽皮，出国后无兴趣参与兄长的咖啡店经营，大哥李礽富认为他没出息，准备送他回老家。三哥李礽超却认为他是一个武学方面的人才，其了解到当时美国一些华侨社团开办了华侨航空学校，于是出资送他去学习航空技术。在美国学习航空技术期间，李炳辉幸运地中了马票（赛马彩票），发了一笔横财，于是在墨西哥购置物业，娶了一个墨西哥女子为妻。此后，他又回到乡下建了一间新屋，还在广州购置商铺物业。"九·一八"事变后，日军入侵中国东三省，海外华侨社团抗日救国热情高涨，纷纷要求回国参战。1931年末，李炳辉毅然抛下家人和丰厚的财

南京抗日航空烈士纪念碑上刻着李炳辉的名字

产，从美国回祖国参战，被国民政府授予上尉军衔。1935年，他调任湖北武汉中央航空第九总站站长兼京山飞机场场长。1938年8月29日上午，日本侵略军于8点、10点、12点分3批共计出动飞机56架次，对京山县城进行密集轰炸，投下炸弹200余枚，大部分都是500磅以上的重磅炸弹，同时俯冲用机枪扫射，造成2 000多人死亡、3 000多人受伤，一天内空袭伤亡的惨重程度超过了武汉、重庆、成都等地，是抗战时期日军空袭中国城镇单日人口伤亡最多的特大惨案之一。同年12月1日，李炳辉被日军飞机炸伤左手动脉而阵亡，牺牲时年仅33岁。在衡阳有李炳辉烈士墓。1995年9月3日，南京抗日航空烈士纪念碑竣工，上面刻有"李炳辉 上尉 广东台山"字样。李炳辉的后人至今仍在墨西哥，与家乡亲人失去了联系。

抗战胜利后，三哥李礽超从墨西哥回乡省亲，为儿子英俊、儿媳月容举行婚礼，并买田买地。但新中国成立后，家里由于田地过多，被列为富农，"文革"期间多次遭受"红卫兵"抄家厄运，家里所有历史资料化为乌有。李炳辉在新庄村的祖屋被没收，分给当地贫农使用，至今仍未归还。

我翻阅《台山县志》《台山县华侨志》《广东台山华侨志》《广东台山华侨史》等地方文献，都无法找到更多关于李炳辉的资料。由于历史资料匮乏，关于抗日航空英烈李炳辉的英雄事迹有待今后查补。

1. 何福海、郑守昌主修：《新宁县志》，广东新宁，光绪十九年（1893）。

2.《台山县志》编写组：《台山县志》（1963 年版），台山：台山县档案馆，2000 年印行。

3. 台山县地方志编纂委员会编：《台山县志》，广州：广东人民出版社，1998 年。

4. 台山市地方志编纂委员会编：《台山市志》，北京：方志出版社，2011 年。

5. 台山县侨务办公室编：《台山县华侨志》，台山县华侨志编纂委员会，1992 年。

6. 黄剑云：《简明台山通史》，北京：中国县镇年鉴社，1999 年。

7.《台山文史》编辑部：《陈宜禧与新宁铁路》，见《台山文史》第九辑，台山：台山县政协文史资料研究委员会，1987 年。

8. 台山中国人民银行、中国银行编：《关于目前侨汇问题答客问》，1950 年。

9. 黄卓才：《鸿雁飞越加勒比——古巴华侨家书纪事》，广州：暨南大学出版社，2011 年。

10. 梅伟强、戴永洁：《台山历史文化集——台城古镇》，北京：中国华侨出版社，2007 年。

11. 梅伟强、关泽锋：《广东台山华侨史》，北京：中国华侨出版社，2010 年。

12. 梅伟强：《广东台山华侨志》，广东台山华侨志编纂委员会，2005 年。

13. 戴永洁：《陈宜禧和新宁铁路》，北京：中国华侨出版社，2007 年。

14. 余耀强：《烽火中的海外飞鸿》，广州：广州出版社，2005 年。

15. 杨浩：《驼峰航线邮史》，台北：集邮界杂志社，2010 年。

16. 张永浩：《抗日战争时期之中国国际邮路》，香港：中国邮史出版社，2008 年。

17. 张公权：《中国通货膨胀史（1937—1949）》，北京：文史资料出版社，1986年。

18. 刘进、李文照：《银信与五邑侨乡社会》，广州：广东人民出版社，2011年。

19.《至孝笃亲月刊》1949 年第 71 期。

20. 台山县金饰商业同业公会编：《台山城金银业同业印鉴目录》，1947 年。

21.《南萌月刊》1940 年第 5–8 期。

22. 毛相麟：《古巴的稻米生产》，《拉丁美洲研究》1980 年第 S1 期。

23. 刘金源：《古巴的单一经济及其依附性后果》，《学海》2009 年第 4 期。

24. 袁艳：《融入与疏离：华侨华人在古巴》，广州：暨南大学出版社，2013年。

25. 梅伟强、张国雄：《五邑华侨华人史》，广州：广东高等教育出版社，2001 年。

26.《台山民国日报》（台山"九·廿"倭祸专刊），1941年10月22—24日。

27. 张恺升：《中国邮戳目录（1872—1949)》，美国旧金山，1995年。

28. 安国基：《抗战军邮史》，台北：台湾邮政总局，1976年。

29.《李文庄公家乘》，广东新宁：光绪二十八年（1902）。

30. 温边派李氏族谱编委会：《温边派甂圃李氏族谱》，广东台山，民国十年（1921）。

31.《李族月镜》第6卷（1927年印行）、第7卷（1928年印行）。

32. 张永浩：《中国邮史趣谈》，香港：中国邮史出版社，2005年。

33. 广州市邮政局编：《广州邮政志》，广州：广东人民出版社，1994年。

34. 李柏达编著：《古巴华侨银信——李云宏宗族家书》，广州：暨南大学出版社，2015年。

35. 孙君毅编：《清代邮戳志》，北京：中国集邮出版社，1984年。

36. 广东华侨华人研究会：《"世界海外华人研究学会地区性非洲国际学术会议"论文摘译》，香港：香港社会科学出版社有限公司，2008年。

37.《唐美村志》编纂领导小组：《唐美村志》，广东台山，2006年。

38. 广东省档案馆编：《侨批故事》，广州：广东人民出版社，2014年。

39. 刘道宜：《实用中国邮资手册》，香港：中国邮史出版社，2010年。

40. 广东省集邮协会学术委员会、中国邮史研究会：《粤港优秀集邮论文集》，香港：中国邮史出版社，2006年。

41. 雷竞璇：《远在古巴》，北京：中信出版社，2016年。

42. 李夏榆：《广东省台山市冲蒌镇永盛里李氏族谱》，广东台山，2000年。

43. 曾晟主编：《中国邮政局所名录汇编》，江西南昌，2010年。

　　我生长在"中国第一侨乡"台山，对海外华侨的伟大精神耳濡目染，目睹侨乡社会种种败端和陋习，深感这是我们宣传教育的缺失。于是，我尝试根据自己收藏的银信，挥动瘦弱的双手，书写这个侨乡社会的华侨历史故事，希望给人一点启迪，引起社会的共鸣。我从收藏到研究，从编组银信邮集到撰写研究性文章，至今已有十数个年头，不知不觉间，积累了不少知识，也写下了不少邮史论文。初期，这些文章都在集邮刊物发表，但其影响力有限。从 2010 年开始，我试探性地向国内外一些档案刊物或侨刊投稿，收到了良好的效果。于是，我从单纯的邮史研究转向侨史乃至全方位的研究。在研究银信的同时，我发现五邑各地尤其是台山的侨墟华侨建筑文化非常丰富，这些侨乡建筑中尚存不少字号清晰的建筑物，这些建筑物大多数是以前的银信机构遗址。然而，随着时代的变迁，有些银信机构逐渐萧条，慢慢地淡出历史。我看在眼里，痛在心上，却无能为力。从 2011 年开始，我利用周末或节假日的休息时间，邀请三五知己，走遍台城大街小巷和各乡镇墟市，将字号清晰的银信机构拍照记录，并找到相关的银信实物对照，为它们逐家建档，挖掘其背后的故事，期望这些工作能把银信文化遗产留住。此外，我还参加各种研讨会并发表相关文章，呼吁各界重视保护这些侨乡文化遗产。

　　令人欣慰的是，在广东省政府的支持下，在新一届地方政府的重视和推进下，南粤古驿道之台山海口埠驿道兴建银信博物馆，建筑银信墙及华侨纪念碑，打造南粤古驿道上的银信主题公园，展示丰富多彩的银信文化。正是"忽如一夜春风来，千树万树梨花开"，尘封百年的台山银信，终于登上大雅之堂，成为侨乡大地上一块璀璨夺目的文化瑰宝。今天，乘借这股春风，我的这些银信档案资料得以出版，确实值得庆幸。感谢中国共产党，感谢伟大的祖国，感谢习近平总书记，让我们收藏在古屋里的银信文物、陈列在古驿道上的侨乡文化遗产重获活力，让华侨精神普照侨乡大地。

　　在编写本书稿期间，我得到了广东省集邮协会副会长、华南理工大学孙海平教授和暨南大学黄卓才教授的大力支持和热情帮助。孙教授指导我编组、修改《广东五邑侨批》邮集，使之从台山出发走向世界，并在百忙中为本书作序。黄教授传授我写作知识，使我的写作水平得到较大提高。他们为本书付出了辛勤的劳动，在此，我要对两位恩师致以衷心的感谢和崇高的敬意！

　　由于本人的水平和能力有限，难免有写得不当之处，敬请各位读者指正，也欢迎有不同见解的朋友提出意见，来信、来电与我共同探讨。

李柏达

2017 年春日